Das Haus mit den vielen Wohnungen

Peter Kliemann

Das Haus mit den vielen Wohnungen

Eine Einführung in die Religionen der Welt

Calwer Verlag Stuttgart

Gedruckt mit freundlicher Unterstützung der
Calwer Verlag-Stiftung und der Adolf Schlatter-Stiftung.

Bibliographische Information der Deutschen Bibliothek:
Ein detaillierter Datensatz ist im Internet über http://dnb.ddb.de abrufbar.

ISBN 13: 978-3-7668-3854-4 (gebundene Ausgabe)
ISBN 10: 3-7668-3854-7 (gebundene Ausgabe)

ISBN 13: 978-3-7668-3880-3 (broschierte Schulausgabe)
ISBN 10: 3-7668-3880-6 (broschierte Schulausgabe)

© 2004 by Calwer Verlag Stuttgart
3. Auflage 2012
Redaktion: Dr. Berthold Brohm, Hans-Jörg Gabler, Susanne Hien
Einbandgestaltung: Kurt Thönnes unter Verwendung von Fotos aus dem Innenteil
(siehe S. 41, 42, 85, 129, 205, 223, 237)
Layout und Herstellung: Kurt Thönnes, die Werkstatt, CH-Liebefeld-Bern
Karten: diGraph, Atelier für didaktische Grafik GmbH, Lahr
Satz und Reproduktion: MedienTeam Berger, Ellwangen
Druck: AZ Druck und Datentechnik GmbH, Kempten

Internet: www.calwer.com
E-Mail: info@calwer.com

Inhalt

Worum es in diesem Buch geht

Als Student wohnte ich in der Tübinger Altstadt neben einer alten Dame. Sie nahm staunend zur Kenntnis, dass ich meine Ferien in Spanien, Italien und Frankreich verbrachte. Sie selbst, so erzählte sie, sei allenfalls ein paar Mal in ihrem Leben in das vierzig Kilometer entfernte Stuttgart gekommen. Diese Frau lebte in der geordneten und übersichtlichen Welt einer schwäbischen Kleinstadt. Ihr Alltag war geprägt durch Hausarbeit, Kontakte zu Nachbarinnen, Kindern und Enkeln, durch Familienfeste, die Feiertage des Kirchenjahres und sonntäglichen Kirchgang. Sie war überzeugte evangelische Christin, von anderen Konfessionen oder gar von anderen Kulturen und Religionen wusste sie wenig.

Dies ist eine Geschichte aus dem letzten Jahrhundert. Heute sieht die Welt für die meisten ganz anders aus: Schon in der Grundschule begegnen wir sehr überzeugten kleinen Muslimen, die sich bei Schulausflügen tapfer weigern, Grillwürstchen aus Schweinefleisch zu verzehren. Im Urlaub bringt uns ein billiger Charterflug in kurzer Zeit zu den ägyptischen Pyramiden, zu den Heiligtümern von Stonehenge und Delphi, zur »Klagemauer« und zum Felsendom in Jerusalem oder gar zu indischen Tempelanlagen. Durch die Medien erfahren wir von der Voodoo-Religion der Karibik ebenso wie von der Möglichkeit, uns dem Buddhismus zuzuwenden.

Stonehenge. Kultstätte der Steinzeit in Südengland, bestehend aus einem Kreis aufrecht stehender Steinblöcke.

Delphi. Altgriechische Orakelstätte.

Felsendom. Islamisches Heiligtum auf dem Tempelberg in Jerusalem.

In diesem Buch geht es um eine erste Einführung in die Vielfalt der Religionen. Lange Zeit hatte man geglaubt, die Epoche der Religionen sei abgelaufen, der Glaube an Gott und höhere Wesen werde bald endgültig durch Vernunft und Wissenschaft ersetzt werden. Ein Blick auf schlecht besuchte Sonntagsgottesdienste bei uns scheint diese These zunächst zu bestätigen. Der weltweite Trend jedoch spricht – für viele Wissenschaftler und Wissenschaftlerinnen überraschend – eher dagegen. Insgesamt ist auf fast allen Kontinenten und in den verschiedensten Regionen eine deutliche Zunahme von Religiosität zu beobachten. Auch bei uns pflegen gerade diejenigen, die sich für besonders ungläubig halten, oft mit großer Ernsthaftigkeit ihre Rituale. Wenn Religion das ist, was Menschen besonders wichtig ist und was ihnen in ihrem Leben Orientierung gibt, dann leben unter uns heute sicherlich viele, denen z.B. ihr Aussehen, eine gesunde Ernährung, ein bestimmter Lebensstil oder die Karriere zur Religion geworden sind.

Wer sich in der Welt des 21. Jahrhunderts auskennen und wer Menschen anderer Kulturen verstehen will, muss auch über Religion Bescheid wissen, egal, ob er sich selbst als gläubigen Menschen versteht oder nicht.

Die vorliegende Einführung in die Religionen richtet sich in erster Linie an jüngere Leserinnen und Leser. Aber auch Erwachsene werden das Buch hoffentlich mit Gewinn lesen. Beim Schreiben hatte ich Menschen vor Augen, die sich im Religions- oder Ethikunterricht, aber natürlich auch außerhalb der Schule, schon mehr oder weniger intensiv mit den Inhalten und Formen des christlichen Glaubens beschäftigt und von dieser Religion zumindest eine ungefähre Vorstellung gewonnen haben. Im Folgenden geht es deshalb auch nicht in erster Linie um das Thema »Christentum«, sondern allgemeiner um »Religionen«.

Vorgestellt werden der Hinduismus, der Buddhismus, das Judentum, der Islam und die sehr vielgestaltige, auf die Anfänge aller Religion verweisende Gruppe der »Traditionellen Religionen«.

Mir liegt daran, dass die oft fremden Gedankengänge anderer Kulturen nicht nur kurios und merkwürdig erscheinen. Ich werde deshalb in jedem Kapitel versuchen, die jeweilige Religion mit Fragen unserer eigenen Lebenswelt in Verbindung zu bringen. Darüber hinaus werde ich immer wieder aufzeigen, wie sich die jeweilige Religion vom Glauben des uns besser vertrauten Christentums unterscheidet.

Beim Erarbeiten und Schreiben dieses Buches stand ich immer wieder neugierig, fasziniert und stets aufs Neue dazulernend vor dem Reichtum und vor der Vielfalt der Religionen. Ich selbst bin, geprägt durch die Kultur Mitteleuropas, aber auch aus Überzeugung, Christ. Ich bemühe mich, so sachkundig und sachlich wie möglich zu argumentieren, habe jedoch, wie alle Menschen, auch eine bestimmte kulturell und biographisch gefärbte Sichtweise der Dinge. Es ist deshalb nur recht und billig, wenn ich diese Sichtweise auch offen lege. Das letzte Kapitel dieses Buches ist deshalb der Frage gewidmet, woran – aus meiner Sicht – eigentlich Christinnen und Christen glauben.

Inzwischen geht »das Haus mit den vielen Wohnungen« in eine zweite Auflage und ich habe Gelegenheit, mich ganz herzlich bei all den aufmerksamen Leserinnen und Lesern zu bedanken, die geholfen haben, Druckfehler und sachliche Unstimmigkeiten aufzuspüren und zu korrigieren. An erster Stelle ist dabei Friedemann Weitz aus Leutkirch im Allgäu zu nennen, der sich die Mühe gemacht hat, den gesamten Text noch einmal systematisch und sorgfältig durchzuarbeiten.

Tübingen, im Mai 2006   *Peter Kliemann*

Inuit-Frau, Arktis.

Traditionelle Religionen

Traditionelle Religionen – Was ist das eigentlich?

Im Grunde ist alles ganz einfach. Als *traditionelle Religionen* bezeichnet man die Religionen der nord- und südamerikanischen »Indianer«, der Inuits, der Urbevölkerung Australiens, Neuseelands und Ozeaniens, aber auch die Religionen der traditionellen Kulturen Afrikas und Asiens. In diesem Sinne wären, nach groben Schätzungen, etwa 6 Prozent der Weltbevölkerung Angehörige traditioneller Religionen.

Traditionelle Religionen werden nur von Menschen gleicher Abstammung gelebt. Sie werben nicht für ihre Anschauungen. Man kann in aller Regel auch nicht in sie eintreten. Wer nicht in eine bestimmte Bevölkerungsgruppe hineingeboren wurde, hat andere Stammeltern und könnte in Ausnahmefällen allenfalls »adoptiert« werden.

Nun wird sich jeder, der sich auch nur ein bisschen in Geographie und Geschichte auskennt, fragen, warum Menschen aus weit auseinander liegenden Erdteilen, also z.B. aus Afrika und aus Grönland, Anhängerinnen und Anhänger ein- und derselben Gruppe von Religionen sein

Indianer. Der Begriff wurde von dem italienischen Seefahrer Christoph Kolumbus (1451–1506) geprägt, der das von ihm entdeckte amerikanische Festland und die karibischen Inseln bekanntlich für einen Teil Indiens hielt. Das Wort »Indianer« ist insofern irreführend, als es Kulturen zusammenfasst, die weder sprachlich noch kulturell Gemeinsamkeiten aufweisen. Alternativen: *native americans* bzw. spanisch *indigenas* (Einheimische).

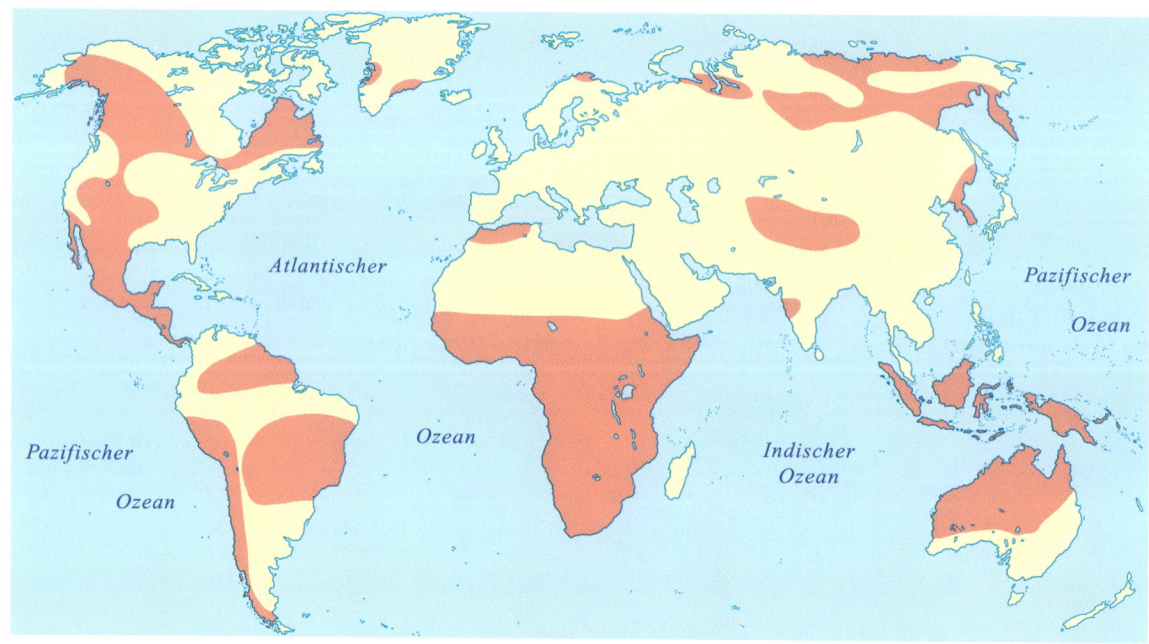

Atlantischer

Pazifischer

Ozean

Pazifischer

Ozean

Ozean

Indischer
Ozean

Ozean

Verbreitung traditioneller
Religionen.

Klan/Clan. Von gälisch *clann*
»Nachkommenschaft«; völker-
kundliche Bezeichnung für
eine Bevölkerungsgruppe mit
gemeinsamen Vorfahren.

Inuit. Selbstbezeichnung einer
Volksgruppe am nördlichen
Polarkreis. Das Wort bedeutet
»Mensch«. Bekannt sind die
Inuits unter dem Namen »Es-
kimos«. Dieses Wort stammt
aus der Sprache eines kana-
dischen Indianerstammes. Es
bedeutet »Esser von rohem
Fleisch« und hat eine negative,
abgrenzende Bedeutung.

sollen. Diese Frage ist mehr als berechtigt: Der Ausdruck »traditionelle
Religionen« ist eine Hilfskonstruktion westlicher Religionswissenschaftler. Er bezieht sich auf gemeinsame Merkmale und Strukturen,
die westliche Beobachter zu erkennen meinen. Angenommen, ein Inuit
wäre zu Gast bei einem afrikanischen Klan: Es wäre mehr als zweifel-
haft, ob er viele Ähnlichkeiten mit seiner eigenen Kultur entdecken
würde. Und genau das ist vielleicht das Erste, was man sich bewusst
machen sollte: Religionen sind sehr komplizierte, vielfältige Gebilde,
die man nicht ohne Weiteres miteinander vergleichen kann. Wir müssen uns vor Vereinfachungen hüten. *Die* traditionellen Religionen gibt
es streng genommen genauso wenig wie *den* Islam, *den* Buddhismus
oder *das* Christentum. Im Zweifelsfall wissen die Angehörigen einer
Religionsgemeinschaft viel besser als die Wissenschaftlerinnen und
Wissenschaftler, woran sie eigentlich glauben!

Neben dem Begriff »traditionelle Religionen« findet man in religionswissenschaftlichen Büchern gelegentlich auch die Bezeichnungen
»Religionen schriftloser Völker«, »Naturreligionen«, »Stammesreligi-
onen«, »animistische Religionen« oder auch »primitive Religionen«.
Alle diese Bezeichnungen können leicht abwertend verstanden werden.
Religionen mit heiligen Büchern scheinen besser zu sein als schriftlose,
Kulturreligionen besser als Naturreligionen. Das Wort »Stammes-
religionen« ist schon insofern unpassend, als der Begriff »Stamm« sich
einmal auf ein paar hundert Menschen, dann aber auch wieder auf mehrere hunderttausend Menschen beziehen kann. Vor allem aber ist der

Begriff diffamierend: Aufgeklärte, moderne Europäer leben nicht mehr in »Stämmen«. Stammesgemeinschaften werden deshalb vorschnell als rückständig und unzivilisiert angesehen. Und auch bei den Begriffen »animistische« oder »primitive Religionen« sollten wir uns fragen, welche Nebenbedeutungen in diesen Worten mitschwingen: Wer von uns Europäern möchte schon gerne des Geisterglaubens (Animismus) oder der Primitivität verdächtigt werden?

Dabei hätte gerade der Ausdruck »primitiv« durchaus etwas für sich. »Primitiv« steht in unserem Sprachgebrauch meist für »niedrig«, »ungebildet«, »roh«. Das aus dem Lateinischen kommende Wort könnte aber auch mit »urtümlich«, »ursprünglich«, »im Urzustand befindlich« übersetzt werden. Dann wären die Religionen, um die es in diesem Kapitel geht, diejenigen, die den Ursprüngen der Menschheit am nächsten stünden. Sie wären Überbleibsel einer vom Untergang bedrohten Lebensform, die von den Problemen einer globalen Industriegesellschaft

Tradition. Von lateinisch *traditio* »Überlieferung; Weitergabe« (von Erfahrungen, Sitten, Gebräuchen, Meinungen, Fähigkeiten und Kenntnissen sowie Werten und Normen an die Nachfahren). Gesellschaften und Kulturen können danach unterschieden werden, wie bedeutend Traditionen für das Zusammenleben sind. In »Stammeskulturen« ist die – in aller Regel mündliche – Weitergabe von Tradition grundlegend für das Zusammenleben. Moderne, durch schnellen Wandel und einen hohen Grad von Individualisierung gekennzeichnete Industriegesellschaften gelten als weniger traditionsgebunden.

Animismus. Von lateinisch *anima* »Seele«; Glaube an das Fortleben der Seelen Verstorbener, Geisterglaube.

Ketschua-Indio, Peru; Hopi-Indianerin, USA; Dogon, Mali; Dakota-Indianer, USA.

Rechte Seite: Abdrücke von Händen an einem Felsüberhang am Rio Pinturas in Argentinien, etwa 13 000 Jahre alt. Wissenschaftler vermuten, dass an diesem Ort Initiationsriten (vgl. S. 39ff.) stattfanden. Jugendliche hinterließen den Abdruck ihrer Hand als Zeichen der Unterwerfung unter die Regeln der Stammesgemeinschaft.

Höhlenmalerei aus Lascaux, Südwestfrankreich, etwa 15 000 v.Chr.: Am Boden liegender Mensch, im Kampf mit einem Wisent; der Vogel auf der Stange wird als Totemtier oder auch als Seelenvogel gedeutet. www.culture.gouv.fr/culture/ arcnat/lascaux/en

noch nichts wusste. Und in der Tat vermutet die Religionswissenschaft, dass wir von heute noch existierenden traditionellen Kulturen Rückschlüsse auf die Religion der Steinzeit, des Alten Orients und der Antike, aber auch auf die Religion der Inkas, Mayas oder unserer germanischen Vorfahren ziehen können – Kulturen, über die wir ansonsten nur durch Texte und archäologische Funde informiert sind.

Kulturgeschichte ist immer auch Religionsgeschichte. Es wurde bisher keine Kultur gefunden, in der Religion nicht eine wichtige Rolle gespielt hätte. Von seinen Anfängen an stand der Mensch vor denselben grundlegenden Fragen:

- Wer bin ich?
- Woher komme ich?
- Was soll ich tun und lassen?
- Was geschieht mit mir nach dem Tod?
- Was darf ich hoffen?

Alle Religionen versuchen auf diese Grundfragen der Menschheit eine Antwort zu geben. Welche Antwort geben die traditionellen Religionen?

»Himmelsscheibe«, 1998 in der Nähe von Nebra in Sachsen-Anhalt gefunden. Die 2 kg schwere Scheibe aus Bronze und Gold hat einen Durchmesser von 32 cm. Sie wird auf etwa 1600 v.Chr. datiert und belegt, dass zu dieser Zeit in Mitteleuropa bereits über erstaunliche astronomische Kenntnisse verfügt wurde. Die genauere Deutung des Fundes ist noch offen. Deutlich erkennbar scheinen neben verschiedenen Sternkonstellationen die Mondsichel sowie ein rundes Symbol, vermutlich die (leicht beschädigte) Vollmondscheibe.

»Die Toten sind nicht tot ...«

Traditionelle Religionen kennen keine Stifter und kein Gründungsdatum. Urkunden und heilige Bücher fehlen. Die einzigen erhaltenen Zeugnisse aus der Geschichte traditioneller Kulturen sind Zeichnungen und Skulpturen, Abbildungen von Tieren, Kreise und Linien. Oft sind sie in Felsen oder andere Naturmaterialien geritzt oder aus Stein, Holz oder Lehm geformt. Gelegentlich erinnern diese Gestalten und Figuren an moderne Kunst. Ihre Deutung bleibt uns jedoch weitgehend verschlossen und wir sind auf Vermutungen angewiesen. Alle Versuche, traditionelle Religionen zu verstehen, haben deshalb etwas sehr Vorläufiges. Wir können uns nur mit großer Vorsicht an das herantasten, was wir zwar sehen, aber nicht ohne Weiteres verstehen.

Wissenschaftlerinnen und Wissenschaftler, die längere Zeit Kontakt mit Angehörigen heutiger traditioneller Religionen hatten, berichten immer wieder, dass diesen nichts ferner liegt als unser naturwissenschaftlich geprägtes, westliches Denken. Es ist diesen Menschen fremd, nach eindeutig beweisbaren und messbaren Zusammenhängen zwischen einer Ursache und einer Wirkung zu suchen, wie wir es üblicherweise tun. Ein Blitz, der einen Menschen erschlägt, eine Krankheit, ein Unwetter, eine Dürre, ein ungewöhnlich gewachsener Baum, eine Zwillingsgeburt – letztlich alle Erscheinungen oder Erfahrungen – werden in traditionellen Kulturen nicht etwa naturwissenschaftlich erklärt, sondern als Teil einer besonderen Kraft oder Macht wahrgenommen. In Verbindung mit dieser Kraft oder Macht steht der Glaube an Gottheiten und Geister, die aus dem Jenseits in das Diesseits eingreifen. Besondere Bedeutung kommt dabei den Seelen der Verstorbenen zu. Die Vorfahren, auch *Ahnen* genannt, sind gestorben und leben doch weiter. Die Verbindung zu diesen »lebenden Toten« ist lebensnotwendig. Ihr Rat und ihr Schutz müssen durch Opfer, Riten und Gebete erbeten werden. Wenn dies nicht geschieht, findet der Totengeist keine Ruhe; er kann zum bedrohlichen Gespenst werden. Wie wichtig die Ahnen z.B. im Kontext westafrikanischer Kulturen sind, zeigt ein Gedicht von Léopold Sédar Senghor, dem ersten Staatspräsidenten der Republik Senegal (1906–2001):

Die im Benin lebenden Fon ehren die Ahnen in Form von kunstvoll verarbeiteten Metallskulpturen. Die abgebildete Skulptur zeigt einen Ahnen mit einem Seil, das die Verbindung zu seinen beiden Frauen darstellt – Zeichen für den Zusammenhalt der Familie. Das Flugzeug fliegt nach Haiti, um die Seelen der verschleppten Sklaven zurückzubringen. Das Kreuz, dem Christentum entlehnt, steht für Mawu-Lisa, den Schöpfergott der Fon.

> Die Toten sind nicht fortgegangen;
> sie sind hier in schwellenden Schatten.
> Die Toten sind nicht unter der Erde;
> sie sind in raschelnden Bäumen,
> sie sind im ächzenden Holz,
> sie sind im strömenden Wasser,
> sie sind im ruhenden Wasser,
> sie sind in den Hütten,
> sie sind in der Menge der Leute,
> die Toten sind nicht tot.
>
> Die Toten sind nicht fortgegangen;
> sie sind in der Brust einer Frau,
> sie sind in dem jammernden Kind,
> und in den lodernden Flammen.
> Die Toten sind nicht unter der Erde;
> sie sind im verlöschenden Feuer,
> sie sind in weinenden Gräsern,
> sie sind in wimmernden Felsen,
> sie sind im Wald, sie sind im Haus,
> die Toten sind nicht tot.

Werwolf. Von althochdeutsch *Wer* »Mann«, »Mensch«; im mittelalterlichen Volksglauben Europas ein Mann, der sich nachts, vor allem bei Vollmond, in einen gefährlichen Wolf verwandelt.

Ein ganz anderes, uns Europäern fremdes Phänomen traditioneller Religionen ist der *Totemismus*. Der Ausdruck *Totem* stammt aus einer nordamerikanischen Indianersprache und bezeichnet die Verwandtschaft von Menschen mit einer Tiergruppe. Einzelne Menschen oder Menschengruppen identifizieren sich mit einem bestimmten Tier, fühlen sich mit ihm verwandt. Dieses Totemtier wird deshalb in aller Regel nicht gejagt, nicht getötet und nicht verzehrt. Innerhalb einer Totemgemeinschaft wird nicht geheiratet. Oft wird die Verbindung mit dem Totem als so eng erlebt, dass man glaubt, das Totemtier sei ein *alter ego*, ein zweites Ich. Wenn das Tier stirbt, stirbt auch der Mensch.

In den Zusammenhang des Totemismus gehört auch die Vorstellung, dass Menschen sich in reißende Tiere verwandeln und andere Menschen töten können. Diese Vorstellung lebt z.B. in der Variante des *Werwolfs* in der Sagenwelt und in den Horrorfilmen der westlich geprägten Welt weiter.

Für Menschen, die Angst vor feindlichen Mächten haben, ist die Beachtung von Tabus von großer Bedeutung. Das Wort *Tabu* stammt aus dem Polynesischen und meint wörtlich »mit einem Kennzeichen versehen«. Tabu können – auf Dauer oder für einen gewissen Zeitraum – bestimmte Speisen, Tiere, Orte, Handlungen, aber auch Worte sein. Tabus gibt es dabei durchaus auch in anderen Religionen: Mekka darf nur von Muslimen betreten werden; Jüdinnen und Juden sprechen bis heute den Namen Gottes nicht aus; viele Christinnen und Christen essen in der Fastenzeit, insbesondere auch an Karfreitag, kein Fleisch.

Der Abwehr feindlicher Mächte dienen außerdem bestimmte Gegenstände, etwa Knochenstücke, kleine Figuren, Federn oder Steine. Diese Schutzmittel bezeichnet man als *Amulette*. Das Gegenstück zum Amulett, der so genannte *Talisman*, ist auch in unserer eigenen

Zweiköpfiger Nagelfetisch aus dem Kongo. Die Figur, die zu Beginn des 20. Jahrhunderts von christlichen Missionaren erworben wurde, soll hauptsächlich zur Abwehr jeglichen Übels verwendet worden sein. Diese Abwehrfunktion äußert sich in manchen formalen Details: Beide Mäuler sind geöffnet, sodass die Zahnreihen mit den großen Reißzähnen sichtbar sind; die Zungen sind ausgestreckt. In den gleichen Zusammenhang gehört wohl auch die Ausstattung beider Körperenden mit je einem Kopf, unter den tiergestaltigen magischen Figuren keine Seltenheit. In dem aus Harz gebildeten Buckel auf dem Rücken des Tieres befinden sich wichtige magische Substanzen. Die in das Holz getriebenen Nägel sind größtenteils europäischer Herkunft.

Auf einer westlich von Korea im Gelben Meer gelegenen Insel leitet ein Schamane ein Opferritual, bei dem der Drachengott, der Beherrscher des Meeres, um Hilfe und Unterstützung beim Fischfang gebeten wird. Anders als im westlichen Kulturkreis gilt der Drache in Ostasien als eine hilfreiche Gottheit. Die Abbildung zeigt ein tteabae, den Nachbau eines Fischerboots aus Stroh. Darauf befestigt sind Fahnen, eine Art Vogelscheuche, die böse Geister abwehren soll, sowie ein reichlich gedeckter Tisch mit Opfergaben. Das tteabae wird, begleitet von Musik, Gesängen und Gebeten, auf das offene Meer hinaus geschleppt und dort den Wellen überlassen. Wird es nicht wieder an Land getrieben, ist dies ein gutes Zeichen.

Amulett. Von lateinisch *amulettum* »Schutzmittel«.

Talisman. Abgeleitet von einem arabischen Wort für »Zaubermittel«.

Fetisch. Von portugiesisch *feitiço* »künstlich«, »falsch«, »Zauber«.

Schamane. Begriff aus der Sprache einer sibirischen Volksgruppe, der Tungusen; wörtlich: »der außer Fassung ist«, »der verrückt ist«; im übertragenen Sinn Bezeichnung für Medizinmänner, Heiler, Priester, Zauberer auch anderer Kulturen.

Charismatisch. Von griechisch *charisma*, wörtlich »Gnadengabe«; eine nicht alltägliche positive Eigenart eines Menschen, um derentwillen er als Autorität angesehen wird.

Medium. Von lateinisch *medium* »Mitte«, »Mittelglied«, »Mittler«, »Mittelsperson«; übertragen: Kommunikationsmittel.

Ritus. Lateinisch »der ordnungsgemäße, heilige Brauch«, »heilige Zeremonie«.

Ritual. Meint im Unterschied zum Ritus das dem Ritus zugrunde liegende Muster; als *Rituale* bezeichnet man auch Ritualbücher, in denen der Ablauf einer Zeremonie genau festgelegt ist.

Kultur noch sehr verbreitet; seine Aufgabe besteht darin, gute Mächte anzuziehen. Ein weiterer, gebräuchlicher Begriff für machtgeladene Gegenstände aller Art ist das Wort *Fetisch*.

Für uns Europäer erscheint die Welt der traditionellen Religionen ziemlich kompliziert: Was gilt als Tabu? Welches Amulett und welcher Talisman sind notwendig? Welche Opfer, Riten und Gebete sind zu welchem Anlass und zu welcher Zeit erforderlich? Um solche Fragen beantworten zu können, braucht man ein großes Spezialwissen. Über dieses »Wissen« verfügen auch nicht alle Mitglieder einer traditionellen Kultur in gleicher Weise. Deshalb gibt es »Fachmänner« oder »Fachfrauen für das Heilige«: Medizinmänner und -frauen, Schamanen und Schamaninnen sowie andere charismatisch in besonderer Weise begabte Personen. Sie versuchen unmittelbaren Kontakt zu Geistern, Ahnen und Gottheiten aufzunehmen. Sie werden zu *Medien*, die zwischen jenseitiger und diesseitiger Welt vermitteln. Diese Personen ähneln *Priestern*. Sie sind für die Organisation und den Ablauf der wichtigen Feste zuständig und können die Zeichen des Jenseits deuten. Darüber hinaus übernehmen sie die Aufgaben einer Heilerin oder eines Heilers. Aus Afrika wird berichtet, dass Menschen, die offiziell längst dem Christentum oder dem Islam angehören, im Zweifelsfall neben einem wissenschaftlich ausgebildeten Arzt immer noch die traditionell zuständigen Gesundheitsexpertinnen und -experten aufsuchen. Ganz offensichtlich scheinen sie vor allem in seelsorgerlicher Hinsicht den Patienten etwas zu bieten, das die moderne, rein wissenschaftlich ausgerichtete Medizin vermissen lässt.

Es gibt weitere wichtige Aspekte, die für das Verständnis von »primitiven« Kulturen zentral sind: Dazu gehören die beiden kultischen Praktiken »Opfer« und »Magie«. Beide sind auch in unserem Kulturkreis verankert. Interessanterweise verbinden wir mit »Opfer« bzw. »Magie« in unserem Sprachgebrauch unterschiedliche Bewertungen: Während der Begriff »Opfer« in unserem Alltagsleben allenfalls noch in einer sehr abgeschwächten Bedeutung (z.B. »Verkehrsopfer«, »Opfer eines Verbrechens«, »für eine gute Sache ein Opfer bringen«) Verwendung findet, geht von dem Wort »Magie« und allem »Magischen« nach wie vor eine große Faszination aus. Der Erfolg der »Harry Potter«-Romane gibt davon ein beredtes Zeugnis. Man könnte fast sagen, das Thema »Magie« zieht viele Menschen geradezu »magisch« an. Religionswissenschaftlich gesehen verhält es sich eher andersherum: Das Opfer und die mit ihm verbundenen Riten spielen in nahezu allen Religionen eine zentrale Rolle. Man kann die verschiedenen Opferrituale deshalb gut beschreiben und sie miteinander vergleichen. Dem Begriff »Magie« haftet hingegen etwas Vages und schwer Fassbares an. Alles »Magische« entzieht sich deshalb einer sachlichen Darstellung und stößt bei vielen Religionswissenschaftlern auf Misstrauen. Wir werden dennoch versuchen, uns auch diesem Phänomen zu nähern.

Opferriten: »Als Götter und sterbliche Menschen sich schieden …«

Das Wort Opfer leitet sich vom lateinischen Wort *operari* ab und bedeutet soviel wie »mit rituellen Handlungen beschäftigt sein«.

Im Deutschen bezeichnet das Wort die rituelle Handlung, einen Vorgang, bei dem Menschen nicht-menschlichen, übermenschlichen Wesen etwas darbringen, aber auch das Objekt, die dargebrachte Gabe. Die religiöse Ausdrucksform des Opfers scheint so alt zu sein wie die Menschheit selbst.

Hesiod, ein griechischer Dichter des 8. Jahrhunderts vor der Zeitrechnung, beschreibt, wie in der Urzeit Prometheus den Göttern ein erstes Opfer bringt:

»Als sich einst … die Götter und sterblichen Menschen schieden, zerteilte er (Prometheus) und trug er auf einen mächtigen Ochsen … Fleisch und Inneres, triefend vom Fette … Seither verbrennen die Stämme der sterblichen Menschen auf Erden weißliche Knochen den ewigen Göttern auf Opferaltären …«

Die Opferpraktiken der Völker weisen eine große Vielfalt auf. Man kann unterscheiden zwischen:

* dem Darbringer des Opfers (z.B. einer Priesterin oder einem Priester)

* der Art der Opfergabe (Menschen, Tiere, Pflanzen, Nahrungsmittel, wertvolle Gegenstände aller Art)

* dem Ort des Opfers (z.B. ein besonderer Berg, ein spezielles Kulthaus)

* der Zeit des Opfers (z.B. Beginn und Ende der Regenzeit, besondere Krankheiten, Naturkatastrophen, kriegerische Situationen)

* der Art und Weise des Opfers (z.B. spezielle Arten der Schlachtung von Tieren, Ausgießen von Blut oder Flüssigkeiten, Emporheben von Nahrungsmitteln, Verbrennung)

* dem Empfänger des Opfers (Ahnen, höhere Mächte, Gottheiten)

* und schließlich der Absicht des Opfers: Wollen die opfernden Menschen einer höheren Macht für etwas danken? Wollen sie um etwas bitten? Geht es um die rituelle Aufrechterhaltung der kosmischen Ordnung? Oder erwarten die Opfernden eine konkrete Gegengabe (lateinisch *do ut des*, wörtlich »Ich gebe, damit du gibst.«)?

Das Hochland der Anden erstreckt sich von Kolumbien bis in den Süden Chiles, fast über die ganze Länge der Westküste Südamerikas. Die längste Gebirgskette der Welt hat etwa 45 schneebedeckte Gipfel und erreicht Höhen bis 6000 Meter. Viele Stämme leben dort, jeder mit einer eigenen Religion, Sprache und Kultur ... Die Andenvölker bestehen größtenteils aus Bauern, die in den Tälern Ackerbau treiben und bis 4000 Meter Höhe Schafe, Lamas und Alpacas züchten. Sie kämpfen hart mit den Naturgewalten, versuchen aber auch, in Harmonie mit ihrer Umgebung zu leben. Entsprechende Rituale im Lauf des Jahres sollen gute Ernten und fruchtbare Herden sicherstellen. Diese Zeremonien enthalten umfangreiche rituelle Gebete, Speise- und Trankopfer, sogar Tieropfer für die Geister der jeweiligen Region.

Die Bergvölker glauben, dass die Mutter Erde, Pachamama, Leben gibt und erhält. Auf hohen schneebedeckten Gipfeln wohnen die Apus. Sie sind die »Herren«, die alles in der Gegend unter Kontrolle haben. Die Geister der niedrigen Berge heißen Aukis; sie verfügen über geringere Macht. Alle Apus und Aukis heißen nach den Bergen, auf denen sie wohnen. Sie sind die Hauptgötter der indianischen Welt. Donner, Hagel, Regen, Wind, Feuer und Quellen sowie Flüsse und bestimmte Felsen sind außerdem sehr wichtig. Sie leben und haben Kraft; man muss ihnen opfern.

Die Apus, Aukis und Pachamama lassen Feldfrüchte wachsen, machen Tiere fruchtbar und sorgen für die Gemeinschaft. Sie können hungrig, zornig oder auch beleidigt sein; die Menschen müssen ihnen ihren Anteil an Nahrung geben und die guten Beziehungen zu ihnen pflegen.

Im August beginnt der Vegetationszyklus. Dann sagt man: »Pachamama erwacht«. Sie ist bereit, Saat aufzunehmen. Man opfert ihr, um eine gute Ernte sicherzustellen. Kokafrüchte, Essen und Trinken werden »aufgetragen«, ein noch ungeborenes Lama, Kokablätter, Tierfett und andere Dinge werden verbrannt. Das Gebet dabei lautet etwa so: »Pachamama, das ist der Teil, den ich dir im August, am Anfang des Jahres, anbiete. Du ernährst mich, nimm dieses Opfer an! Du nährst mich wie eine Mutter an der Brust, wie ein Vogel seine Jungen füttert. Nimm das gnädig an und bewahre mich vor Unheil. Halte Sorge und Krankheit von mir fern und lass mich ein weiteres Jahr gut leben.« Ähnliche Gebete und Opfer sind im Interesse der Fruchtbarkeit der Tierherden notwendig.

Bei Krankheiten befragen die Leute paquo (Medizinmann und Medium), um sich die Ursachen dafür sagen zu lassen. Es gibt verschiedene Typen des paquo: einige treiben Wahrsagerei, indem sie aus den Linien der Kokablätter Informationen herauslesen, andere haben Kontakt zu den Geistern. Ein echter paquo ist jemand, der von einem Blitz getroffen wurde und überlebte; er gilt deshalb als erwählter Priester.

Leslie Hoggarth

In Korea ist es Brauch, am Arbeitsplatz den Göttern zeremonielle Opfergaben darzubieten, wenn man ein neues Geschäft oder Gewerbe eröffnet. Damit verbunden sind Gebete für beruflichen Wohlstand und Wachstum.

Der Gastgeber bereitet Opferspeisen für diese Zeremonie zu. Ein Schweinskopf, gedämpfte Reiskuchen mit roten Bohnen und ein frisch geangelter Dorsch sind unabdingbare Bestandteile des Gabentisches.

Wenn alle Opfergaben bereitet sind, bietet zuerst der Gastgeber eine Schale Wein dar und verneigt sich vor den Geistern. Dann stopfen die Gäste Papiergeld ins Maul des Schweines und verneigen sich. Dieser Brauch leitet sich von dem Glauben ab, dass das Schwein das Symbol des Reichtums ist, und wird somit mit dem Wunsch in Verbindung gebracht, viel Geld zu verdienen. In Korea bringt das Schwein auch deshalb Glück, weil es viele Nachkommen zeugt – wiederum ein Symbol für hohe Geldgewinne.

»Nach diesen Geschichten versuchte Gott Abraham und sprach zu ihm: Abraham! Und er antwortete: Hier bin ich. Und er sprach: Nimm Isaak, deinen einzigen Sohn, den du lieb hast, und geh hin in das Land Morija und opfere ihn dort zum Brandopfer auf einem Berge, den ich dir sagen werde. Da stand Abraham früh am Morgen auf und … nahm mit sich … seinen Sohn Isaak und spaltete Holz zum Brandopfer, machte sich auf und ging hin an den Ort, von dem ihm Gott gesagt hatte … Und Abraham nahm das Holz zum Brandopfer und legte es auf seinen Sohn Isaak. Er aber nahm das Feuer und das Messer in seine Hand; und gingen die beiden miteinander. Da sprach Isaak zu seinem Vater Abraham: Mein Vater! Abraham antwortete: Hier bin ich, mein Sohn. Und er sprach: Siehe, hier ist Feuer und Holz; wo ist aber das Schaf zum Brandopfer? … Und als sie an die Stätte kamen, die ihm Gott gesagt hatte, baute Abraham dort einen Altar und legte das Holz darauf und band seinen Sohn Isaak, legte ihn auf den Altar oben auf das Holz und reckte seine Hand aus und fasste das Messer, dass er seinen Sohn schlachtete. Da rief ihn der Engel des HERRN vom Himmel und sprach: Abraham! Abraham! Er antwortete: Hier bin ich. Er sprach: Lege deine Hand nicht an den Knaben und tu ihm nichts … Da hob Abraham seine Augen auf und sah einen Widder hinter sich in der Hecke …«

1. Mose 22, 1–13

Auch die Bibel kennt ein breites Spektrum von Opferriten. Sie finden sich insbesondere in ihrem hebräischen Teil, den Christen als »Altes Testament« bezeichnen. Schon im vierten Kapitel des 1. Mosebuches ist in der Geschichte von Kain und Abel von Opfern die Rede. Im 22. Kapitel steht die irritierende Geschichte von Abraham, der auf Gottes Weisung hin seinen Sohn Isaak opfern will. Es kommt dann nicht zu der so grausam erscheinenden Tat, weil Gott einen Widder als Ersatz schickt. Möglicherweise will die Erzählung eine Erklärung dafür geben, warum in Israel Menschenopfer verboten sind und durch Tieropfer ersetzt werden sollen. Sie wäre dann, so grausam sie in den Ohren zivilisierter Menschen zunächst klingt, ein Beleg für eine religionsgeschichtliche Entwicklung, die versucht, grausame Gottesvorstellungen hinter sich zu lassen: Der Gott Abrahams will keine Menschenopfer!

Detaillierte Anweisungen für die Durchführung von Opfern finden wir im 3. Buch Mose. Es wird auch Levitikus genannt, weil in ihm Vorschriften für die Söhne des Stammes Levi, die in Israel den Priesterdienst versehen sollen, gesammelt sind. Ein Beispiel von vielen:

»Wer unter euch dem HERRN ein Opfer darbringen will, der bringe es von dem Vieh, von Rindern oder von Schafen und Ziegen. Will er ein Brandopfer darbringen von Rindern, so opfere er ein männliches Tier, das ohne Fehler ist … Dann soll er das Rind schlachten vor dem HERRN, und die Priester, Aarons Söhne, sollen das Blut herzubringen und ringsum an den Altar sprengen …

Und die Priester, Aarons Söhne, sollen ein Feuer auf dem Altar machen und Holz oben darauf legen und sollen die Stücke samt dem Kopf und dem Fett auf das Holz legen, das über dem Feuer auf dem Altar liegt. Die Eingeweide aber und die Schenkel soll er mit Wasser waschen, und der Priester soll das alles auf dem Altar in Rauch aufgehen lassen. Das ist ein Brandopfer, ein Feueropfer zum lieblichen Geruch für den HERRN.« (3. Mose 1,2–9)

Diese Bestimmungen gehen auf die Frühzeit des Volkes Israel zurück. Im weiteren Verlauf der Geschichte zeichnet sich dann allerdings eine interessante Entwicklung ab. Zunächst haben die beschriebenen Bräuche durchaus Ähnlichkeiten mit den Riten traditioneller Religionen. In späterer Zeit kritisieren aber vor allem die Propheten des Alten Testaments die vielfältigen Opferbräuche Israels zum Teil sehr heftig:

»Ich bin euren Feiertagen gram und verachte sie und mag eure Versammlungen nicht riechen. Und wenn ihr mir auch Brandopfer und Speiseopfer opfert, so habe ich kein Gefallen daran und mag eure fetten Dankopfer nicht ansehen …« (Amos 5,21f)

»Ich habe eueren Vätern, als ich sie aus Ägypten führte, nichts von Brandopfern und Schlachtopfern gesagt und geboten« (Jeremia 7,22).

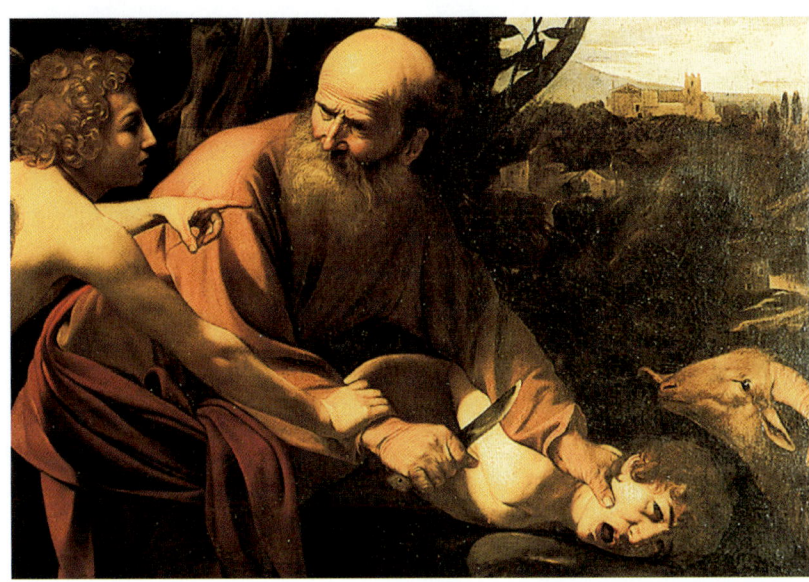

Caravaggio (1571–1610), Opferung Isaaks (Uffizien, Florenz).

»Ich habe Lust an der Liebe und nicht am Opfer, an der Erkenntnis Gottes und nicht am Brandopfer« (Hosea 6,6).

Die Einhaltung der Gebote, nicht zuletzt auch die Verpflichtung, sich den Armen und Schwachen zuzuwenden, und die rechte innere Einstellung sind nach Auffassung der Propheten wichtiger als die äußerliche Verrichtung bestimmter Riten.

Jesus nimmt die opferkritische Äußerung Hoseas auf. Im ersten Buch des Neuen Testaments, dem Matthäusevangelium, stellt er »Opfer« und »Barmherzigkeit«, also einen religiösen Ritus und tätiges, sich im Alltag bewährendes Handeln, einander gegenüber (Matthäus 9,13; 12,7).

Dennoch spielt der Opfergedanke auch im Neuen Testament eine wichtige Rolle. Tod und Auferstehung Jesu werden an zahlreichen Stellen als »Opfer« verstanden. So schreibt etwa Paulus, der Autor der ältesten Schriften des Neuen Testaments: »Denn auch wir haben ein Passalamm, das ist Christus, der geopfert ist« (1. Korinther 5,7). Der Verfasser der Hebräerbriefes beschreibt Jesus als Hohenpriester und unterscheidet ihn von den Hohenpriestern Israels: »Er hat es nicht nötig, wie jene Hohenpriester täglich zuerst für die eigenen Sünden Opfer darzubringen und dann für die des Volkes; denn das hat er ein für alle Mal getan, als er sich selbst opferte« (Hebräer 7,27). Der Opfertod Jesu überbietet also alle weiteren Opfer und macht sie in Zukunft überflüssig. Man kann das Christentum deshalb zu Recht als eine Religion ohne Opferriten beschreiben. Positiv ausgedrückt heißt das: Für Christinnen und Christen besteht der wahre Gottesdienst nicht

Matthias Grünewald
(ca. 1480–1532), Ausschnitt aus
dem Isenheimer Altar (Museum
Unterlinden, Colmar).

im Darbringen von Opfergaben, sondern im engagierten, Gott zuge-wandten Leben jedes einzelnen Gläubigen: »Ich ermahne euch nun, liebe Brüder, durch die Barmherzigkeit Gottes, dass ihr eure Leiber hingebt als ein Opfer, das lebendig, heilig und Gott wohlgefällig ist. Das sei euer vernünftiger Gottesdienst« (Römer 12,1).

Die Vorstellung vom Ende des Opferkultes durch Jesus Christus hat zweifellos etwas Befreiendes. Sie hat sicherlich dazu beigetragen, dass der Begriff »Opfer« in dem beschriebenen kultischen Sinn in unserem Kulturkreis heute kaum mehr eine Rolle spielt. Andererseits verwendet die christliche Botschaft von der Befreiung von kultischen Zwängen häufig jedoch gerade die Sprache des Opferkultes, den sie ablehnt, und das wirkt fort bis hinein in unser heutiges Gesangbuch:

Die güld'ne Sonne,
voll Freud und Wonne,
bringt unsern Grenzen
mit ihrem Glänzen
ein herzerquickendes, liebliches Licht …

Lasset uns singen,
dem Schöpfer bringen
Güter und Gaben,
was wir nur haben,
alles sei Gott zum Opfer gesetzt!
Die besten Güter
sind unsre Gemüter;
dankbare Lieder
sind Weihrauch und Widder,
an welchen er sich am meisten ergötzt.

Paul Gerhardt, Evangelisches Gesangbuch, Lied Nr. 449

Die meisten Menschen haben heute große Schwierigkeiten, den Tod Jesu als endgültiges Sühneopfer zu verstehen. Opfer spielen in ihrem Leben keine Rolle mehr. Deshalb fragen sie: Was ist das für ein Gott, der ein solch grausames Opfer fordert, der seinen eigenen Sohn unschuldig am Kreuz hinrichten lässt, nur um sich dadurch als gnädig, gütig und vergebend zu erweisen? Es gibt nicht wenige christliche Theologen, die deshalb empfehlen, Tod und Auferstehung Jesu heute nicht mehr in der Sprache einer Opfertheologie zu beschreiben. Sicherlich sprechen viele Autoren des Neuen Testaments eindeutig vom Opfertod Jesu. Diese Redeweise – so behaupten viele Theologen – sei jedoch zeitgebunden und darauf zurückzuführen, dass nicht nur im Judentum zur Zeit Jesu, sondern auch in der gesamten Spätantike Opferriten eine zentrale Bedeutung hatten. Die Botschaft vom Opfertod Jesu habe es damals also erleichtert, den Menschen den christlichen Glauben näher zu bringen.

Hoherpriester. Oberhaupt der Priesterschaft des Jerusalemer Tempels; nur er durfte am großen Versöhnungstag das Allerheiligste des Tempels betreten. Mit der Zerstörung des Tempels im Jahre 70 n.Chr. erlosch das Amt des Hohenpriesters.

Kult. Von lateinisch *colere* »sorgfältig pflegen«; festgesetzte, geordnete Form des Umgangs mit höheren Mächten.

Messopfer. In der katholischen Kirche das »Opfer« von Leib und Blut Christi nach der Wandlung von Brot und Wein durch den Priester. Aus katholischer Sicht ist das Messopfer eine Vergegenwärtigung des von Christus erbrachten Kreuzestodes. Da gelegentlich jedoch das Missverständnis auftrat, der Priester müsse Gott ein Opfer darbringen, protestierten die Christen der Reformation gegen diesen Sprachgebrauch energisch: Das endgültige Opfer ist durch Christus erfolgt; Christinnen und Christen können nur noch im übertragenen Sinne »Opfer« in Form von Lob- und Dankliedern oder materielle »Opfer« für bedürftige Mitmenschen erbringen.

Heute sind uns Opferrituale eher fremd. Tier- oder gar Menschenopfer wirken auf uns abschreckend. Wäre es dann nicht angemessener und menschenfreundlicher, das Evangelium heute in anderen Worten zu verkünden? Im christlichen Glaubensbekenntnis (vgl. S. 226) ist schließlich auch nicht davon die Rede, dass Gott seinen Sohn »geopfert« hat … Oder wird durch solche Anpassungs- und Übersetzungsversuche die Botschaft des Neuen Testaments auf unzulässige Weise geglättet und um ihren theologischen Kern gebracht? In der anhaltenden Diskussion über diese brisante theologische Frage lebt somit auch im Christentum das uralte religiöse Phänomen des Opfers fort – auch wenn es die Opferriten traditioneller Religionen niemals praktiziert hat.

Magie – ein problematischer Begriff

Das deutsche Wort »Magie« geht auf das altpersische Wort *magusch* und das davon abgeleitete griechische Wort *magoi* zurück. Die *magoi* waren im Altertum die Mitglieder einer persischen Priesterkaste. Sie waren bekannt für ihre Begabung, aufgrund bestimmter Zeichen etwas über die Zukunft auszusagen. In diesem Sinn bezeichnet der Verfasser des Matthäusevangeliums die »Weisen aus dem Morgenland«, die ein Stern zum Stall von Bethlehem führt (vgl. Mt 2,1–12), im griechischen Originaltext als *magoi*. Später weitete sich die Bedeutung des Wortes aus und bezog sich dann auf Zauberer, Wahrsager, Stern- und Traumdeuter jeglicher Herkunft. In unserem heutigen Sprachgebrauch meint »Magie« sowohl die Tricks von Unterhaltungskünstlerinnen und Unterhaltungskünstlern als auch die speziellen, »magischen« Fähigkeiten von spirituell besonders begabten Personen. Im letzteren Sinne überschneidet sich der Begriff des Magischen mit dem des Okkulten.

Im religionswissenschaftlichen Sinn bezeichnete man es lange Zeit als »Magie«, wenn Menschen davon ausgehen, dass eine bestimmte rituelle Handlung höhere Mächte dazu zwingt, in bestimmter Weise zu reagieren.

Im Unterschied zu naturwissenschaftlichem Denken ist dabei kein rational erklärbarer Zusammenhang von Ursache und Wirkung erkennbar. Der Vorgang erscheint unheimlich und mysteriös.

Einblick in die magischen Gesetzmäßigkeiten haben insbesondere Medizinmänner, Schamanen, Hexen oder weise Frauen. Ihr geheimes Wissen verleiht ihnen besondere Macht. Man unterscheidet zwischen *weißer* und *schwarzer Magie*. *Weiße Magie* bringt einzelnen Menschen oder der Gemeinschaft insgesamt Nutzen. *Schwarze Magie* versucht anderen Menschen Schaden zuzufügen.

Außerdem gliedert man magisches Denken und Handeln nach seiner Wirkungsweise: *Analogische Magie* geht davon aus, dass Gleiches Gleiches hervorbringt: In Wasser getauchte und hin und her geschwenkte Zweige erzeugen Wassertropfen, die auf die Erde fallen. Dies zieht den Regen an. Aufgrund genau ausgeführter Rituale wird die Gelbsucht gezwungen, den kranken Menschen zu verlassen und geht in die gelbe Farbe bestimmter Vögel über. *Übertragungsmagie* beruht auf dem Gedanken, dass der Besitz bestimmter, kraftgeladener Gegenstände Macht über andere Menschen verleiht. Der Zahn eines Löwen, als Amulett getragen, steigert die eigene Kraft. Eine mit einer Nadel durchbohrte Puppe führt zum Tod des mit der Puppe identifizierten Feindes. Kannibalismus, der heute kaum mehr vorkommt, beruhte ebenfalls auf der Vorstellung, dass beim Verzehr bestimmter menschlicher Körperteile, vor allem der Geschlechtsteile, der Innereien und des Blutes, die Kräfte und Fähigkeiten des Getöteten buchstäblich einverleibt und damit übertragen werden können. *Magische Worte*, z.B. bezogen auf den Namen einer Person, wirken als Segen oder als Fluch.

Kannibalismus. Der Begriff leitet sich her vom Wort *cannibales*, dem spanischen Begriff für die Eingeborenen der Karibik, denen die europäischen Eroberer Menschenfresserei nachsagten. Berichte von Kannibalismus gibt es aus vielen Teilen der Welt.

Abidjan, 17. November 2000. Die nigerianische Polizei hat zwei Hunde freigelassen, die wegen des Verdachts auf Hexerei »festgenommen« worden waren. Wie ein Polizeisprecher in der Wirtschaftsmetropole Lagos mitteilte, hat ein anerkannter Zauberer inzwischen die Harmlosigkeit der Tiere bestätigt, sodass keine Veranlassung bestanden habe, die Hunde weiter in Haft zu behalten. Die Tiere waren verdächtigt worden, in Wahrheit zwei verhexte Kinder aus dem Stadtteil Agege in Lagos zu sein, die seit mehr als einer Woche spurlos verschwunden sind. Der Besitzer der Tiere, ein Hundezüchter aus dem Norden Nigerias, war daraufhin von einer aufgebrachten Menge beinahe gelyncht worden. »Weil wir nicht wussten, was los war, haben wir alle Beteiligten ins Gefängnis gesteckt, auch die Hunde«, erklärte die Polizei die ungewöhnliche Festnahme.

Der Glaube an die Fähigkeit von Zauberern, Menschen in Tiere zu verwandeln, ist in Nigeria weit verbreitet. Regelmäßig berichten nigerianische Zeitungen im Brustton der Überzeugung von neuen »Verwandlungen«. Die der Zauberei Verdächtigten sind aber zumeist Angehörige einer ethnischen Minderheit. Im Fall der verzauberten Kinder war der Hundebesitzer ein Haussa aus dem Norden, der für das in Lagos dominierende Volk der Jorubas schon aufgrund seiner Herkunft verdächtig war. Gleichwohl ist die Inbrunst, mit der in Afrika der Macht von Hexern, Medien und Zauberern vertraut wird, kein Phänomen, das mit mangelnder Bildung erklärt werden könnte. Der sambische Präsident Chiluba zum Beispiel, ansonsten als kühler Kopf bekannt, verbrachte das vergangene Wochenende bei einem Prediger in Nigeria und war selbst auf drängende Fragen nicht bereit zu sagen, was er dort eigentlich gesucht habe. Der Prediger, der sich Prophet Temitope Joshua nennt, gilt als Kapazität für das Austreiben böser Geister.

Frankfurter Allgemeine Zeitung vom 18. November 2000

Hexe. Von althochdeutsch *hagzissa* »sich auf Zäunen oder Hecken aufhaltendes dämonisches Wesen«; Hexen werden negative Absichten und Handlungen unterstellt. Zu Beginn der Neuzeit wurden in Europa Millionen Frauen und Männer der Hexerei verdächtigt und auf grausame Weise hingerichtet.

Im beschriebenen Sinn lassen sich »magische« Elemente in allen Religionen finden. Ein Beispiel für analogisches Denken wäre etwa die Geschichte von Jakob, der seinen Herden gestreift abgeschälte Stäbe in die Tränke stellt, damit diese nur noch gestreifte Lämmer werfen (1. Mose 30,37–39). Übertragungsdenken findet sich im alttestamentlichen Sündenbockritual, bei dem der Hohepriester die Sünden des Volkes durch Handauflegen auf einen Bock überträgt (vgl. 3. Mose 16). Auch in der Reliquienverehrung der katholischen Kirche hat es seinen festen Platz. Der Glaube an die Macht des Namens zeigt sich im zweiten Kapitel der Bibel: Der Mensch soll den Tieren Namen geben. Damit wird ausgedrückt, dass er über ihnen steht und Verantwortung trägt (1. Mose 2,19f). Aber auch die Hochschätzung der Bibel im Christentum kann gelegentlich an Phänomene der Wortmagie erinnern. So gab es z.B. in manchen christlichen Kreisen den Brauch des »Däumelns« oder »Bibelstechens«. Dabei versuchte man, vor schwierigen Entscheidungen den Willen Gottes dadurch zu erfragen, dass man mit dem Daumen oder einer Nadel eine zufällige Stelle der Bibel aufschlug und diese als Orakel bzw. persönliche Offenbarung Gottes interpretierte.

Magisch mag es vielen einfachen Gläubigen auch vorgekommen sein, wenn in der katholischen Messe, die bis vor wenigen Jahrzehnten in lateinischer, also einer dem Großteil der Bevölkerung unverständlichen Sprache abgehalten wurde, der Priester die Einsetzungsworte zur Eucharistie sprach. Nach katholischer Auffassung findet in diesem Moment die Wandlung der Substanz des Brotes in die Substanz des Leibes Christi statt. Die Substanz ändert sich, die Gestalt (»Akzidenz«) bleibt. Ein logisch nicht ganz leicht nachvollziehbarer Vorgang! Der Priester zitierte die Einsetzungsworte Jesu (vgl. Mk 14,22) in lateinischer Sprache: »Hoc est enim corpus meum« – »Dies ist mein Leib.« Viele verstanden diesen lateinischen Satz nicht, und so wurde aus der Wandlungsformel die bis heute erhaltene Verballhornung »Hokuspokus«!

Die Beispiele des letzten Abschnitts signalisieren die Problematik des Begriffs »Magie«. Jede christliche Theologin und jeder christliche Theologe würde vehement bestreiten, dass die beschriebenen Anklänge an magisches Denken das Zentrum des Glaubens an Jesus Christus beschreiben. Zwar gibt es auch im Christentum, wie im Volksglauben aller anderen Religionen, magisches Denken und es wurde von den organisierten Kirchen oft auch zugelassen oder gar gefördert, um die Botschaft der Bibel anschaulich und verständlich zu machen. Das eigentliche Anliegen des Christentums, den Glauben an einen unverfügbaren, ganz anderen Gott, der alle menschlichen Vorstellungen von Religiosität und Heiligkeit sprengt, treffen magische Praktiken jedoch nicht. Im Gegenteil, man kann sich fragen, ob der von magischem Denken beeinflusste Volksglaube den Kern des christlichen Glaubens nicht geradezu in sein Gegenteil verkehrt. Zum anderen benutzten die

Altarschrank der Santeria,
einer afro-amerikanischen
Mischreligion, mit heiligen
Gegenständen in Havanna/Kuba.

Märtyrer. Von griechisch *mártys* »Zeuge«, »Zeugin«; Blutzeuge, der für seinen Glauben das Leben lässt oder eine blutige Strafe erleidet. Die christlichen Märtyrer der ersten Jahrhunderte n.Chr. gelten in der katholischen Kirche als Heilige, deren Martyrium von Gott durch unmittelbare Aufnahme in den Himmel belohnt wurde. Nach dieser Überzeugung können sie bei Gott Fürbitte für andere Menschen einlegen.

»Herr, unser Gott, erhöre dein Volk, das am Tag des heiligen Bischofs und Märtyrers Blasius zu dir ruft. Bewahre uns vor Krankheit und Schaden in diesem zeitlichen Leben und hilf uns in aller Not, damit wir das ewige Heil erlangen. Darum bitten wir durch Jesus Christus.«

Tagesgebet der katholischen Kirche für den 3. Februar, den Gedenktag des armenischen Bischofs Blasius (gest. 316 n. Chr.)

Ein wenig wie Zauberei war es schon, damals, als man als katholisches Kind am Tag nach Lichtmess zum Blasiussegen ging. Man trat an die Kommunionbank, was sonst nur die Großen durften. Der Priester hielt zwei lange, brennende Kerzen an den Hals und sprach dazu einen Segen.

»Wenn du zum Blasiussegen gehst, dann bekommst du kein Halsweh«, sagte die Oma und erzählte davon, dass der Bischof Blasius ein frommer Mann gewesen sei, der als Märtyrer starb, und dass er für das Halsweh zuständig sei, weil er eines Tages einen Buben, der eine Fischgräte im Hals hatte, durch sein Gebet vor dem Ersticken bewahrt habe.

Also Blasiussegen statt Katalysatoren, um Pseudokrupp zu bekämpfen? »Absolut nicht«, sagt Dekan Bernhard Kah von St. Eberhard. Mit Magie habe der Blasiussegen nichts zu tun, sondern jeder Segen habe den Zweck, das Gottvertrauen der Menschen zu vertiefen. Der Segen sei keine Bestechung des lieben Gottes, sondern solle den Menschen darauf hinweisen, dass er auch im Krankheitsfalle auf Gott bauen könne. »Darüber hinaus wird nichts versprochen«, sagt Kah.

Aber die Oma hat das wohl nicht gewusst. Die hat nach dem Blasiussegen immer noch eine extra Kerze angezündet. Doppelt genäht hält schließlich besser.

Stuttgarter Zeitung vom 4. Februar 1987

christlichen Kirchen den Begriff »Magie« aber lange Zeit, um all jene Formen von Religion zurückzuweisen, die ihr nicht genehm waren. »Magie« war über lange Zeit ein Kampfbegriff zur Ausgrenzung unerwünschter Formen des Glaubens.

Deshalb verzichten Religionswissenschaftlerinnen und Religionswissenschaftler heute in der Regel auf den Begriff »Magie«. Ihm haftet etwas Abwertendes an. »Magisch« denken immer die anderen. Für den eigenen Glauben reserviert man den höher geschätzten Begriff der »Religion«. Und wenn Angehörige von traditionellen Kulturen uns religionswissenschaftlich oder theologisch erklären könnten, was sie mit ihren rituellen Handlungen genau verbinden, würden sie uns möglicherweise wissen lassen, dass das, was wir als »Magie« bezeichnen, den Kern ihrer Weltwahrnehmungen nicht trifft.

Überlegt man, warum das Thema »Magie« auf uns Europäer heute eine so große Faszination ausübt, so könnten die Gründe in unser aller Kindheit liegen: Da ist der Reiz des Geheimnisvoll-Verbotenen sowie das Bedürfnis, mächtig zu sein. Darüber hinaus könnte es für die Faszination des Magischen einen gut erforschten Grund geben, der mit der Entwicklung unseres Denk- und Wahrnehmungsvermögens zusammenhängt: Psychologinnen und Psychologen haben herausgefunden, dass Kinder zu einem »magischen« Denken neigen, das erst in späteren Jahren durch logisch-begriffliches Denken abgelöst wird. In diesem Sinne können je nach Betrachtungsweise viele religiöse Phänomene als »magisch« gelten. So z.B. auch das Gottesverständnis einer siebenjährigen Schülerin aus der Schweiz, die in einem Gespräch mit einem Erwachsenen das christliche Gebet folgendermaßen versteht:

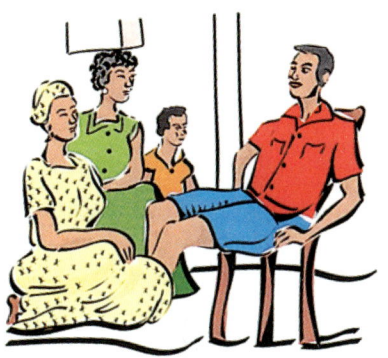

Befindet sich die Personengruppe im Haus oder im Freien? Aus afrikanischer Sicht eindeutig im Freien – das »Fenster« wird als Kanister auf dem Kopf der Frau gesehen …

Macht denn Gott etwas in der Welt?
Ja.

Was stellst du dir da so vor?
Dass er den Leuten hilft.

Und wie macht er das?
Dass ihnen nichts passiert, dass er zu ihnen sieht.

Meinst du, hilft er allen Leuten?
Nein. Denen, die zu ihm beten.

Und die nicht beten?
Denen hilft er nicht, die bestraft er sogar.

Und wie könnte er sie bestrafen?
Dass sie im See ertrinken beim Baden, oder dass ein Flugzeug auf sie runterfällt oder dass sie unters Auto kommen.

Einen anderen Grund für die Attraktivität magischer Vorstellungen für heutige Menschen sehen Religionswissenschaftler in der großen Unübersichtlichkeit moderner Gesellschaften. Der große gemeinsame, für alle verbindliche Rahmen ist in westlich geprägten Kulturen nicht mehr selbstverständlich. Es gibt scheinbar unendlich viele Lebensweisen und Lebensstile. Die und der Einzelne muss für sich selbst Orientierung schaffen, zwischen verschiedenen Möglichkeiten auswählen, oft auch fähig sein, schnell von einer Rolle in die andere zu wechseln. Diese Situation ähnelt in gewisser Weise der Situation traditioneller Gesellschaften: Einer chaotisch erscheinenden Wirklichkeit muss immer wieder neu eine Ordnung gegeben werden. Können Rituale helfen, solche Strukturen zu schaffen? Gibt es auch in modernen Gesellschaften »Schamanen«, über besondere Begabungen verfügende Grenzgänger, die helfen, sich in einer unübersichtlichen, sich immerfort und schnell verändernden Welt zurechtzufinden? Und welche Angebote haben die christlichen Kirchen, um diesen Bedürfnissen entgegenzukommen?

Mythen und Riten

Ein weiteres Phänomen, das bei der Beschäftigung mit traditionellen Religionen gar nicht überschätzt werden kann, ist die Bedeutung von mündlich überlieferten, von Generation zu Generation weitergegebenen *Mythen*. Das Wort kommt aus dem Griechischen und meint so viel wie »Wort«, »Rede«, »Erzählung«. Der Mythos will die Welt erklären. Er tut dies allerdings nicht auf logische, vernünftige oder naturwissenschaftliche Weise, sondern in Form von Geschichten und Erzählungen. Einige Zeit dachte man, der Mythos werde irgendwann durch den *Logos* ersetzt werden können. Das Wort »Logos« kann im Griechischen ebenfalls »Wort« oder »Rede« bedeuten; es bezeichnet aber eher eine rationale, wissenschaftlich beweisbare Weltsicht. In Wörtern wie »logisch« oder »Biologie« finden wir den Begriff auch in unserer Sprache. Mythos und Logos eröffnen zwei unterschiedliche Zugänge zur Wirklichkeit, die sich gerade auch in ihrer Unterschiedlichkeit oft sehr gut ergänzen können.

Ein Beispiel: Eine Grundfrage des Menschen ist sicherlich, warum wir eigentlich sterben müssen. Die Biologie hat dafür eindeutige Erklärungen: Unsere Körperzellen regenerieren sich nicht mehr, unsere Organe erkranken, alle Lebewesen müssen eines Tages sterben. Und das ist nach der Erklärung der Biologie auch sinnvoll. Sterben und Tod sorgen dafür, eine Überbevölkerung zu vermeiden und der Population »Mensch« als Ganzer das Überleben zu ermöglichen. Diese Erklärungen sind einleuchtend, wollen aber doch nicht so recht befriedigen, wenn wir selbst alt und krank werden oder wenn wir erleben, wie ein uns nahe stehender Mensch stirbt.

In allen Kulturen gibt es deshalb Geschichten und Erzählungen, die auf poetische, auch an die Emotionen und die Phantasie gerichtete Art und Weise an dieses Menschheitsthema herangehen. In der Bibel ist dies z.B. im dritten Kapitel des 1. Mosebuches die Geschichte von »Adam und Eva«. In den Gestalten des »ersten« Mannes und der »ersten« Frau geht es um den Menschen, der seine Grenzen nicht wahrhaben wollte, der »sein wollte wie Gott« (1. Mose 3,5) – und deshalb von Gott aus dem Garten Eden verstoßen wurde. Seitdem müssen Menschen sterben, im »Schweiße des Angesichts« (1. Mose 3,19) arbeiten und Frauen müssen »unter Mühen Kinder gebären« (1. Mose 3,16).

Aborigines. Englische, wissenschaftliche Bezeichnung für die Ureinwohner Australiens; von lateinisch *ab origine* »von Anfang an«.

Die Ureinwohner Australiens, die *Aborigines*, erzählen sich, dass es in der Urzeit tier- und menschenähnliche, oft auch zweigeschlechtliche Ahnenwesen gab, die alle Dinge der Welt geschaffen haben. Bis auf eine Ausnahme: Das Land war schon immer da. Noch heute können Aborigines in einer besonders markanten Felsformation oder in einem Bergrücken die Gestalt eines solchen Ahnenwesens sehen.

Wie unsere biblische Überlieferung sieht auch diese Erzählung der Aborigines (vgl. S. 35) die Ursache für die Sterblichkeit des Menschen in einer Gebotsüberschreitung. Und wie die Bibel weist auch diese Geschichte (es gibt bei den Aborigines allerdings auch andere) einer Frau die Schuld zu. Darüber hinaus wird erzählt, warum Fledermäuse in hohlen Bäumen wohnen und warum Sonne und Mond tagtäglich am Himmel ihre Bahnen ziehen. Interessant ist dabei nicht zuletzt die Aussage, dass vor dem Eingreifen des Urzeitwesens Nouralie nur Chaos und Unordnung herrschten. Erst danach kamen Ordnung und Regeln in die Welt. Religionswissenschaftlerinnen und Religionswissenschaftler betonen in diesem Zusammenhang, dass das gegenseitige Erzählen von Mythen, insbesondere auch von Mythen, die von einem gemeinsamen Ursprung erzählen, einer Menschengruppe das Gefühl von Zusammengehörigkeit und Stabilität geben kann.

Diese integrierende Funktion von Mythen erklärt auch, warum sie nicht selten im Zusammenhang mit Riten eine besondere Rolle spielen. So kann z.B. die Rezitation oder auch die szenische Aufführung eines Mythos einem Fest, bei dem ansonsten gegessen, getrunken, getanzt und gefeiert wird, die inhaltliche Mitte geben. Auch wir kennen noch diesen Zusammenhang von Fest und Mythos, wenn etwa alljährlich an Weihnachten die während des Jahres sonst kaum in das Bewusstsein tretenden Geschichten von der Geburt Jesu in Erinnerung gerufen werden. So wird zumindest für Augenblicke deutlich, warum wir uns am 24. und 25. Dezember so überreich beschenken.

Insgesamt kann man für unsere westlichen Gesellschaften allerdings feststellen, dass die Bindungskraft der gemeinsamen Erzählungen und Riten stark nachlässt. In den siebziger Jahren des letzten Jahrhunderts empfanden es viele Menschen geradezu als Befreiung, dass – als Folge der so genannten Studentenbewegung – in fast allen

Auf die Frage, warum Menschen sterben müssen, überliefern die Aborigines folgende Geschichte:

»Vor langer Zeit herrschten Unordnung und Chaos in der Welt. Alles war verkehrt: Sonne und Mond standen gleichzeitig am Himmel oder sie gingen auf und unter, gerade wie es ihnen in den Sinn kam. Auch die Menschen und Tiere hatten kein geordnetes Leben, und keiner wusste recht, was er tun und wie er sich benehmen sollte.

Schließlich entschloss sich Nouralie, der Urvater, die Welt in Ordnung zu bringen und allem seinen rechten Platz und seine rechten Aufgaben zuzuweisen. Zunächst befahl Nouralie der Sonne, ihr Holz zu verbrennen und hinter dem westlichen Horizont herabzusteigen. Sie sollte in den Tiefen der Erde neues Holz sammeln und am folgenden Tag am östlichen Horizont wieder aufsteigen, und er gebot ihr, von da an regelmäßig die tägliche Wanderung über den Himmel von Osten nach Westen auszuführen. Die Sonne tat, was Nouralie ihr befahl. Dann sprach Nouralie zum Monde und befahl ihm, zu sterben und seine weißen Knochen zu Pulver werden zu lassen. Daraufhin solle er wieder auferstehen, aber nach einer festgelegten Zeit solle er wieder sterben und wieder auferstehen. Auch der Mond gehorchte Nouralie. Und damit war die Zeit in Tag und Nacht und in die Lebensläufe des Mondes eingeteilt.

Bonelya, die Fledermaus, half Nouralie, den übrigen Lebewesen ihre Ordnung zu geben und ihre Aufgaben zuzuweisen, bis die Natur zu dem wurde, was sie auch heute noch ist, außer, dass die Lebewesen damals noch nicht starben. Nachdem das Werk vollbracht war, zog sich die Fledermaus erschöpft in einen hohlen Baum zurück, um sich auszuruhen. Nouralie befahl, dass sie unter keinen Umständen in ihrem Schlaf gestört werden sollte.

Eine Frau aber, die ein Bündel Holz schleppte, ging an dem Baum der Fledermaus vorbei. Die Hölzer waren sehr lang, und die Frau schätzte ihre Entfernung zu dem Baum nicht richtig ein. Da schlugen die am weitesten herausragenden Hölzer gegen den hohlen Baum, und der Schlag schreckte die Fledermaus aus dem tiefsten Schlaf. Hals über Kopf flatterte sie auf und davon. Nouralie war so erzürnt über diesen Vorfall, dass er allen Lebewesen den Tod zuwies. So kam der Tod in die Welt als Strafe dafür, dass man Nouralies Gebot nicht eingehalten hatte.«

Ayers Rock, in der Sprache der Aborigines »Uluru«; an dem 350 m aus der Ebene herausragenden roten Sandsteinberg finden sich Felsbilder und heilige Stätten.

In den Jahren 1967 und 1968 praktizierte die so genannte »Kommune 1« in Berlin neue Formen des Zusammenlebens. Die Kommunarden wandten sich von den Werten und Lebenseinstellungen ihrer Eltern ab und versuchten als »Bürgerschreck« die Öffentlichkeit zu provozieren.

Bereichen der Gesellschaft die Allgemeinverbindlichkeit von Normen, Regeln und bislang hoch gehaltenen Bildungstraditionen aufgebrochen wurde. Inzwischen fragen jedoch viele, was eine Gesellschaft eigentlich zusammenhält, wenn der gemeinsame Bestand von Traditionen, Werten und Verhaltensnormen nicht mehr erkennbar ist. So mag es nicht überraschen, wenn ein in früheren Jahren eher als »links« geltender Hochschulprofessor plötzlich die Bedeutung von Ritualen hervorhebt und dabei auf die Gemeinsamkeit von Ritualen und dem Erzählen von Geschichten hinweist:

»Ich habe immer wieder mit Studierenden zu tun, deren Depression, Arbeitsunfähigkeit oder die Unfähigkeit, Zeit zu gestalten, gerade vor ihrem Examen aufbricht. Es ist wie ein Zusammenbruch aller Lebenskonturen. Sie können sich die Zeit nicht einteilen. Sie verschieben es, zu Bett zu gehen; sie verschieben es aufzustehen. Sie können Abmachungen nicht einhalten. Sie können weder arbeiten noch die arbeitsfreie Zeit genießen. Sie versinken in Formlosigkeit. Sie verlieren Kontur und Struktur. Solche Studierende besuchen mich nun einmal in der Woche, und wir treffen bescheidene Abmachungen, die eine Figur und eine Form in den ungegliederten Ablauf der Zeit bringen.

Wir machen zunächst ab, wann der Student aufsteht. Wir verabreden, dass er einmal am Tag ein Essen isst, das als Mahl gekennzeichnet ist, d.h., dass er nicht nur aus dem Kühlschrank isst, wenn er Hunger hat. Wir verabreden, dass er zu bestimmten Zeiten des Tages ein Gedicht liest, einen Spaziergang macht; dass er sich bescheidene Lesezeiten vornimmt. So bauen wir in Wochen Form an Form, bis das Leben wieder eine erkennbare Figur hat. Diese Figur baut den Menschen von außen nach innen. Er findet sich bezeichnet und gegliedert, und das äußere Ritual wird zu einer inneren Ordnung; er fühlt sich nicht mehr im Meer der ungegliederten Zeitlosigkeit. Dieser Mensch lässt sich auf Grenzen ein: Tag und Nacht werden unterschieden, Arbeit von Freizeit, Sonntäglichkeit von Alltäglichkeit, die Arbeitsecke in seinem Zimmer von der Freizeitecke. Zeit und Ort werden wieder erfahrbar durch ihre Gliederungen. Diese Ritualisierung schärft also die Lebensaufmerksamkeit, indem sie einen Rahmen setzt. Die abgegrenzte Zeit oder angegrenzte Ort rufen eine besondere Erwartung hervor, genauso wie das häufige ›Es war einmal‹ eine Stimmung schafft, in der man phantastischen Erzählungen zugänglich ist. Vom Ritual geht eine geheimnisvoll-konzentrierende Kraft aus. Form und Ritual schaffen Realität, die ohne diese nicht zu haben ist … So wie es eine Versklavung des Menschen durch falsche Formen und das Zeremoniell gibt, so gibt es auch die Versklavung durch die Formlosigkeit und die Gefangenschaft im ungekennzeichneten Leben.«

Fulbert Steffensky

Makonde-Schnitzerei zum Thema »Ujamaa« (Gemeinschaft) aus Tansania; die etwa 1,3 Millionen Makonde leben als Bauern im südlichen Tansania und sind für ihre Holzschnitzkunst berühmt.

Warum Afrikaner anders Malefiz spielen

In esoterischen Zeitschriften, aber auch in den Veranstaltungskalendern mancher Volkshochschulen findet man nicht selten das Angebot, sich an ein paar Wochenenden oder gar Abenden in die magischen Praktiken von Schamanen, Heilern oder Hexen einführen zu lassen. Ganz abgesehen davon, dass sich hier ein Markt für unseriöse Scharlatane aller Art eröffnet, wird bei solchen Schnellkursen meist übersehen, dass sich einzelne Elemente traditioneller Religionen nicht einfach in unsere Industriegesellschaften importieren lassen. Die Fähigkeiten geistbegabter Personen haben ihren festen Platz in einem über viele Jahrhunderte gewachsenen sozialen Gefüge. Nicht die Bedürfnisse, Wünsche und Sehnsüchte des Einzelnen, wie wir dies aus unserem westlichen Kulturkreis kennen, sondern die Interessen der Gemeinschaft und der Gruppe stehen im Zentrum. In traditionellen Religionen entscheidet man sich nicht aus eigenem Willen oder gar aus der Lust am Exotischen dafür, den Weg eines Schamanen zu gehen. Ganz im Gegenteil: Diese Rolle wird einem in aller Regel von der Gemeinschaft zugewiesen und hat ein hohes Maß an Verantwortung für die Mitmenschen zur Folge.

Wie sehr traditionelle Kulturen von der Gemeinschaft her denken, zeigt der Bericht eines christlichen Missionars, der lange Zeit in Südafrika gelebt hat. Er versuchte seinen afrikanischen Studenten das bei uns verbreitete Spiel »Malefiz« beizubringen und konnte dabei Folgendes beobachten:

»In diesem Spiel geht es darum, dass jeder der vier Spieler versucht, so genannte Barrieren den gegnerischen Figuren vor die Füße zu stellen oder sie aus dem Spiel zu werfen, um dann die eigenen ins

Esoterik. Von griechisch *esóteron* »Inneres«; religiöse Geheimlehre, die nur für einen begrenzten Kreis Eingeweihter bestimmt ist.

Ziel zu bringen. Hat ein Spieler eine Spielfigur ins Ziel gebracht, hat er gewonnen, das Spiel ist zu Ende. Ich erklärte den Studenten die Spielregeln, spielte einige Minuten mit ihnen zusammen und widmete mich dann anderen Gästen, die neu ins Haus gekommen waren. Nach einer Weile konnte ich mich den Spielern erneut zuwenden, und sah, in welch gravierender Weise sie die Spielregeln geändert hatten. Ich meinte zunächst, sie hätten die kinderleichten Regeln nicht verstanden, doch bei genauerem Zusehen faszinierte mich das neue Spiel mehr und mehr. Die Veränderungen waren nicht zufällig, sie hatten Methode. Die Steine wurden inzwischen ›Ochsen‹ genannt. Als nächstes hatte man die Regel, die Figur eines Mitspielers hinauswerfen zu müssen, als ›zu grausam‹ abgeschafft. Auch der Sinn der Barrieren wurde umfunktioniert. Es ging nicht mehr darum, sie anderen in den Weg zu legen, sondern im Gegenteil, man musste sie sich selbst und den anderen Mitspielern aus dem Weg räumen und sie an eine andere

Pygmäen bei einem Kreisspiel; die Pygmäen (von griechisch *pygmaios* »faustgroß«), ein Volk kleinwüchsiger Menschen, leben als Jäger und Sammler in den tropischen Regenwaldgebieten Zentralafrikas.

Stelle legen, wo sie voraussichtlich am wenigsten hindern würden. Gewonnen hatte derjenige, der als erster alle vier Figuren zusammen ins Ziel brachte. Das Spiel war erst zu Ende, als auch der letzte Spieler seine vier ›Ochsen‹ in den ›Kraal‹ geführt hatte. Im Spiel hatte sich afrikanisches Gemeinschaftsdenken ... durchgesetzt. Wir stellen die Gegensätze heraus: ›Spielend‹ lernt man bei uns, den Gegner matt-zusetzen, abzuschießen und sich selbst auf Kosten anderer durchzu-setzen, um allein Sieger zu werden. Dagegen fällt in der afrikanischen Version die völlige Ausschaltung des Wettkampfes auf. Es geht darum, dem anderen zu helfen, ihm Hindernisse aus dem Weg zu räumen, um möglichst mit ihm zusammen das Ziel zu erreichen. Es gibt letztlich keinen Verlierer und keinen Gewinner.

Nach unserem Empfinden ein langweiliges Spiel – ein langweili-ges Leben ohne Herausforderung und Kampf. Nach afrikanischem Empfinden dagegen ein Leben im friedlichen Zusammenspiel der Kräfte ...«

Theo Sundermeier

Der besondere Gemeinschaftscharakter von traditionellen Re-ligionen zeigt sich auch in dem Stellenwert, der Festen zugewiesen wird. Vor Jahren betreute ich mit einer Schülergruppe eine yezidische Familie aus dem türkisch-syrisch-irakischen Grenzgebiet. Es handelte sich um eine Mutter mit acht Kindern, die in Deutschland Asyl suchte. Eines der Probleme, die sich unserer Betreuergruppe stellten, bestand darin, dass die Kinder nicht nur keinerlei Ausweispapiere mitgebracht hatten, sondern dass die Mutter auch beim besten Willen nicht genau sagen konnte, an welchem Tag und in welchem Jahr die Kinder ge-boren waren. Was sie sehr wohl wusste, war die Reihenfolge, auch die Jahreszeit, auch dass anlässlich der Geburten große Feste gefeiert worden waren. Die Erinnerung an das genaue Geburtsdatum und dem-entsprechend die jährlich wiederkehrende Würdigung des Einzelnen an dessen Geburtstag spielte keine Rolle. Umso wichtiger waren der Familie die Feste ihrer Religion und ihrer Gemeinschaft, die sie, durch die Flucht getrennt vom Verband ihrer Großfamilie, jedoch nicht auf die gewohnte Weise feiern konnte. Feste waren für diese Menschen in erster Linie »Stammesfeste«.

Sehr deutlich wird die Bedeutung der Gemeinschaft für so genann-te »primitive« Gesellschaften auch an dem, was die Religionswissen-schaftlerinnen und Religionswissenschaftler als *Initiation* (von lat. *initium* »Eingang«, »Anfang«, »Ursprung«) bezeichnen. Man unter-scheidet zwei Formen der Initiation: Da ist zum einen die Initiation im Sinne der feierlichen »Aufnahme« in Geheimbünde oder der Ein-weisung einer Person in bestimmte Rollen und Funktionen, z.B. die des Schamanen. Zum anderen gibt es bestimmte Initiationsriten, die sich auf herausragende biographische Stationen des einzelnen Lebens,

Yeziden. Kurdische Stammes-gruppe, deren Ursprünge sich bis in das 6./7. Jahrhundert zurückverfolgen lassen; die Yeziden, die auch zwei ge-heim gehaltene heilige Schrif-ten besitzen, sind zwar keine traditionelle Religion im en-geren Sinn, sie bilden aber eine kleine, in sich geschlos-sene Gemeinschaft. Iranische, jüdische, muslimische und christliche Elemente haben sich zu einer eigenen Religion vermischt, die sowohl in der Türkei als auch im Irak er-heblichen Repressionen aus-gesetzt ist.

»Schaumparty« in einer Discothek auf Ibiza.

Jugendweihe. Nicht-religiöse oder nicht-kirchliche Weihehandlung an Stelle der Konfirmation; die Jugendweihe wurde erstmals im 19. Jahrhundert praktiziert; in der DDR wurde sie als offizieller Festakt nach achtjährigem Schulbesuch mit einem Gelöbnis zum DDR-Staat und zum atheistischen Sozialismus verbunden.

also vor allem Geburt, Geschlechtsreife, Hochzeit und Tod beziehen. Weil man mit diesen Riten einen bestimmten Lebensabschnitt hinter sich lässt, werden sie auch »Übergangsriten« (franz. *rites de passage*) genannt.

Wenn an dieser Stelle das Beispiel einer Initiation zur Zeit der Pubertät gewählt wird, dann nicht zuletzt deshalb, weil Reste einer Initiation ins Erwachsenenalter bei uns durch die Feste der Konfirmation, der Firmung oder der Jugendweihe erhalten sind. Darüber hinaus weisen Kulturwissenschaftler darauf hin, dass auch bestimmte Verhaltensweisen von Jugendlichen, z.B. das Anlegen von exotischem, z.T. provozierendem Körperschmuck, das nächtelange ekstatische Raven zu den Klängen rhythmischer Musik, riskante Mutproben, Experimente mit Alkohol und Drogen oder kultartig inszenierte Großveranstaltungen von Popstars von ihrem Erscheinungsbild her an Bräuche traditioneller Religionen erinnern.

So interessant ein solcher Vergleich ist, so deutlich sind auch die Unterschiede. Besonders hervorzuheben ist wiederum, dass die Teilnahme an »Initiationsriten« bei uns auf der freien Entscheidung des oder der

Einzelnen beruht und in der Regel auch mit dem Wunsch nach einer Erweiterung der persönlichen Freiräume zu tun hat. In traditionellen Religionen ist die Initiation Jugendlicher ein streng von der Tradition und den Bedürfnissen der »Stammesgesellschaft« bestimmtes Phänomen. Diese Kulturen leben von einer festen Aufteilung der Rollen, bei denen nicht zuletzt auch das Alter einer Person über ihren Rang in der Gruppe entscheidet. Ältere Menschen genießen, ganz anders als in unserer am Ideal der Jugend und auf ständigen Wandel ausgerichteten Gesellschaft, hohen Respekt. Sie kennen die Regeln und Geheimnisse der Tradition und sie bestimmen, wann dieses Wissen weitergegeben wird. Der Übergang von der Rolle des Kindes in die Rolle des Erwachsenen kann in verschiedenen »Stämmen« (oft sogar schon in verschiedenen Sippen desselben »Stammes«) sehr unterschiedlich ablaufen. Stets zu beobachten sind jedoch drei Phasen: die Trennung vom alten Status, ein Zwischenzustand und die Einführung in den neuen Status. Die Biographie des Freiheitskämpfers, Friedensnobelpreisträgers und ehemaligen südafrikanischen Staatspräsidenten Nelson Mandela (geb. 1918) gibt ein sehr anschauliches Beispiel für einen solchen Initiationsritus:

Jugendweihe im Berliner Revuetheater Friedrichstadtpalast: Ein als Astronautin verkleidetes Mädchen überreicht Glückwünsche und Blumen.

»Mit 16 Jahren ist Nelson Mandela alt genug, um ein Mann zu werden. In der Xhosa-Tradition bedeutet das die Beschneidung. Ohne diese sind die Jungen keine vollwertigen Mitglieder des Stammes, sie dürfen nicht heiraten, kein Erbe antreten, keine Stammesrituale leiten.

Nelson, Justice und 24 andere Jungen reisen nach Tyhalara, ein Tal am Mbashe-Ufer, das als heiliger Beschneidungsort für Thembu-Könige gilt. Die Abgeschiedenheit des Ortes fördert die Konzentration auf das wichtige Ereignis. Als erstes müssen die Jungen eine verwegene Tat vollbringen. Sie stehlen ein Schwein, schlachten und rösten es und verzehren es auf der Stelle. Das Ganze ist eher ein Streich als eine Mutprobe, aber die Aufgabe gilt als erfüllt.

Am Morgen der Beschneidung, noch vor der Dämmerung, reinigen die Jungen sich im kalten Fluss. Als die Trommeln beginnen, sitzen sie schon in Decken gewickelt auf dem Waldboden und warten, während ihre Eltern und Verwandten von Ferne zuschauen. Die Jungen sind nervös. Sie dürfen kein Zeichen von Schwäche zeigen, weder zusammenzucken noch aufschreien, obwohl es keine Betäubung gibt.

Ein älterer Mann tritt aus dem Zelt. Er ist ein berühmter Ingcibi, ein Beschneidungsexperte, der das Ritual mit seinem Assegai, dem Speer, durchführt. Nur Sekunden, nachdem er vor dem ersten Jungen niedergekniet ist, hört Nelson den gellenden Schrei: ›Ndiyindoda!‹ – Ich bin ein Mann!

›Bevor ich mir dessen recht bewusst war, kniete der Alte vor mir. Ich blickte ihm direkt in die Augen. Er war blass, und obwohl der Tag kalt war, glänzte sein Gesicht vor Schweiß. Seine Hände bewegten sich so schnell, dass sie von einer außerweltlichen Macht kontrolliert zu sein

Nelson Mandela, geb. am 18. Juli 1918 in Südafrika. Angehöriger des Volkes der Xhosa. Studierte Rechtswissenschaften und arbeitete als Anwalt in Johannesburg. Symbolfigur für den Kampf gegen die Apartheid (Rassentrennung) in Südafrika. Mandela war lange Zeit der Führer des Afrikanischen Nationalkongresses (ANC), der sich für die Gleichberechtigung der schwarzen Bevölkerung in Südafrika einsetzte. 1962 wurde er zu lebenslanger Haft verurteilt und kam erst 1990, nach 28 Jahren, wieder frei. Als Verfechter einer Politik der Versöhnung erhielt er 1993 zusammen mit dem weißen Präsidenten Willem de Klerk den Friedensnobelpreis. 1994 wurde er bei den ersten freien Wahlen in Südafrika zum Staatspräsidenten gewählt.

Links: In der Tradition des afrikanischen Xhosa-Stammes werden junge Männer zur Initiation mit Kreide bemalt und müssen eine Zeit lang außerhalb ihres Dorfes leben.

Rechts: Nelson Mandela vor der Vollversammlung der Vereinten Nationen in New York, Oktober 1994.

schienen. Stumm nahm er meine Vorhaut, zog sie nach vorn, und dann schwang in einer einzigen Bewegung sein ›Assegai‹ herab. Mir war, als ob Feuer durch meine Adern schoss; der Schmerz war so intensiv, dass ich mein Kinn gegen meine Brust presste. Viele Sekunden schienen zu vergehen, bevor ich mich an den Ausruf erinnerte; dann war ich wieder bei mir und rief ›Ndiyindoda!‹

In den Hütten brennt feuchtes Holz, dessen Rauch die Heilung fördert. Die jungen Männer legen sich auf den Boden und bedecken die Wunden mit Heilpflanzen. Später bemalen sie ihre nackten, rasierten Körper mit weißer Farbe, die ihre Reinheit symbolisiert. In der folgenden Nacht schleichen sie aus den Hütten, um ihre Vorhäute unter einem Ameisenhaufen zu vergraben. Sie beugen damit nicht nur einem bösen Zauber vor, sondern begraben so auch ihre Jugend.

Zwei Monate lang bleiben die jungen Männer in den Hütten am Fluss. Keine Frau darf sie in dieser Zeit erblicken. Nach Ablauf der Zeit verbrennen sie die Hütten und werden mit einem fröhlichen Fest wieder in die Stammesgemeinschaft aufgenommen. Nelson erhält von seinem Vormund vier Schafe und zwei junge Kühe als Grundstock für einen eigenen Hausstand. Der Regent gibt ihm auch einen neuen Namen, den Beschneidungsnamen: Dalibunga. Nelson ist überglücklich und sehr stolz. Jetzt erst hat er einen wirklich geachteten Platz in der Gemeinschaft. Er ist sicher, eines Tages Berater des Königs zu werden und es zu Rang und Reichtum zu bringen.«

Maren Gottschalk

Häuptling Seattle und der Traum vom Indianerleben

Diejenige »Stammeskultur«, die wir Mitteleuropäer in aller Regel am besten kennen oder zumindest zu kennen meinen, ist die der nordamerikanischen Ureinwohner. Die meisten von uns, vor allem der männliche Teil der Bevölkerung, haben sich in der Kindheit einmal als »Indianer« verkleidet und sich in der Phantasie – inspiriert durch die Werke Karl Mays und James Fenimore Coopers – in die Welt des Wilden Westens entführen lassen. Es scheint, als könnten auch Computerspiele dieser Indianerbegeisterung nichts anhaben. Mit zunehmendem Alter wurde dann den meisten von uns bewusst, dass die Geschichten von Winnetou wesentlich mehr über unsere eigenen Wünsche nach Freiheit, Abenteuer und Ungebundenheit aussagen als über das tatsächliche Leben der Ureinwohner Nordamerikas im 18. und 19. Jahrhundert.

Vor etwa zwanzig Jahren fand die Rede eines Indianerhäuptlings aus dem Stamm der Duwamish große Verbreitung. Häuptling Seattle soll im Jahr 1855 bei einem Treffen mit Vertretern der weißen Regierung, die sein Land kaufen wollten, u.a. Folgendes gesagt haben:

»Der große Häuptling in Washington schickt uns Nachricht, dass er unser Land zu kaufen wünscht. Wir werden euer Ansinnen überdenken, denn wir wissen, dass die Weißen vielleicht mit Gewehren kommen und sich unser Land nehmen, wenn wir es nicht verkaufen.

Wie könnt ihr den Himmel oder die Wärme der Erde kaufen oder verkaufen? Diese Vorstellung ist uns fremd. Wenn wir die Frische der Luft und das Glitzern des Wassers nicht besitzen, wie könnt ihr sie dann von uns kaufen? …

Jeder Teil dieser Erde ist meinem Volk heilig. Jede glänzende Kiefernnadel, jeder lichte Nebel in dunklen Wäldern, jede Lichtung und jedes summende Insekt ist heilig in der Erinnerung und der Erfahrung meines Volkes. Der in den Bäumen aufsteigende Saft trägt die Erinnerungen des Roten Mannes in sich.

Die Toten der Weißen vergessen das Land ihrer Geburt, wenn sie hingehen, um unter den Sternen zu wandeln. Unsere Toten vergessen diese wunderbare Erde niemals, denn sie ist die Mutter des Roten Mannes.

Wir sind ein Teil der Erde, und sie ist ein Teil von uns. Die duftenden Blumen sind unsere Schwestern; der Hirsch, das Pferd, der große Adler: sie alle sind unsere Brüder …

Es gibt keinen ruhigen Ort in den Städten der Weißen. Keinen Ort, an dem man das Entfalten der Blätter im Frühling oder das Summen der Insektenflügel hören kann. Aber vielleicht liegt es daran, dass ich ein Wilder bin und nicht verstehe. Der Lärm scheint nur die Ohren

Anja Gast

Arizona-Galerie

Frankfurt

American Express

Mitglied

seit 1977.

zu beleidigen. Und was hat man vom Leben, wenn man nicht den einsamen Schrei des Ziegenmelkervogels oder das Streiten der Frösche am Teich in der Nacht hören kann …

Ich bin ein Wilder und verstehe es nicht anders. Ich habe tausend faulende Büffel auf der Prärie gesehen, liegen gelassen von den Weißen, die sie von vorbeifahrenden Zügen erschossen hatten. Ich bin ein Wilder, und ich verstehe nicht, wie das rauchende Eisenpferd wichtiger sein kann als der Büffel, den wir nur töten, um selbst leben zu können …«

Die »Rede des Indianerhäuptlings Seattle« wurde vor allem in den alternativen Bewegungen der siebziger und achtziger Jahre des 20. Jahrhunderts als ökologisches Manifest oder gar als »fünftes Evangelium« eines weitsichtigen Indianer-Propheten verbreitet. Es gab mindestens fünf deutschsprachige Buchausgaben in immer neuen Auflagen, eine Schulfunksendung und vor allem einen oft vorgeführten Film mit dem Titel »Söhne der Erde«, in dem die Worte des Häuptlings in eindrucksvoller Weise mit Bildern der Umweltzerstörung unterlegt wurden.

Der Erfolg dieser Rede signalisiert, dass westliche Menschen nach Jahrhunderten rücksichtsloser und grausamer Kolonialisierung und Missionierung »primitiver« Völker begonnen haben zu überlegen, was unsere westliche Industriekultur von traditionellen Kulturen lernen könnte. Es ist dies sicher nicht wenig: ein Gespür für ökologische Zusammenhänge, die Verantwortung für die kommenden Generationen, die Bedeutung der Gemeinschaft für das menschliche Zusammenleben, der Respekt vor dem Alter, medizinisches Wissen, das den ganzen Menschen mit Leib, Geist und Seele zu heilen versucht …

Umso größer war das Erstaunen, als eindeutig nachgewiesen wurde, dass die Rede des Häuptlings, zumindest in der vorliegenden Form, eine »gefälschte Rede« war: Zwar gab es einen Häuptling Siathl, englisch: Seattle, nach dem heute die größte Stadt des amerikanischen Bundesstaates Washington benannt ist. Aber Seattle war wohl eher ein pragmatisch denkender Realpolitiker als ein Visionär. 1830 war er zum katholischen Glauben übergetreten; schon deshalb ist er wohl kein besonders authentisches Beispiel für unverfälschtes indianisches Denken. Er hielt seine Rede vermutlich bereits 1853 oder 1854 während eines Empfangs für Gouverneur Stevens in seiner Muttersprache Lushotseed. Der Wortlaut dieser Rede ist uns nicht überliefert. Dass das oben wiedergegebene Zitat nicht von Seattle stammen kann, merkt man an zahlreichen Details: Mitte der fünfziger Jahre des 19. Jahrhunderts fuhren noch keine Züge durch die nordamerikanische Prärie. Zu dem erwähnten massenhaften Abschlachten der Büffel kam es erst in den sechziger Jahren. Seattle selbst hat die Prärie wohl nie gesehen, da er den Nordwesten der USA zeit seines Lebens nicht verlassen hat. Auch

Linke Seite:
Gemeinsame Werbung für eine amerikanische Kreditkarte und eine Galerie für Modeschmuck; die abgebildete Indianerin trägt Schmuckstücke, die von verschiedenen amerikanischen Indianerstämmen nur für den Verkauf an Touristen angefertigt wurden – sog. »airport art«. Die »Indianerin« stützt sich, um den Produkten einen »kosmologischen touch« zu geben, auf zwei Himmelssphären – eine Symbolik, die nordamerikanischen Indianern fremd ist.

den »einsamen Schrei des Ziegenmelkervogels« hat man in Seattles Heimat wohl noch nie gehört.

Die so populär gewordene Rede geht auf Notizen zurück, die sich der amerikanische Arzt Dr. Henry A. Smith, ein Bewunderer Seattles, während des Empfangs für Gouverneur Stevens gemacht hatte. Diese Notizen sind uns nicht erhalten. Über dreißig Jahre später, am 29. Oktober 1887, veröffentlichte Smith dann einen Zeitungsartikel im »Seattle Sunday Star«. Dieser Text liegt uns vor, ähnelt aber nur von ferne dem Text, der Häuptling Seattle im 20. Jahrhundert so berühmt machte. Die Bestseller-Rede wurde 1970/71 von einem texanischen Hochschullehrer als Text für einen Film über ökologische Probleme verfasst. Der englische Titel dieses Films war »Home«. Dieser Film wurde 1974 auf der Weltausstellung in Washington im Pavillon der USA als besonders erfolgreicher und aussagestarker Beitrag präsentiert. Danach wurde er in alle Welt verkauft, die deutsche Fassung, wie schon erwähnt, unter dem Titel »Söhne der Erde«.

Welche Schlüsse lassen sich aus diesem kuriosen Vorgang ziehen? Offensichtlich besteht die Gefahr, nach einer langen Zeit der Abwertung und Verteufelung »heidnischer« Kulturen, nun den vermeintlich »edlen Wilden« wieder zu entdecken und dessen Lebensart und sein angeblich harmonisches Verhältnis zur Natur zu idealisieren. Eine solche Sichtweise wäre jedoch äußerst kurzschlüssig. Die Natur wird in traditionellen Kulturen nicht nur aus ökologischer Rücksicht verehrt, sondern auch aus Unwissenheit und häufig auch aus Angst. Manches Entwicklungshilfeprojekt ist an solchen irrationalen Einstellungen gescheitert.

Heiliger franziskus
bitt für uns
jetzt und in der phase
   der entmutigung
dein bruder wasser ist vergiftet
deinen bruder feuer kennen
   die kinder nicht mehr
es meiden uns die vögel

Über dich lächeln die
päpste und zaren
und die amerikaner kaufen
   ganz assisi
samt dir
heiliger franziskus
wozu warst du da

In den steinernen vorstädten
sah ich dich herumlaufen
ein hund der im abfall wühlt
selbst den kindern
ist ein plastikauto lieber
als du

Heiliger franziskus
was hast du geändert
wem hast du genützt

Heiliger franziskus
bitt für uns
jetzt und wenn uns das
   wasser ausgeht
jetzt und wenn uns die luft ausgeht

Dorothee Sölle

Antonius von Padua (1195–1231), ein Schüler des Franz von Assisi, predigt, nachdem die Menschen seine Botschaft nicht hören wollten, den Fischen; Malerei auf Kacheln (Lissabon).

Auch dürfen wir nicht übersehen, dass es bei zahlreichen nordamerikanischen Indianerstämmen grausame Arten der Kriegsführung und auch mancherlei blutige Rituale gab, bei denen ein qualvoller Tod von Menschen und Tieren in Kauf genommen wurde. Auch mag es durchaus sein, dass wir von der Medizin der Stammeskulturen viel lernen können, eine durchschnittliche Lebenserwartung von 80 Jahren stellt unserer eigenen Medizin jedoch auch nicht gerade ein schlechtes Zeugnis aus. Und Jugendliche mögen sich fragen, ob es ihnen recht wäre, wenn die Großeltern oder Stammesältesten bestimmen würden, ob und wen sie wann zu heiraten haben.

Zu überlegen wäre, ob es nicht in unserer eigenen christlich-abendländischen Geschichte Aspekte und Traditionen gibt, die wir lange Zeit zu Unrecht vernachlässigt haben. Der so genannte Herrschaftsauftrag der Bibel (1. Mose 1, 26–28) wurde zum Beispiel lange Zeit so verstanden, als sei der Mensch von Gott ermächtigt, mit der Erde und ihren Lebewesen so zu verfahren, wie es ihm gerade in den Sinn kommt. Vergessen wurde, dass der Mensch dabei aus der Sicht der Bibel selbst Teil der Schöpfung Gottes bleibt und als Ebenbild bzw. Stellvertreter Gottes natürlich das, was Gott als »gut« geschaffen hat, nicht zerstören soll. Der Mensch darf die Natur, die – anders als in vielen traditionellen Religionen – nach biblischer Auffassung selbst nicht heilig und göttlich ist, durchaus erforschen und gestalten, d.h. er ist ihr nicht ausgeliefert. Aber er soll behutsam mit ihr umgehen und sie, wie es der Verfasser des zweiten Kapitels der Bibel formuliert, »bebauen und bewahren« (1. Mose 2,15).

Der Sonnengesang des Franz von Assisi

Höchster, allmächtiger, gütiger Herr,
Dein sind der Lobpreis, die Herrlichkeit,
die Ehre und jegliche Segnung.
Dir allein, Höchster, gebühren sie,
und kein Mensch ist würdig,
Deinen Namen zu nennen.
Gelobt seist Du, Herr,
mit allen Deinen Geschöpfen,
besonders mit der Frau Schwester Sonne,
welche der Tag ist
und durch die Du uns leuchtest.
Und sie ist schön und strahlend
mit großem Glanze;
von Dir, Höchster, trägt sie den Sinn.

Gelobt seist Du, Herr,
für Bruder Mond und die Sterne,
Du hast sie im Himmel gebildet,
hell, köstlich und schön.

Gelobt seist Du, Herr,
für Bruder Wind und für Luft und Wolke
und Himmelsblau und jedwedes Wetter,
wodurch Du Deine Geschöpfe erhältst.

Gelobt seist Du, Herr,
für Schwester Wasser,
gar nützlich ist es und
demütig und köstlich und rein.

Gelobt seist Du, Herr,
für Bruder Feuer, durch das Du
die Nacht erleuchtest,
schön ist es und fröhlich
und rüstig und stark.

Gelobt seist du, Herr,
für unsere Schwester, die Mutter Erde,
die uns erhält und uns leitet
und mancherlei Früchte hervorbringt
nebst bunten Blumen und Kräutern.

Gelobt seist Du, Herr,
für alle, welche verzeihen
aus Liebe zu Dir,
und Krankheit ertragen und Not;
selig, die ausharren in Frieden,
denn sie werden, Höchster,
durch Dich die Krone empfangen.

Franz von Assisi (1181–1226), hier dargestellt
auf einem Gemälde aus dem 13. Jahrhundert,
stammte aus einer wohlhabenden Kaufmannsfamilie. Nach Bekehrungserlebnissen wandte
er sich von seinem Vater und dem bürgerlichen
Lebensstil ab und widmete sich der Pflege von
Aussätzigen. Der von Franziskus gegründete
Orden der Franziskaner (www.franziskaner.de)
verpflichtete sich in der radikalen Nachfolge Jesu
zu Armut, Buße und Dienst am Nächsten. Der
Sonnengesang wurde von dem schwer kranken
Franziskus 1225 in altitalienischer Sprache
abgefasst.

Gelobt seist Du, Herr,
für unsere Schwester,
das leibliche Sterben,
dem kein lebender Mensch
entrinnen kann.
Wehe jenen,
die sterben in schweren Sünden.
Selig, die Deinem heiligsten Willen
sich fügen, denn der zweite Tod wird
ihnen kein Leid antun.

Lobet und preiset den Herrn
und sagt ihm Dank und
dient ihm in großer Demut.

Hinduismus

Ganges bei Varanasi, der Stadt Shivas, von den Briten »Benares« genannt: Das Bad im Fluss dient der spirituellen Reinigung und macht den Ort zum wichtigsten Pilgerort des Hinduismus; das Gangeswasser wird von den Pilgern als Weihwasser für Haus- und Tempelrituale mit in die Heimat genommen.

Eine Religion, die es gar nicht gibt

Was ist das eigentlich: *Hinduismus*? Eine unbefangene, eher formal gehaltene Antwort könnte lauten: Der Hinduismus ist die traditionelle Religion Indiens. Die Wurzeln dieser Religion gehen in das zweite oder dritte Jahrtausend vor unserer Zeitrechnung zurück. Heute sind etwa 85 Prozent der in Indien lebenden Inderinnen und Inder Hindus. Es handelt sich nach dem Christentum und dem Islam um die drittgrößte Religion der Erde. Da Menschen indischer Herkunft auch in zahlreichen anderen Ländern der Erde leben, kann man den Hinduismus zu Recht als eine Weltreligion bezeichnen.

Bei genauerem Nachdenken erweist sich diese Arbeitsdefinition jedoch als höchst problematisch:

Hinduismus ist eine Sammelbezeichnung für eine ganze Gruppe zwar miteinander verwandter, aber durchaus verschiedener, sehr vielgestaltiger Religionen. Einzelne Spielarten des Hinduismus haben ungefähr so viel miteinander zu tun wie Judentum, Christentum und Islam.

Indien. Ehemalige britische Kolonie, seit 1947 unabhängig; zehntgrößte Industrienation der Welt mit fast einer Milliarde Einwohnern und 15 durch die Verfassung anerkannten Hauptsprachen; etwa die Hälfte der Bevölkerung lebt unterhalb der Armutsgrenze, die Analphabetenquote liegt über 50 Prozent.

www.indianembassy.de
www.hindunet.org

Weder beim Wort *Hindu* noch beim Wort *Hinduismus* handelt es sich um Vokabeln, die aus einer der zahlreichen indischen Sprachen stammen. Das Wort *Hindu*, verwandt mit dem Namen des Flusses *Indus* im Norden Indiens, ist ursprünglich persischer Herkunft. Es wurde dann in andere Sprachen übernommen und bezeichnete über Jahrtausende hinweg Land und Leute Indiens aus der Perspektive von Ausländern. *Hindus* waren aus der Sicht der nördlichen Nachbarn diejenigen Menschen, die jenseits des Indus wohnten, in unserem heutigen Sprachgebrauch ganz einfach: Inderinnen und Inder.

Der Ausdruck *Hinduismus* aber kam erst im 19. Jahrhundert auf und wurde zunächst von englischen Kolonialbeamten benutzt. Für die europäischen Eroberer war die religiöse Vielfalt Indiens mehr oder weniger ein Rätsel und sie suchten nach einem Wort, um das für sie Unüberschaubare zusammenzufassen. Ursprünglich sind die Begriffe *Hindu* beziehungsweise *Hinduismus* also etwas dem Hinduismus Fremdes. Heute werden sie allerdings auch von Inderinnen und Indern benutzt, nicht selten sogar mit großem nationalistisch geprägtem Stolz auf das eigene Hindutum.

Ansonsten beschreiben Inderinnen und Inder das, was wir mit dem Sammelbegriff *Hinduismus* belegen, zutreffender mit dem Sanskritausdruck *sanathana dharma*, als »ewiger Dharma«. *Dharma* ist schwer in europäische Sprachen übersetzbar, bedeutet dabei so viel wie »das Tragende«, »die Grundlage«, die Ordnung der Gesellschaft, aber auch des Kosmos und des individuellen Lebens, also wesentlich mehr als das, was wir normalerweise als »Religion« bezeichnen: Jedes Lebensstadium, jedes Geschlecht, jede Kaste kennen ihren je eigenen Dharma. Es gibt den Dharma eines Sohnes, der eine wirtschaftliche und rituelle Sorgepflicht für seine Eltern hat und deshalb auch über ihren Tod hinaus bestimmte Opferriten vollziehen muss. Es gibt aber auch den Dharma einer Pflanze, die so wächst, wie es ihrer Art entspricht, die aber auch bestimmten Tieren zur Nahrung dient. Es gibt den Dharma eines Flusses und den Dharma des Weltalls. Und es gibt den Dharma des Feuers, das dazu bestimmt ist zu vernichten, zu verwandeln, zu reinigen und Opfer zu den Göttern zu tragen.

Schließlich wäre noch zu erwähnen, dass dem Hinduismus nahezu alle Merkmale fehlen, die Abendländer normalerweise mit dem Begriff »Religion« verbinden: Es gibt keinen Religionsstifter, keine kirchenähnliche Organisation, kein religiöses Oberhaupt, keine für alle Hindus in gleicher Weise verbindliche heilige Schrift oder Lehre, kein für alle verbindliches Eintrittsritual, nicht einmal ein für alle Hindus gemeinsames religiöses Symbol. Etwas zugespitzt könnte man sagen: Den Hinduismus als Religion gibt es gar nicht; vielmehr handelt es sich bei diesem ursprünglich nicht-indischen Konstrukt um einen ganzen Kulturkreis, um eine Familie von Lebensformen, die man sich nicht vielfältig, bunt, faszinierend und widersprüchlich genug vorstellen kann.

FGHANISTAN
Kabul
Peshawa
Srinagar
Islamabad
Rawalpindi
Lahore
Faisalabad
Amritsar
Jaladhar
Multan
Chandigarh
KISTAN
Indus
chi
Hyderabat

T i b e t
C H I N A
Lhasa

Delhi
Meerut
Neu-Delhi
NEPAL
Thimbu
Katmandu
BHUTAN
Brahmaputra

Jodhpur
Agra
Lucknow
Jaipur
Gwalior
Kanpur
Varanasi
Ganges
Guwahati
Kota
Allahbad
Ganges
BANGLADESCH
Dhaka
Bhopal
Ranchi
Khulna
Mandalay
Rajkot
Ahmadabad
Indore
Kalkutta
Chittagong
Vadodara
Narmada
BURMA
Surat
Nagpur
Nasik
Thana
Godavari
I N D I E N
Mahanadi
Bombay
Pune
Sholarpur
Visakhapatnam
Arabisches
Krishna
Hyderabad
Meer
Vijayawada
Golf   von
Hubli-Dharwar
Bengalen
Banglalore
Madras
Andamanai
Cauvery

I n d i s c h e r

Coimbatore

O z e a n

e Einwohner:
● über 1000000
■ 500000 – 1000000
● 100000 – 500000
○ 20000 – 100000

Madurai
Trivandrum
SRI LANKA
Nikobaren

—— Fernstraße
—— Eisenbahn
—— Staatsgrenze

Colombo

Eine Religion, die es streng genommen gar nicht gibt, aber ein großes Land, fast ein eigener Kontinent voller Religiosität – so könnte ein erstes Zwischenergebnis dieses Kapitels lauten. Ein christlicher Theologieprofessor aus Deutschland beschreibt im Anschluss an einen längeren Indienaufenthalt seine Eindrücke so:

»Schon bei meiner ersten Gastprofessur … nützte ich jede freie Stunde, um Hindutempel zu besuchen und den Hinduismus kennen zu lernen. Vielleicht lockte mich der Reiz des Neuen, mich näher mit dieser Religion zu befassen, vielleicht ihr archaischer Zauber … Schon nach einigen Tagen fiel mir die Vitalität dieser Religion auf. Obschon diese Religion dreitausend Jahre alt ist, prägt sie das Leben der Inder auf Schritt und Tritt und sie ist fast zu ihrer zweiten Natur geworden … Es ist beeindruckend, wie in den uralten Tempeln noch derselbe Priester dasselbe Ritual zelebriert wie dreitausend Jahre vorher – wie wenn nichts geschehen wäre. Man stelle sich den Parallelfall in einem ägyptischen Amun-Re-Tempel oder griechischen Apollotempel der Gegenwart vor! Neben den alten gibt es tausend neue und neu gebaute Tempel, die wie Pilze aus der Erde schießen. Der Hinduismus ist eine Alltagsreligion, keine Sonntagsreligion. Die Menschen drängen sich von früh bis abends in den täglich geöffneten Tempeln, um den Ritus zu vollziehen und zu beten. Jeder kommt, wann er will. Der Hinduglaube ist Privatreligion, nicht Gemeinderligion. Die überfüllten Tempel ließen mich an unsere geschlossenen Kirchen denken, die weithin kein Lebensraum mehr sind für ihre Gläubigen.

Auffallend ist auch, wie zwanglos und selbstverständlich Religion praktiziert wird, wenn man zwischen zwei Einkäufen oder in einer Arbeitspause mal kurz in den Tempel geht. Das heilige Feuer, das … vor dem Götterbild brennt, kann jeder auf der Straße durch die geöffnete Tempeltür sehen und schnell mal auf ein paar Minuten hereinkommen … Religion ist etwas Natürliches, keine unnatürliche Verrenkung. Sie ist innerstes Bedürfnis des Menschen, nichts Aufgezwängtes, ja manchmal hatte ich fast den Eindruck, sie macht Spaß, so locker und unverkrampft wird sie vollzogen.

In Indien gibt es keine Säkularisation. Jeder ist religiös. Es gibt bei den Hindus kein Haus, keinen Laden, keine Rikscha ohne Götterbild. Sogar in modernen Supermärkten, Reisebüros, Hotels und Banken findet man es, oft von einer Kerze beleuchtet … Religion ist in Indien so selbstverständlich wie das Wasser für den Fisch.«

Horst Georg Pöhlmann

Blumenverkauf vor einem Tempel.

Rikscha. Zweirädriger Wagen, der von einem Menschen gezogen wird und zur Beförderung von Personen dient.

Von sich aus wären Inderinnen und Inder vermutlich gar nicht auf die Idee gekommen, nach einer Definition von *Hinduismus* zu suchen. Erst im Gespräch und in der Auseinandersetzung mit Menschen aus dem westlichen Kulturkreis versuchten sie im letzten Jahrhundert, auch unserem Bedürfnis nach klaren Abgrenzungen und Kriterien entgegenzukommen. Der wohl wichtigste, auf jeden Fall populärste indische Repräsentant des interkulturellen Gesprächs mit westlichen Ländern war Mahatma Gandhi. Er gab im Jahr 1921 auf die Frage »Wer ist ein Hindu?« eine Antwort, die den Hinduismus stärker von seinen Inhalten her bestimmt und die für den weiteren Gedankengang als Leitfaden dienen kann. Da heutige Inderinnen und Inder die Vokabeln *Hindu* und *Hinduismus* auch selbst verwenden, werde auch ich mich aus Gründen der Einfachheit dieser Terminologie bedienen.

»Meiner Meinung nach ist jeder ein Hindu, der in einer hinduistischen Familie in Indien geboren wurde, der die Veden, die Upanischaden und die Puranas als heilige Bücher akzeptiert; der an die … Gebote von Wahrheit, Gewaltlosigkeit etc. glaubt und, so gut er kann, nach ihnen handelt; der an ein Selbst (atman) und ein höheres Selbst (brahman) glaubt und außerdem glaubt, dass das Selbst nie geboren wird und nie stirbt, sondern durch Inkarnation in einem Körper von Leben zu Leben wandert und Erlösung (mokscha) erlangen kann; der glaubt, dass Erlösung das vornehmste Ziel menschlichen Strebens ist und der an die Gesellschaftsordnung von Kasten und Lebensstadien glaubt und an den Schutz der Kuh.«

Mohandas Gandhi

Mohandas Karamchand Gandhi (1869–1948). Genannt *Mahatma* (sanskrit) »große Seele«, Führer der indischen Unabhängigkeitsbewegung gegen die britische Kolonialherrschaft; vertrat mit Erfolg das Prinzip des strikt gewaltlosen Widerstands.

Kleine Shiva-Statue, geschmückt mit Hibiskusblüten und Räucherstäbchen, auf dem Armaturenbrett eines Taxis in Kalkutta.

Heilige Bücher:
Veden, Upanischaden und die Puranas

Wie schon erwähnt, kennt der Hinduismus – anders als Judentum, Christentum und Islam – keine zentrale heilige Schrift, an der sich alle Inhalte hinduistischen Glaubens messen lassen. Wohl gibt es aber einen Kanon von sehr alten Büchern, die von allen Hindus als Teil einer gemeinsamen religiösen Tradition angesehen werden und denen von vielen Hindus göttliche Autorität beigemessen wird.

Mahatma Gandhi erwähnt in seiner Definition des Hinduismus drei »Heilige Schriften«: die Veden, die Upanischaden und die Puranas.

Bei den *Veden* handelt es sich um eine Gruppe von Texten, die zusammen den sechsfachen Umfang unserer Bibel haben und vermutlich Ende des zweiten Jahrtausends vor unserer Zeitrechnung in einer alten Form des Sanskrit niedergeschrieben wurden. Sie umfassen eine Vielzahl von Hymnen, Lehrgedichten, Legenden, Göttermythen, Zaubersprüchen, Abhandlungen und gesetzlichen Regelungen. Wissenschaftlerinnen und Wissenschaftler gehen davon aus, dass diese Texte viele Jahrhunderte, zum Teil sogar Jahrtausende vor ihrer schriftlichen Fixierung entstanden sind und über lange Zeit ausschließlich mündlich weitergegeben wurden. Eine genaue wissenschaftliche Erschließung der Veden, wie sie etwa für die griechischen und lateinischen Texte der Antike oder die Texte der Bibel erfolgt ist, steht noch bevor.

Kanon. Griechisch »Richtschnur«, endgültig festgelegte Sammlung heiliger Schriften; der Kanon der biblischen Schriften wurde im 4. Jahrhundert n.Chr. abschließend fixiert.

Sanskrit. Literatur- und Gelehrtensprache Indiens, die sich in ihren Vorformen bis in das 2. Jahrtausend v.Chr. zurückverfolgen lässt; seine Stellung ist der des Lateinischen in Europa vergleichbar. Sanskrit gehört zu den indogermanischen Sprachen, ist also auch mit dem Deutschen verwandt, was man sich etwa an folgendem Beispiel verdeutlichen kann: altindisch *pitar;* griechisch πατήρ; lateinisch *pater;* gotisch *fadar;* englisch *father;* althochdeutsch: *fater.*

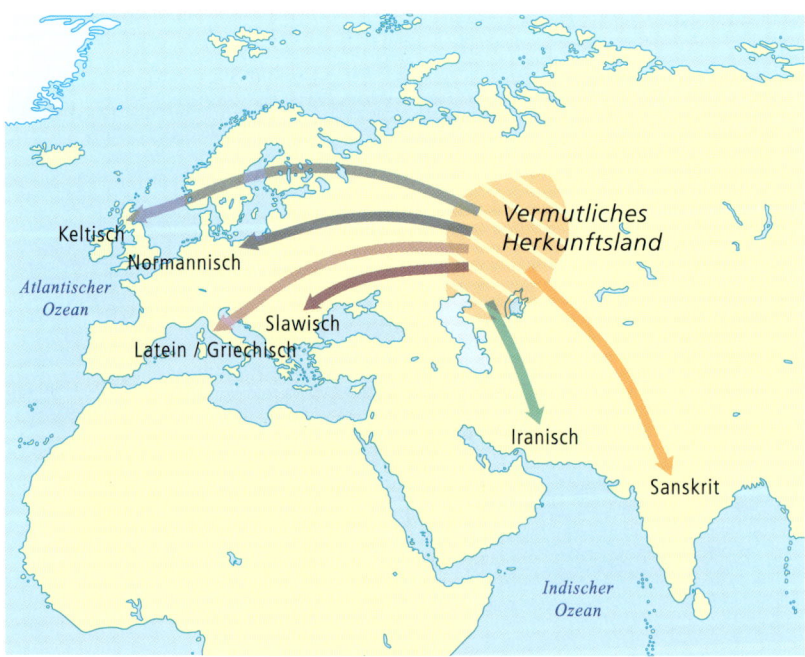

Verbreitung der indoeuropäischen Sprachen.

**Lobpreis für Agni,
das (Opfer-)Feuer**

Ich preise den Agni,
den göttlichen Opferer,
Den Priester, den Sänger,
Den Schätzereichsten.

Gepriesen von alten
Und neuen Weisen,
Führe Agni
Die Götter hierher.

…

Wir nahen dir täglich
Bei Nacht und am Tag
Mit frommen Werken
Dich verehrend.

…

Sei uns freundlich, o Agni,
Wie der Vater dem Sohn!
Sei du mit uns
Zu unserem Heile!

Rig-Veda I, 1, 1-2.7.9

Veden-Text und Übersetzung: Über Generationen wurden die heiligen Texte Indiens nur mündlich weitergegeben und erst spät, wie hier ein Manuskript von Rig-Veda I,1,1–8, schriftlich fixiert. Agni ist der altindische Gott des Opferfeuers.

Als »Autoren« der alten Texte können die so genannten *Arier* gelten. Die Arier waren ein eurasisches Nomadenvolk, das im 2. Jahrtausend v.Chr. – aus Gründen, die wir nicht genau kennen – einerseits in Richtung Europa, andererseits in Richtung Indien zog. In dieser Wanderbewegung der Arier liegt auch der gemeinsame sprachgeschichtliche Ursprung unserer europäischen Sprachen und des altindischen Sanskrit begründet. In der Sprachwissenschaft werden sie als *indoeuropäische Sprachen* bezeichnet.

In Indien stießen die mit Pferden und Streitwagen ausgerüsteten Arier auf eine Kultur, die – wie archäologische Spuren zeigen – im 4. und 3. Jahrtausend v.Chr. schon einmal eine Blüte erlebt, sich inzwischen aber zu einer relativ einfach strukturierten Agrargesellschaft zurückentwickelt hatte. In dieser Situation machten sich die Arier zu Herren über die einheimische Bevölkerung. Dabei spielten nicht zuletzt auch die von den Ariern in ihrem Grundbestand mitgebrachten Veden eine wichtige Rolle. Als ursprüngliches Nomadenvolk gewannen die Arier ihre Identität und ihren Zusammenhalt nicht aus der Bindung an Tempelanlagen oder an ein bestimmtes geographisches Gebiet, sondern durch die konsequente mündliche Überlieferung ihrer heiligen Texte. Wer mit dieser Überlieferung vertraut war, gehörte zur herrschenden Schicht. Bezeichnenderweise hängt das Wort *Veden* auch mit dem lateinischen Wort *videre* (»sehen«, »erkennen«) und unserem deutschen Wort *wissen* zusammen.

Noch heute ist es das Privileg einer speziellen Kaste von Priestern, sich in den vedischen Schriften genauer auszukennen. Aber auch die große Menge der Hindus, die oft nicht einmal lesen und schreiben kann, ist immer noch in der Lage, bei bestimmten zeremoniellen Handlungen Teile der Veden in Sanskrit zu rezitieren. Nicht selten wird betont, nicht nur der Inhalt, sondern auch die Laute der Veden seien heilig und göttlichen Ursprungs.

Arier. Sanskrit *arya* »Edle«; der Begriff wird seit dem 19. Jahrhundert in Europa für rassistische Zwecke missbraucht. Adolf Hitler sprach von der »arischen Herrenrasse« und machte das altindische Glücks- und Sonnensymbol des Hakenkreuzes (Sanskrit: *swastika*) zum Symbol des Nationalsozialismus.

Upanischaden. Von sanskrit »daneben sitzen«; gemeint ist das Sitzen des Schülers neben dem Lehrer, der in geheimes Wissen einführt.

Bei den von Mahatma Gandhi in seiner Definition ebenfalls erwähnten *Upanischaden* handelt es sich um späte vedische Texte, die auf das 8. bis 4. Jahrhundert v.Chr. datiert werden. Sie gelten als »Abschluss der Veden«, von denen sie sich sowohl inhaltlich als auch stilistisch deutlich unterscheiden. Standen bei den älteren vedischen Texten die Verehrung von Göttern und Opferrituale im Vordergrund, so haben die Upanischaden einen stärker philosophischen Charakter und erörtern unter anderem das von Mahatma Gandhi angesprochene Verhältnis von *atman, brahman* und Seelenwanderung.

Die *Puranas* schließlich – im Allgemeinen als weniger »heilig« angesehen – sind, wörtlich übersetzt, »alte Erzählungen«. Sie wurden erst im ersten Jahrtausend n.Chr. aufgezeichnet, wurden davor aber sicherlich über lange Zeit mündlich weitergegeben. Im Stil sind sie wesentlich einfacher gestaltet als die Veden und somit auch weniger gebildeten Bevölkerungsschichten zugänglich. In den Puranas geht es vor allem um Göttergeschichten, Mythen und Legenden – unserer antiken Sagenwelt vergleichbar. Diese Erzählungen leben in Indien heute in vielfältiger Form weiter: Schon die kleinen Kinder bekommen sie von ihren Eltern und Verwandten erzählt, sie werden in Theaterstücke, Marionettenspiele und Comics umgesetzt, in jüngster Zeit eroberten sie auch die Fernsehbildschirme und Kinoleinwände.

Göttliche Heroen: Die Göttin Durga tötet den Büffeldämon Mahischa.

Rechte Seite:
Reproduktion eines auf den Straßen Indiens zum Verkauf angebotenen Plakats: Mahisasuramardini, eine Erscheinungsform der Göttin Durga, besiegt den Büffeldämon Mahischa. Ohne Mühe, wie im Spiel, setzt sie ihren linken, unreinen Fuß auf den erlegten Büffel. Mahischa ist aus dem Körper des Büffels herausgeklettert und erhebt das Schwert gegen die Göttin, gegen deren zehn, mit vielfältigen Waffen bestückte Arme er jedoch machtlos ist.

Göttinnen und Götter

Phallus. Männliches Geschlechtsorgan; wird in vielen Kulturen als Symbol der Zeugungskraft und der Fruchtbarkeit verehrt. In Indien werden oft aus Naturmaterialien phallusartige Figuren geformt, mit Milch und Butter gesalbt oder mit Früchten, Süßigkeiten, Blättern und Blumen geschmückt.

Judentum, Christentum und Islam stimmen in der Aussage überein, dass es nur einen einzigen Gott gibt und dass außer diesem einen Gott nichts und niemand diesen Namen verdient. Der Götterhimmel des Hinduismus bietet ein anderes Bild: Es gibt eine große, nicht überschaubare Anzahl von Göttinnen und Göttern. Rechnet man lokale Gottheiten, Natur- und Hausgeister, Dämonen und als Gottheiten verehrte Heilige dazu, so geht ihre Zahl in die Millionen. Dabei können viele Gottheiten auch unterschiedliche Gestalt annehmen, sodass man oft gar nicht mehr weiß, wie man zählen soll. Weil es deshalb nicht möglich ist, im Rahmen dieses Buches auch nur die wichtigsten Gottheiten des Hinduismus vorzustellen, beschränke ich mich zunächst auf eine in ganz Indien bekannte Götterfamilie, die Familie Shiva.

Wir sehen auf dieser volkstümlichen Darstellung links den Gott Shiva, rechts seine Gattin Parvati, in der Mitte ihren Sohn, den elefantenköpfigen Gott Ganesha.

Yoni-Lingam-Skulptur, Symbol des Schöpfungsaktes: Dargestellt wird die Vereinigung des weiblichen Geschlechtsorgans (Yomi) mit dem männlichen (Lingam).

Götterfamilie Shiva.

Shiva ist einer der wichtigsten Götter Indiens. Er trägt ein Tigerfell, sein Schmuck ist eine Kobra – beides Tiere, gegen die Shiva in mythischen Zeiten kämpfen musste und die er besiegte. Der Dreizack und ein drittes Auge auf seiner Stirn sind Ausdruck seiner Macht und Größe, ebenso wie der rötliche Strahlenkranz, der seinen Kopf umgibt. Typisches Attribut Shivas ist auch der bucklige Stier im Hintergrund. Er steht für Stärke und Zeugungskraft. Dazu passen auch die drei rund um die Figurengruppe aufgestellten und für die Shiva-Verehrung charakteristischen phallusartigen Steine. Die drei Querstriche auf Shivas Stirn und auf den phallusartigen Steinen sind Zeichen der Verehrer Shivas, ebenso die Perlenkette um seinen Hals. Shiva gilt als Meister der Askese und Meditation. Die geflochtenen Haare weisen ihn als Asketen aus, die Mondsichel im Haar Shivas und die Lotusblüten zu seinen Füßen stehen für Weltenthobenheit und Überwindung der Vergänglichkeit. Schließlich ist noch auf eine kleine Göttin in der Haarkrone Shivas hinzuweisen; sie repräsentiert den für alle Hindus heiligen Fluss Ganges. Es wird erzählt, Shiva, der seine Wohnung im Himalaya hat, hätte den heiligen Fluss vom Himmel auf die Erde geholt und gleichzeitig durch Auffangen in seinem Haarschopf verhindert, dass die Überschwemmungen des Flusses zu zerstörerisch wirken.

All dies ist kompliziert genug und zeigt bereits, wie reich und vielschichtig die indische Mythologie ist. Doch das Bild verweist noch auf etwas Weiteres: An Shivas Dreizack ist eine kleine Trommel befestigt, die eine andere in Indien weit verbreitete Darstellung Shivas andeutet: Shiva, den Tänzer.

Doch kommen wir zu unserem Familienporträt zurück: Shivas Gemahlin, Parvati, erscheint als attraktive, königlich gekleidete, dem Betrachter freundlich lächelnd zugewandte Frau. Diese Frau kann jedoch auch schreckliche, Furcht einflößende Gestalt annehmen. Sie trägt dann – wie im Comic des letzten Abschnitts dargestellt – den Namen Durga oder Kali. Als Kali wird sie oft mit bluttriefendem Mund und langem ungeordneten Haar dargestellt. Ihre Zunge hängt ihr aus dem Mund, der Leib ist aufgedunsen. Sie hat acht, zehn oder zwanzig Arme, trägt ein großes Schwert und eine Kette aus Totenschädeln. In früheren Zeiten verlangte sie Menschen-, heute Tieropfer.

Ganesha schließlich, elephantenköpfig und dickbäuchig, auf dem Familienbild mit einer Schüssel voller Süßigkeiten dargestellt, gilt als durchweg freundliche Gottheit. Als Gott der Weisheit und Intelligenz beseitigt er, auf unserer Darstellung ebenso wie Shiva vierarmig, Hindernisse aller Art; er wird von Inderinnen und Indern deshalb gerne als Nothelfer angerufen.

Ganesha wurde der Legende nach von seiner Mutter Parvati aus ihrem Badewasser und Badeölen als männliche Gestalt geformt und durch ein Bad im Ganges zum Leben erweckt. Er sollte Parvati wäh-

Diese Bronzefigur stellt Shiva im kosmischen Tanz dar. Er zeigt sich hier mit flatternder Haarpracht als der Schöpfer und Zerstörer der Welt zugleich, der Flammenkranz um ihn herum symbolisiert das Werden und Vergehen allen Seins. Shiva hat – wie übrigens auch schon in der volkstümlichen Darstellung – vier Hände, Zeichen seiner großen Macht. Mit der kleinen Trommel der einen rechten Hand begleitet er seinen eigenen Tanz und erschafft die Welt. Mit dem Feuer der einen linken Hand zerstört er sie wieder. Die beiden Hände im Vordergrund zeigen Gesten des Schützens und Bewahrens. Das Positive überwiegt somit; dies demonstriert auch der rechte Fuß Shivas, mit dem er einen bösen Zwerg, Symbol der Unwissenheit und Selbstsucht, niederhält.

Monotheismus. »Glaube an nur einen einzigen Gott«; von griechisch *mónos* »allein, einzig« und *theós* »Gott«.

Polytheismus. »Glaube an mehrere Gottheiten«, von griechisch *polýs* »viel« und *theós* »Gott«.

rend einer längeren Abwesenheit Shivas schützen. Shiva aber, der bei seiner Rückkehr nicht ahnte, dass er seinen Sohn vor sich hatte, schlug Ganesha den Kopf ab, weil er ihm den Zutritt zu den Gemächern Parvatis versperrte. Parvati war empört und Shiva musste ihr versprechen, Ganesha mit dem Kopf des ersten Lebewesens, das vorbeikäme, wieder zum Leben zu erwecken. Dieses Lebewesen war ein Elefant. Ganesha-Statuen werden in Indien oft mit großer Hingabe verehrt. Im September 1995 wurde aus allen Teilen Indiens berichtet, fromme Verehrerinnen und Verehrer hätten ihren Ganesha-Statuen auf Löffeln Milch gereicht und die Statuen hätten die dargebotene Flüssigkeit aufgenommen.

Was ist von einer solchen Form der Religion zu halten? Kaufleute und Missionare des 17. und 18. Jahrhunderts beschrieben den Hinduismus voller Abscheu und Entsetzen als Vielgötterei und schamlose Art der Götzenanbetung. Heute sind wir in unserem Urteil vorsichtiger geworden. Zum einen wissen wir, dass auch der Monotheismus der Bibel sich erst allmählich entwickelt hat. So gehen heute viele Bibelwissenschaftler davon aus, dass es auch im alten Israel, nicht anders als in den anderen altorientalischen Kulturen, zunächst durchaus polytheistische Formen der Religiosität gab. Inschriften aus dem 9. und 8. Jahrhundert v. Chr. sprechen sogar von »JHWH und seiner Aschera«. Sie stellen also dem Gott Israels eine weibliche Begleiterin zur Seite.

Darstellung eines Bildersturms aus der Reformationszeit im Kloster St. Johann im Toggenburg (Kanton St. Gallen/Schweiz) vom 14. Oktober 1528.

Zum anderen kennt natürlich auch das Christentum, insbesondere in seiner katholischen und orthodoxen Form, sehr sinnliche und anschauliche Zugänge zu Gott. Wenn man den Hinduismus nicht mit gelehrten Werken der christlichen Theologie, sondern zum Beispiel mit der Bilderwelt einer Barockkirche oder der Heiligen- und Marienverehrung der christlichen Volksfrömmigkeit vergleicht, fällt unser Urteil anders aus. Der Gedanke an einen alle irdischen Qualitäten sprengenden, ganz anderen, deshalb auch nicht bildlich darstellbaren Gott (der sich im Übrigen auch in zahlreichen Texten des Hinduismus findet!), mag der philosophisch anspruchsvollere sein, aber die Mehrzahl der Menschen braucht offensichtlich konkret Greifbares, um sich die Wirklichkeit Gottes vorstellen zu können. Hier liegt auch einer der problematischen Aspekte des reformatorischen Christentums, dessen Verkündigung des christlichen Glaubens sich bis vor Kurzem oft in sehr einseitiger Weise auf das Medium des gesprochenen und gedruckten Wortes beschränkte.

Und schließlich ist es kein Zufall, dass Mahatma Gandhi in der Definition des Hinduismus, von der wir ausgegangen sind, gar nicht von Göttinnen und Göttern spricht. Als gebildeter Hindu weiß er, dass die Verehrung der vielen Gottheiten letztlich nur ein Hilfsmittel zur Erkenntnis des absoluten, alles begründenden und alles umfassenden Göttlichen ist. So überliefern schon die Upanischaden nicht ohne Humor folgenden Dialog zwischen einem Wahrheitssucher und dem Weisen Yajnavalkya. Der Wahrheitssucher will wissen, wie viele Götter es gibt:

»Dreihundert und dreitausendunddrei.«
»Ja, sicher«, sagte er, »aber wie viele Götter gibt es wirklich, Yajnavalkya?«
»Dreiunddreißig.«
»Ja, sicher«, sagte er, »aber wie viele Götter gibt es wirklich, Yajnavalkya?«
»Sechs.«
»Ja, sicher«, sagte er, »aber wie viele Götter gibt es wirklich, Yajnavalkya?«
»Drei.«
»Ja, sicher«, sagte er, »aber wie viele Götter gibt es wirklich, Yajnavalkya?«
»Zwei.«
»Ja, sicher«, sagte er, »aber wie viele Götter gibt es wirklich, Yajnavalkya?«
»Eineinhalb.«
»Ja, sicher«, sagte er, »aber wie viele Götter gibt es wirklich, Yajnavalkya?«

Brihadaranyaka-Upanischade

Askese. Von griechisch *áskesis* »Übung«; religiös begründete Einschränkung oder völlige Enthaltung von Speise und Getränken, von Schlaf, Kleidung, Besitz und/oder Geschlechtsverkehr. In vielen Kulturen gibt es zeitlich begrenzte Formen der Askese, mit denen sich die Gläubigen auf bestimmte religiöse Feste vorbereiten. Im Christentum gilt die Zeit vor Ostern, aber auch die Adventszeit als Fastenzeit.

Atman, Brahman und der Glaube an die Reinkarnation

Reinkarnation. Lateinisch, wörtlich: »Wiederverleiblichung«, »erneute Fleischwerdung«.

Die Beziehung von *atman* und *brahman*, die Mahatma Gandhi in seiner Definition erwähnt, wird von den Weisen Indiens erstmals in den Upanischaden ausführlich beschrieben. *Brahman* ist dabei der göttliche Urgrund, aus dem alle Wirklichkeit entsteht, von dem sie durchdrungen ist und in den alle Wirklichkeit zurückkehrt. *Atman*, verwandt mit unserem deutschen Wort »Atem«, meint hingegen das Selbst, die Seele des einzelnen Lebewesens. In *atman* spiegelt sich *brahman* wider. Ziel allen Lebens muss es sein, dass *atman* den Weg zu seinem Ursprung und zu seiner Quelle zurückfindet, die Täuschungen und Vorläufigkeiten der Welt hinter sich lässt und ganz in *brahman* aufgeht. Wenn dieses Ziel erreicht ist, tritt die letztliche Einheit von *atman* und *brahman* zu Tage.

In einem berühmten Text der Upanischaden will ein Sohn von seinem Vater wissen, was das letzte Wesen der Wirklichkeit ausmacht. Zunächst lässt der Vater den Sohn eine Feige öffnen. Es zeigen sich viele Samenkörner. Der Sohn soll dann die Samen öffnen. Es zeigt sich nichts, und doch ist in dem Samen ein neuer Feigenbaum enthalten. Um diese Erkenntnis noch deutlicher zu machen, greift der Vater dann zu einem Vergleich, in dem es um die Qualität von Salz geht:

»Leg dieses Salzkorn in einen Behälter mit Wasser und komm morgen zurück.« Der Sohn tat, wie ihm befohlen. Am anderen Tag sagte sein Vater zu ihm: »Das Salzkorn, das du gestern Abend ins Wasser gelegt hast – bring es her.« Der Sohn tastete danach, konnte es aber nicht finden, da es sich vollständig aufgelöst hatte.

»Jetzt nimm ein Schlückchen von diesem Rand«, sagte der Vater. »Wie schmeckt es?«

»Salzig.«

»Nimm ein Schlückchen von der Mitte! – Wie schmeckt es?«

»Salzig.«

»Nimm ein Schlückchen vom anderen Rand! – Wie schmeckt es?«

»Salzig.«

»Spuck es aus und komm später wieder!« Er tat, wie ihm befohlen, und merkte, dass das Salz noch immer im Wasser war. Der Vater erklärte ihm: »Was in diesem Wasser ist, mein Sohn, kannst du nicht greifen, aber es war tatsächlich immer darin. Was dieser feinste Stoff ist, das ist das Selbst dieser ganzen Welt.

Das ist die Wahrheit. Das ist das Selbst (atman). Und das bist du ...«

Chandogya-Upanischade 6.13

Das Ziel der Verschmelzung von *atman* und *brahman* nennt man im Hinduismus *mokscha,* Erlösung. Doch der Weg dorthin ist unendlich weit und nur wenige können ihn erreichen. Zunächst wird *atman* viele Male wiedergeboren und ist dem so genannten *samsara,* dem Kreislauf von Geburt, Leben, Tod und Wiedergeburt unterworfen. Wiedergeburt oder *Reinkarnation* wird also als etwas durchaus Problematisches erlebt und ist auch stets mit der Angst verbunden, in der nächsten Existenz in einer noch schlechteren Lebensform reinkarniert zu werden. Diese eher negative Bewertung der Reinkarnation steht in einem deutlichen Gegensatz zu den Hoffnungen, die Menschen bei uns oft mit dem Gedanken der Wiedergeburt verbinden. Untersuchungen zeigen, dass viele Menschen der westlichen Welt mit dem Glauben an die Auferstehung der Toten nicht mehr viel anfangen können, sich aber um so mehr von der Chance einer Wiedergeburt versprechen. In einer Welt voller bunter Möglichkeiten, in der ein Menschenleben gar nicht ausreicht, um alles auszuprobieren, in der jede Entscheidung zahlreiche andere mögliche Entscheidungen ausschließt, erscheint die Aussicht auf ein zweites, drittes oder gar zehntes Leben durchaus attraktiv. Bringt diese Vorstellung nicht eine größere Gelassenheit mit sich? Nimmt sie nicht die Angst vor verpassten Gelegenheiten? Und kann derjenige, der in diesem Leben zu kurz gekommen ist, nicht vielleicht im nächsten Leben auf eine bessere Ausgangslage hoffen?

 1. Korinther 15

Nach hinduistischem Denken ist alles Leben dem Gesetz des *karma* unterworfen. Das bedeutet, dass jede Handlung oder auch jede Unterlassung einer Handlung eine Wirkung und eine Folge hat – eine Denkfigur, die uns sehr gut aus den Naturwissenschaften vertraut ist. Im Hinduismus wirkt sich das *karma* nun auf die Form aus, in der ein Lebewesen nach seinem Tod wiedergeboren wird. Damit bekommt der Zusammenhang von Ursache und Wirkung eine ethische Komponente. Wer sein Handeln an den von Mahatma Gandhi genannten Prinzipien der Wahrheit und Gewaltlosigkeit ausrichtet, darf im nächsten Leben damit rechnen, dass sein *atman* in einer höheren Existenzform wiedergeboren wird als der, der ständig aus Nachlässigkeit oder bösem Willen gegen diese Prinzipien verstößt.

Die Vorstellung, dass jedes Tun ein bestimmtes Ergehen, einen bestimmten »Lohn« zur Folge hat, entspricht einem elementaren, wenn auch vielleicht etwas naiven Bedürfnis nach Gerechtigkeit. Jedes Kind, aber auch mancher Erwachsene geht von einem solchen Zusammenhang zwischen Tun und Ergehen aus. Diese Alltagsphilosophie findet sich zum Beispiel – allerdings ohne den Glauben an Reinkarnationen – auch in den Religionen unseres Kulturkreises. Im Alten Testament heißt es etwa: »Ein barmherziger Mann nützt auch sich selber; aber ein herzloser schneidet sich ins eigene Fleisch« (Sprüche Salomos 11,17). Oder: »Wer eine Grube macht, der wird hineinfallen; und wer einen Stein wälzt, auf den wird er zurückkommen« (Sprüche Salomos 26,27).

In der Bibel gerät diese »Tun-Ergehen-Vorstellung« allerdings sehr bald in schwere Krisen. Das bekannteste Beispiel dafür ist der Fall Hiob. Hiob ist ein Mensch, der eigentlich nur gutes »karma« ansammeln müsste, dem es dennoch schlecht ergeht und der dementsprechend mit Gott hadert. Im Neuen Testament wird von Jesus erzählt, wie er dem Mechanismus des Tun-Ergehen-Denkens mit Nachdruck widerspricht:

»Und Jesus ging vorüber und sah einen Menschen, der blind geboren war. Und seine Jünger fragten ihn und sprachen: Meister, wer hat gesündigt, dieser oder seine Eltern, dass er blind geboren ist? Jesus antwortete: Es hat weder dieser gesündigt noch seine Eltern, sondern es sollen die Werke Gottes offenbar werden an ihm … Als er das gesagt hatte, spuckte er auf die Erde, machte daraus einen Brei und strich den Brei auf die Augen des Blinden. Und er sprach zu ihm: Geh zum Teich Siloah … und wasche dich! Da ging er hin, wusch sich und kam sehend wieder.«

Johannes 9, 1–7

Was kann der Hindu tun, um auf dem Weg zur *mokscha*, zur Erlösung, voranzukommen? Traditionell unterscheidet man in Indien drei *margas* oder Heilswege, die als gleichwertig angesehen werden und sich nicht gegenseitig ausschließen. Die meisten Hindus haben auch keine Probleme, mehr als einem *marga* anzugehören.

Guru. Sanskrit »ehrwürdig«, »gewichtig«; im übertragenen Sinn der religiöse »Lehrer«, der seine Schüler auf sehr individuelle Weise in die Weisheit der heiligen Traditionen einführt.

Der erste Weg ist der *karma-marga*, der Weg der Handlungen. Er betont die Wichtigkeit der aus den Veden abgeleiteten rituellen Handlungen. Dazu gehören Opferhandlungen ebenso wie Gebete, Pilgerfahrten oder das reinigende Bad im heiligen Fluss Ganges.

Als zweiter Weg gilt *jnana-marga*, der Weg der Erkenntnis. Er leitet sich vor allem aus den Upanischaden her. Es geht um die Erkenntnis der Identität von *atman* und *brahman*. Gemeint ist dabei keine wissenschaftliche Erkenntnis, sondern ein plötzliches, intuitives Erkennen von Zusammenhängen, die einem bisher verborgen geblieben waren. Um zu dieser Art von Erkenntnis oder Erleuchtung zu kommen, empfiehlt es sich, bei einem erfahrenen Lehrer, einem Guru, in die Schule zu gehen, die alten heiligen Texte zu studieren und auswendig zu lernen. Unerlässlich sind dabei bestimmte meditative Übungen, die auch bei uns im Westen unter dem Namen *yoga* bekannt geworden sind. Im Unterschied zu Yoga-Kursen, die zum Beispiel an unseren Volkshochschulen angeboten werden, geht es beim *yoga* des *jnana-marga* allerdings nicht nur um gymnastische Übungen, die der Entspannung oder dem körperlichen Wohlbefinden dienen sollen; vielmehr handelt es sich um einen lebenslangen, auch mit zahlreichen Krisen und Rückschlägen verbundenen Weg der religiösen Praxis.

Yoga. Sanskrit »Anspannung«, »Anschirrung«; sprachgeschichtlich verwandt mit dem deutschen Wort »Joch«. So wie ein Zugtier in das Joch eines Wagens eingespannt wird, so soll sich der Geist des Menschen durch Körperübungen vor den Wagen der Erkenntnis spannen lassen.

Rechte Seite:
Pilgerbad im Ganges bei Varanasi.

Meditation. Von lateinisch *meditari* »nachsinnen«, »sich in Gedanken versenken«; Meditationspraktiken, mit denen versucht wird, durch bestimmte Körper- und Atemübungen Erfahrungen des Absoluten zu machen, finden sich in allen Religionen, auch im Christentum.

Bhagavadgita. Sanskrit »Gesang des Erhabenen«; philosophisch-religiöses Lehrgedicht in 18 Kapiteln, entstanden im 2. Jahrhundert v.Chr., seitdem vielfach überarbeitet und immer wieder von den großen Philosophen Indiens kommentiert. Der sich in menschlicher Gestalt zeigende Gott Krishna erklärt dem Krieger Arunja u.a. die Pflichten seiner Kaste, die geringe Bedeutung des Todes, das Verhältnis von atman und brahman, die Besonderheit der einzelnen Heilswege.

Rechte Seite:
Holi: ein ausgelassenes Frühlings- und Fruchtbarkeitsfest, bei dem die Menschen alte Kleidung tragen und sich gegenseitig mit Farbe bespritzen; eine wichtige Rolle spielen die Erzählungen von Krishna, dem Liebhaber, oder der Wiedergeburt des Liebesgottes Kama.

Was der Gläubige in fortgeschrittenen Stufen der Erkenntnis erfährt, wird mit den zahlreichen Meditationsformeln des Hinduismus in Verbindung gebracht. Diese Meditationsformeln werden auch *mantras* genannt. Unter ihnen kommt der Silbe *om* eine besondere Bedeutung zu. Sie drückt die Aufhebung aller vordergründigen Gegensätze und damit die Einheit von *atman* und *brahman* aus.

Die heilige Silbe »OM«, zusammengesetzt aus einem »A« (links), einem »U« (rechts) und einem »M« (oben): Nach indischem Verständnis symbolisieren ihre vier geometrischen Formen das Körperliche (1), das Geistige (2), das Unbewusste (3) und das Höchste Bewusstsein (4).

Die beiden bisher skizzierten Wege des Hinduismus könnten den Eindruck erwecken, als könne man auf *mokscha*, die Erlösung, systematisch hinarbeiten. Oft wirft man dem Hinduismus deshalb auch »Selbsterlösung« vor. Dies erweist sich jedoch als eine Redeweise, die in sich selbst wenig schlüssig ist. »Erlösung« meint in jeder Religion und in jeder Sprache etwas, das einem zuteil wird und das man letztlich nicht selbst bewirken kann. Aber in der Tat besteht ein großer Unterschied zwischen der Religiosität Indiens und zum Beispiel der des Apostels Paulus. Dieser betont in sehr zugespitzter Weise, dass wir Menschen selbst gar nichts zu unserem Heil beitragen können und dass alles Heil allein von Gott kommt: »So halten wir nun dafür, dass der Mensch gerecht wird ohne des Gesetzes Werke, allein durch den Glauben … Dem aber, der nicht mit Werken umgeht, glaubt aber an den, der die Gottlosen gerecht macht, dem wird sein Glaube gerechnet zur Gerechtigkeit« (Römer 3,28; 4,5).

Ehe man nun an diesem Punkt vorschnell unüberwindbare Gegensätze aufbaut, sollte man bedenken, dass es auch im Christentum mit den zehn Geboten und der Bergpredigt durchaus Regeln für ein gottgefälliges Leben gibt und dass es natürlich auch im Christentum sehr reiche Traditionen gibt, die die Bedeutung meditativer Übungen betonen.

Vor allem ist aber zu bedenken, dass es auch im Hinduismus neben *karma-marga* und *jnana-marga* noch einen dritten Weg gibt, *bhakti-marga*, den Weg der Gottesliebe oder der liebenden Hingabe. Ohne Rücksicht auf Kaste oder Geschlecht verweist er auf die Möglichkeit, sich vertrauensvoll und bedingungslos einer der großen Gottheiten anzuvertrauen und sich von dieser helfen zu lassen. So belehrt Krishna, eine Inkarnation des Gottes Vishnu, in der *Bhagavadgita*, einer der großen Dichtungen der Weltliteratur, seinen Schüler folgendermaßen:

Weiter … höre mein höchstes Wort, das ich zu dir, der du mich liebst und dessen Heil ich wünsche, sprechen werde. Es kennen meinen Ursprung nicht die Götterscharen noch die großen Weisen, denn ich bin der Anfang der Götter und der großen Weisen allzusammen. Wer mich als ungeboren und anfangslos kennt, als großen Herrn der Welt, der wird als Unbetörter unter den Sterblichen von allen Sünden befreit. Verstand, Wissen, Nichtbetörung, Geduld, Wahrheit, Selbstbeherrschung, Ruhe, Glück, Leid, Sein, Nichtsein, Gefahr wie auch Sicherheit, Nichtverletzung, Gleichmut, Zufriedenheit, Askese, Gabe, Ehre, Schande, es stammen die verschiedenartigen Zustände der Wesen allein von mir … Wer diese meine Herrlichkeit und Macht in ihrem Wesen kennt, der wird durch unerschütterliche Hingabe mit mir verbunden … Ich bin der Ursprung von allem, alles bewegt sich aus mir heraus. So denkend, lieben mich die Weisen, von Zuneigung erfüllt. An mich denkend, für mich lebend, sich gegenseitig erweckend, erzählend immerdar von mir, sind sie zufrieden und freuen sich. Diesen stets Andächtigen, die mich liebevoll verehren, gebe ich diejenige Versenkung des Geistes, durch welche sie zu mir gelangen. Diesen lasse ich aus Mitleid das aus dem Nichtwissen entstandene Dunkel vergehen, im Selbst befindlich, durch das strahlende Licht des Wissens.

Krishna ist eine zentrale Gestalt des Vishnuismus und unter Hindus eine der beliebtesten Gottheiten. Die Verehrung des Gottes Vishnu, des Erhalters und Bewahrers der Welt, bietet im Hinduismus neben der Verehrung Shivas eine zweite, gleich wichtige Frömmigkeitsform. Vishnu ist den Menschen wohlgesonnen, was sich nicht zuletzt in seiner Inkarnation (sanskrit *avatara*) Krishna zeigt: Als Kuhhirte spielt er auf einer goldenen Flöte und betört durch die unwiderstehlichen Klänge seines Instruments die Hirtinnen, die er mit goldenen Blüten überschüttet. Beim Tanzen vervielfacht sich Krishna, um sich all seinen Liebhaberinnen hingeben zu können. Für viele Hindus zeigt sich in Krishna das Ideal wahren Menschseins: Das Spiel zwischen Hirten und Hirtinnen entspricht dem kosmischen, auf Vereinigung zielenden Liebesspiel zwischen Gott und den menschlichen Seelen.

Kasten, Lebensstadien und der Schutz der Kuh

Götterwelt, Theologie und Spiritualität des Hinduismus faszinieren westliche Menschen oft sehr. Die von Mahatma Gandhi am Ende seines Zitates angesprochenen Phänomene des Kastenwesens, der Lebensstadien und des Schutzes der Kuh hingegen wirken auf die meisten von uns eher merkwürdig und irritierend.

Werfen wir zunächst einen Blick auf das *Kastenwesen*. Indien erscheint der westlichen Besucherin und dem westlichen Besucher oft als eine unübersichtliche, fast chaotische Welt. In Wirklichkeit ist die indische Gesellschaft jedoch so streng strukturiert wie kaum eine andere. Dabei spielen von alters her die so genannten »Kasten« eine wichtige Rolle. Kasten ähneln dem, was wir in Europa bis vor nicht allzu langer Zeit auch kannten und »Stände« nannten. Auch bei uns bildeten Adel, Klerus, der »dritte Stand« der Bauern und Bürger und der »vierte Stand« der Arbeiter bis in das 20. Jahrhundert hinein in sich abgeschlossene Gesellschaftsschichten. Diese grenzten sich durch bestimmte Privilegien und Pflichten, aber auch durch eine bestimmte Berufstätigkeit, durch bestimmte Regeln für die Partnerwahl, durch Kleidung, Sprechweise und Umgangsformen und sicherlich auch durch eine bestimmte Art und Weise, die christliche Religion zu praktizieren, voneinander ab.

Kaste. Von portugiesisch *casta* »Art, Geschlecht, Rasse«; abgeleitet von lateinisch *castus* »keusch«, »unvermischt«.

In Indien werden ebenfalls vier Hauptkasten unterschieden:

An der Spitze der sozialen Pyramide stehen die *Brahmanen*, die die einflussreiche Elite der Priester und Gelehrten darstellen. Wie der Name schon sagt, ist es Aufgabe dieses Standes, sich um den *brahman* zu kümmern, Zeremonien und Opfer korrekt durchzuführen, die heiligen Schriften genau zu studieren. Der Tagesablauf eines Brahmanen ist von morgens bis abends zahlreichen Vorschriften unterworfen, die er genau einhalten soll. Er soll mit dem rechten Fuß zuerst aufstehen, unreine Dinge meiden, auf Fleisch verzichten, bestimmte Gebete sprechen und genau vorgeschriebene Bäder nehmen. In früheren Zeiten war es ihm untersagt, einen Beruf auszuüben. Er sollte sich ganz den heiligen Dingen widmen.

Der zweite Stand ist der der Krieger, der Fürsten und Adligen. Ihre Aufgabe ist es, die innere und äußere Ordnung aufrechtzuerhalten. Sie sind sozusagen die Exekutive der Gesellschaft.

Den dritten Stand stellen in Indien Bauern, Viehzüchter, Handwerker und Händler. Sie haben die Aufgabe, die Wirtschaft der Gesellschaft in Gang zu halten. Dementsprechend gibt es auch unter ihnen viele relativ wohlhabende Menschen.

Rund 500 Millionen Hindus gehören der vierten Kaste an, den *shudras*. Sie dürfen die Veden und andere heilige Schriften nicht lesen.

Die um 1375 entstandene französische Miniaturmalerei unterscheidet folgende Personengruppen: gens d'armes (Ritter), gens de conseil (Räte), gens sacridotal (Geistliche), cultiveurs de terres (Bauern), gens de mestiers (Handwerker) und marcheans (Kaufleute).

Der protestantische Theologe Erasmus Alber über die Stände (um 1530):

Fein ordentlich hat Gott die Welt
mit dreien Ständen wohl bestellt:
Ein Stand muss lehrn, der andre nähren,
der dritt muss bösen Buben wehren.
Der erste Stand heißt die Priesterschaft,
der zweit Stand heißt die Bauernschaft,
der dritt, das ist die Obrigkeit.
Ein Stand hat sein Bescheid.
Und keiner sei so unverschampt,
dass er dem andern greif ins Amt,
kein Stand den anderen veracht,
Gott hat sie alle drei gemacht.
Und lebten wir in solcher Weis,
wir hätten hier das Paradeis.
Doch wer will gut sein hier auf Erden?
Nach dieser Welt wird's besser werden.

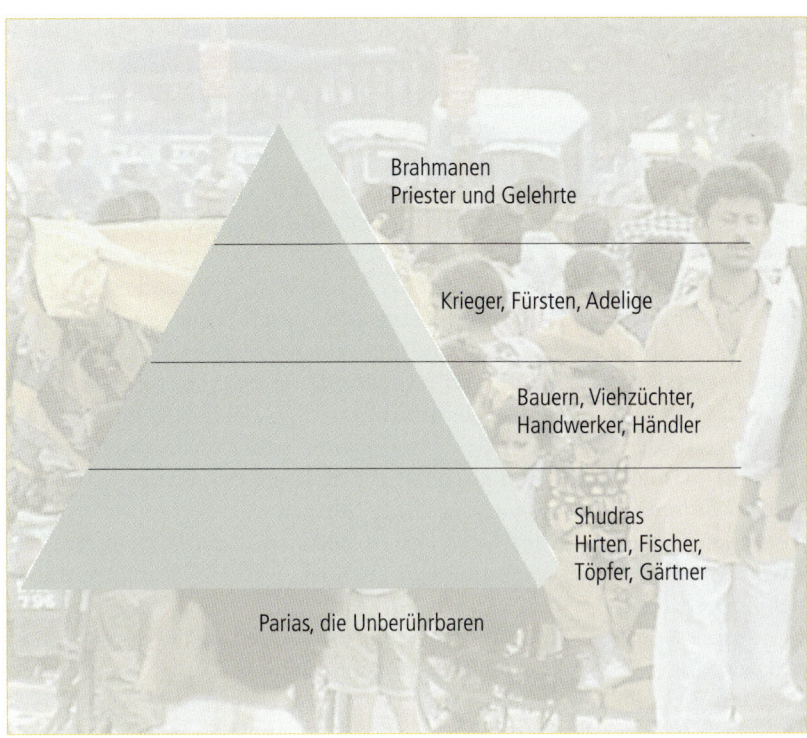

Die vier Kasten Indiens.

Brahmanen
Priester und Gelehrte

Krieger, Fürsten, Adelige

Bauern, Viehzüchter,
Handwerker, Händler

Shudras
Hirten, Fischer,
Töpfer, Gärtner

Parias, die Unberührbaren

Ihre Aufgabe besteht in der Verrichtung niederer Dienste. Dementsprechend arbeiten sie z.B. als Hirten, Fischer, Töpfer oder Gärtner. Dafür sind sie von vielen Vorschriften, denen die anderen drei Kasten unterworfen sind, etwa bestimmten Speisevorschriften, entbunden.

Unterhalb dieser vier Kasten lebt eine weitere Bevölkerungsgruppe, die etwa ein Sechstel der Gesamtbevölkerung ausmacht. Diese Menschen gelten als unrein. Sie werden deshalb als *parias*, als »Unberührbare«, bezeichnet. Sie leben meist in großer Armut und verrichten Tätigkeiten, die sonst niemand übernehmen will: Straßen und Toiletten reinigen, Tiere schlachten, Leichen waschen und verbrennen.

Diese großen Kasten gliedern sich nun in Zehntausende von Untergruppen, vergleichbar europäischen Großfamilien, Familienverbänden, Sprachgruppen, Berufsgenossenschaften, Dorf- und Landsmannschaften. Jede Gruppierung hat ihre eigenen Rechte und Pflichten, ihre eigenen Riten, Speisevorschriften und Heiratsregeln.

Die genauen Ursprünge des indischen Kastensystems sind nicht bekannt. Bezeichnenderweise stammt auch der Begriff »Kaste« keineswegs aus dem indischen Bereich. Vielmehr signalisiert er die Außenperspektive von Europäern. Ein Ursprung der indischen Kasten ist sicherlich in der über drei Jahrtausende zurückliegenden Einwanderung

Artikel 15 der indischen Verfassung von 1950

(1) The State shall not discriminate against any citizen on grounds only of religion, race, caste, sex, place of birth or any of them.

(2) No citizen shall, on ground only of religion, race, caste, sex, place of birth or any of them, be subject to any disability, liability, restriction or condition with regard to –
(a) access to shops, public restaurants, hotels and places of public entertainment; or
(b) the use of wells, tanks, bathing ghats, roads and places of public resort maintained whole or partly out of State funds or dedicated to the use of general public.

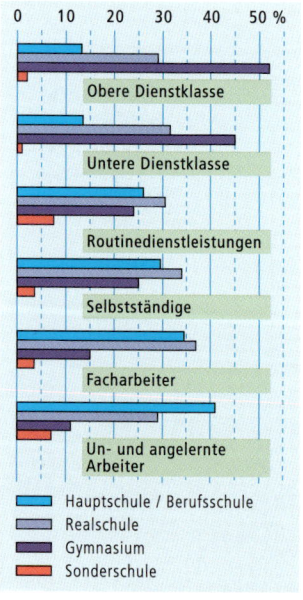

Programme for International Student Assessment (PISA) 2000: 15-Jährige nach Sozialschichtzugehörigkeit und Bildungsgang: vgl. www.mpib-berlin.mpg.de/pisa

der Arier nach Indien zu sehen. Diese hellhäutige Bevölkerungsgruppe wollte sich aus machtpolitischen Überlegungen von der dunkelfarbigen Urbevölkerung Indiens absetzen und nutzte deshalb insbesondere den Stand der Brahmanen zur Sicherung ihrer Privilegien. Dieser Vorgang kann jedoch nur eine Teilerklärung bieten. Ganz offensichtlich hatte die Gliederung in Kasten in Indien darüber hinaus eine wichtige Funktion für die wirtschaftliche und soziale Organisation einer sehr großen, in sich wenig homogenen Gesellschaft. Das System der Kasten ist für die meisten Hindus fest mit der Vorstellung verbunden, dass das Hineingeborenwerden in eine bestimmte, möglicherweise niedrigere Kaste eine Folge des Karmas und deshalb mitnichten nur Ausdruck von Ungerechtigkeit ist. Diesen Aspekt sah vermutlich auch Mahatma Gandhi, wenn er in seiner Definition von 1921 das Kastenwesen zu einem zentralen Merkmal des Hinduismus erklärte. Gleichzeitig ist bekannt, dass Gandhi sich auch für die Belange der Kastenlosen einsetzte. Offensichtlich wollte er die positiven Aspekte einer typisch indischen Gliederung der Gesellschaft betonen, die mit dem Kastensystem unübersehbar verbundenen sozialen Diskriminierungen aber bekämpfen.

Durch die indische Verfassung von 1949 wurde das Kastensystem offiziell abgeschafft. In vielerlei Hinsicht scheint Indien seither seine alten Traditionen abgelegt zu haben: Von 1966 bis 1977 und von 1980 bis 1984 wurde Indien von Indira Gandhi, also von einer Frau, regiert. Kocheril Raman Narayanan (*1920) gehört eigentlich zu der Gruppe der kastenlosen »Unberührbaren«; er wurde dennoch 1997 zum Staatspräsidenten gewählt. Trotzdem bestimmt das Kastenwesen – gerade in den ländlichen Gebieten – nach wie vor das tägliche Leben zahlreicher Inderinnen und Inder. Vermutlich haben wir es mit einem sehr langen Weg des Übergangs von einer durch uralte Traditionen geprägten Agrargesellschaft zu einer modernen Industriegesellschaft mit demokratischem Anspruch zu tun. Solch ein Weg kann sehr weit sein. Für viele Menschen muss die neue Gesellschaftsform erst einmal das leisten, was die »alte Zeit« – zumindest mit einem gewissen Erfolg im Hinblick auf die Stabilität der indischen Gesellschaft – geleistet hat. Solche Transformationsprozesse sind auch uns Europäerinnen und Europäern bekannt.

Man mache sich nur bewusst, dass Frauen in Deutschland erst nach dem Ersten Weltkrieg das allgemeine Wahlrecht zugestanden wurde, dass bis 1957 formaljuristisch ganz selbstverständlich der Ehemann der Vorstand der Familie war und dass viele Fragen der Gleichberechtigung von Mädchen und Frauen heute zwar gesetzlich geregelt, aber keineswegs praktisch geklärt sind. Ähnliches gilt für den Zusammenhang von Bildung und sozialer Herkunft. Hier haben die Erhebungen der so genannten PISA-Studie ebenfalls ein nach wie vor vorhandenes Defizit an »Chancengleichheit« ergeben.

Als ein anderer Versuch, das Leben zu »gliedern«, kann im Hinduismus das Konzept der *Lebensstadien* gelten. Es gilt nur für die männlichen Mitglieder der drei oberen Hauptkasten. Im Idealfall, der gerade auch im heutigen modernen Indien von den wenigsten erreicht werden kann, soll das Leben für diese Männer vier charakteristische Phasen aufweisen:

- Das erste Lebensstadium ist das des Schülers, der aufmerksam die heiligen Schriften studiert.
- Das zweite Lebensstadium ist das des Familienvaters, der Kinder zeugt, seine Familie ernährt, einen gewissen Wohlstand erwirbt und auch Bedürftigen davon abgibt.
- Wenn der Familienvater alt geworden ist und die Kinder versorgt sind, soll er sich von seiner Frau und seiner Familie zurückziehen. Früher lebte er in diesem dritten Lebensstadium in der freien Natur, heute zieht er sich meist in bestimmte Bereiche des Hauses zurück, in denen er sich bisher vernachlässigten Aspekten des Lebens widmet, insbesondere der Meditation und dem Rückblick auf das bisherige Leben.
- Dieses Lebensstadium leitet über zur vierten Lebensphase des Asketen oder *sannyasin*, der auf alles Materielle verzichtet, auf sich allein gestellt umherzieht, seine Gedanken vor allem um *atman* und *brahman* kreisen lässt und nur noch vom Betteln lebt. Als angesehener und von allen verehrter Weiser, der ein großes Lebenswissen angesammelt hat, lässt er andere Menschen an seinen Erfahrungen und Erkenntnissen teilhaben.

Wie würde wohl für uns westliche Menschen solch ein idealer, erstrebenswerter Lebenslauf aussehen?

Und was ist mit den heiligen Kühen? – Kühe werden in Indien als heilige Tiere verehrt. Man darf ihr Fleisch nicht essen. Sie dürfen ungehindert den Verkehr von Großstädten behindern; ja es gibt sogar Alters- und Pflegeheime für Kühe. Dies alles erscheint in unseren Augen mehr als merkwürdig. Und so steht die Redewendung *Heilige Kühe* im Deutschen auch für vieles, was wir als unsinnig, unbegründet, überflüssig und überholt ansehen.

Die Ursprünge der Verehrung der Kuh sind – wie so vieles in der Geschichte des Hinduismus – nicht völlig geklärt. Sicher ist, dass die Kuh schon in den Veden als göttliches Tier gesehen wurde. Kühe wurden in vedischer Zeit aber wohl auch geopfert und verzehrt. Es wird vermutet, dass im 6. Jahrhundert v.Chr. eine Zunahme der Bevölkerung zu einer Verknappung des Rinderbestandes führte. Darauf habe man mit einem generellen Tötungsverbot der Kühe reagiert, das bis auf den heutigen Tag Gültigkeit behalten habe. Nicht zu übersehen ist, dass die Bedeutung der Kuh seit etwa 200 Jahren von Hindus in besonderer Weise betont wird, um sich von Muslimen und Christen abzu-

Wanderasket, unter dessen Turban sich vier Meter langes Haar verbirgt.

Sannyasin. Sanskrit »Entsagender«, »Weltflüchtiger«, »Asket«.

Kühe auf dem Mittelstreifen einer großen Verkehrsader der indischen Hauptstadt Neu Delhi.

Dieses Bild wird in Indien als Plakat verkauft: Die Kuh als alle Wünsche gewährendes, hoch verehrtes Tier, als Mutter allen Lebens. Sie steht in einer idyllischen, paradiesisch anmutenden Landschaft und trägt in ihrem Bauch zahlreiche Gottheiten.

grenzen. Der Kuh wurde in Indien einen hohe symbolische Bedeutung zugesprochen; sie steht für Schöpferkraft, Wachstum, Wohlstand und Leben. Und in der Tat geben Kühe nicht nur Milch, sie sind auch willige Zugtiere, ihr Kot kann als Dünger verwendet werden, getrocknete Kuhfladen dienen als Brennstoff.

Nun kann man sich in einem westlichen Land mit Milchüberschüssen fragen, ob beim Pflügen der Felder nicht Traktoren günstiger wären, ob chemischer Dünger nicht mehr Effektivität bringe, ob man nicht auch mit Öl, Gas oder Sonnenenergie heizen könnte oder ob Millionen Kühe nicht den Hunger vieler unterernährter Inderinnen und Inder stillen könnten. Solche Überlegungen gehen weitgehend an den Realitäten und Traditionen eines Entwicklungslandes vorbei, verkennen aber vor allem den symbolischen Gehalt, den man in Indien der Kuh beimisst. Mahatma Gandhi hat diesen symbolischen Gehalt sehr eindrücklich beschrieben, und wenn wir bedenken, wie wir in Europa in Mastbetrieben, bei Viehtransporten und in Schlachthöfen mit Rindern umgehen, könnte das Symbol der Kuh wohl auch für uns selbst ein wichtige Botschaft enthalten:

»Im Mittelpunkt des Hinduismus steht der Schutz der Kuh. Für mich ist der Schutz der Kuh eine der wunderbarsten Erscheinungen in der menschlichen Entwicklung. Er führt den Menschen über seine eigene Spezies hinaus. Für mich bedeutet die Kuh die gesamte nichtmenschliche Schöpfung. Durch die Kuh ergeht an den Menschen der Auftrag, seine Einheit mit allem, was lebt, zu verwirklichen. Es ist für mich klar, warum die Kuh für diese Apotheose gewählt wurde. In Indien ist die Kuh der beste Freund, das Füllhorn. Sie gab nicht nur Milch, sie machte die Landwirtschaft erst möglich. Die Kuh ist ein Gedicht des Mitleids. Man kann Mitleid an dem freundlichen Tier lernen. In Indien ist sie die Mutter von Millionen. Schutz der Kuh heißt Schutz der ganzen stummen Kreatur Gottes … Dies ist das Geschenk des Hinduismus an die Welt. Und der Hinduismus wird leben, solange es Hindus gibt, die die Kuh beschützen.«

Mohandas Gandhi

Apotheose. Griechisch-lateinisch »Vergottung«, »Verklärung«, »Verherrlichung«.

Das indische Alltagsleben ist geprägt von einer bunten Mischung aus Tradition und westlicher Moderne.

Zeit und Wirklichkeit

Will man den Unterschied zwischen abendländischem und hinduistischem Denken in seiner ganzen Tragweite erfassen, dann lohnt es sich, nicht nur über Phänomene wie Kasten oder heilige Kühe, sondern auch über das jeweilige Verständnis von Wirklichkeit nachzudenken. Dazu gehört vor allem das völlig andere Verständnis von Zeit. Der Unterschied wird deutlich, wenn wir ein indisches Gemälde des 18. Jahrhunderts mit einem berühmten Kupferstich von Albrecht Dürer vergleichen:

Das auf der gegenüberliegenden Seite abgebildete Gemälde zeigt *Vishnu*, neben Shiva einer der ganz großen und von vielen Menschen besonders intensiv verehrten Götter Indiens.

Vishnu liegt auf *Sesha*, einer vielköpfigen Schlange, Symbol der Ewigkeit, die wie ein Boot auf dem Ozean treibt. Zu Vishnus Füßen sitzt seine Gemahlin Lakshmi und streichelt ihm sanft Beine und Füße. Eine Legende erzählt, dass in Urzeiten die ganze Welt mit Wasser bedeckt war und Vishnu, entspannt schlummernd, von der Erschaffung der Welt träumte. Dabei wuchs aus dem Nabel Vishnus eine Lotusblüte. Auf dieser Lotusblüte sitzt ein weiterer Gott: *Brahma*, der Schöpfer aller Welten. Brahmas Kopf hat vier Gesichter, die in alle Himmelsrichtungen schauen. In seinen Händen hält er die Veden.

Die Szene drückt unendliche Ruhe und große Gelassenheit aus. Dieses Lebensgefühl kann man erst so richtig einschätzen, wenn man bedenkt, welche Vorstellungen damit im Hinduismus verbunden werden:

Vishnu. »Der Alldurchdringende« gilt im Hinduismus als Bewahrer und Erhalter der kosmischen Ordnung. Beliebtes Motiv für Skulpturen und Malereien sind seine Inkarnationen oder *avataras*. Wenn die Ordnung der Welt bedroht ist, schickt Vishnu den Menschen einen avatara. Nach einem weit verbreiteten Schema werden zehn Inkarnationen Visnus gezählt, zu denen neben Krishna z.B. auch Buddha gehört.

Brahma. Wird einerseits in manchen älteren Traditionen als höchster Schöpfergott angesehen, wird heute in Indien aber kaum mehr verehrt. Der als Person vorgestellte Brahma ist zu unterscheiden von *brahman*, dem unpersönlichen, absoluten Urgrund des Seins.

Das Leben des Brahma beträgt 100 Brahmajahre, von denen jedes 360 Brahmatage hat. An jedem Brahmatag blinzelt Vishnu, der Erhalter und Beschützer der Welt, 10 000-mal. Jedesmal, wenn seine Augenlider sich öffnen, erscheint ein Weltall und dauert 12 000 göttliche Jahre. Wenn er seine Augen schließt, verschwindet das Weltall. Jedes göttliche Jahr besteht aus 360 Menschenjahren. Wenn wir das alles miteinander multiplizieren und annehmen, dass zwischen dem Ende eines Blinzelns und dem Beginn des nächsten keine Zeit vergeht, beträgt die Lebenszeit eines Brahma 155 520 Billionen Menschenjahre. Wenn Vishnus Traum vorüber ist, schließt sich der Lotus; dann ist eine Brahmazeit vergangen. Wenn Vishnus Traum wieder beginnt, öffnet sich der Lotus wieder, und der neue Brahma beginnt seine Aufgabe. Die Zahlenangaben sind nicht immer die gleichen; sie hängen davon ab, wo man nachsieht. Wie mit den 3,12 Billionen Dollar, die die Welt in den letzten zwanzig Jahren für die Rüstung ausgegeben hat, beabsichtigen die Hindu, dem Feind eine Botschaft zu schicken.

Julius T. Fraser

Indische Malerei, um 1750.

Menschen, die mit solchen Mythen aufwachsen, gehen davon aus, dass ihr jetziges Leben, genauso wie alles Leben, nur eines von vielen in einem anfangs- und endlosen Kreislauf von Existenzen ist. Alles Leben, selbst das von Göttern wie Brahma, steht unter diesem Gesetz. Wer so denkt und fühlt, muss die Wirklichkeit anders wahrnehmen als Menschen unseres eigenen Kulturkreises. Juden, Christen und Muslime, aber auch Europäer und Amerikaner, die nicht an Gott glauben, sind in aller Regel der Überzeugung, dass der Kosmos einen Anfang gehabt hat, dass seitdem, linear und unumkehrbar, ein geschichtlicher Prozess abläuft und dass dieser Prozess irgendwann auch einmal ein Ende haben wird. Das Leben von uns Menschen spielt sich zwischen Anfang und Ende dieses geschichtlichen Prozesses ab, und jeder Mensch hat nur eine einzige, ihm zur Verfügung stehende Lebenszeit. Dieses westliche Lebensgefühl lässt sich gut an Albrecht Dürers Kupferstich *Ritter, Tod und Teufel* von 1513 erläutern:

»Zieht an die Waffenrüstung Gottes, damit ihr bestehen könnt gegen die listigen Anschläge des Teufels.

Denn wir haben nicht mit Fleisch und Blut zu kämpfen, sondern mit Mächtigen und Gewaltigen, nämlich mit den Herren der Welt, die in dieser Finsternis herrschen, mit den bösen Geistern unter dem Himmel.

Deshalb ergreift die Waffenrüstung Gottes, damit ihr an dem bösen Tag Widerstand leisten und alles überwinden und das Feld behalten könnt.

So steht nun fest, umgürtet an euren Lenden mit Wahrheit und angetan mit dem Panzer der Gerechtigkeit, und an den Beinen gestiefelt, bereit, einzutreten für das Evangelium des Friedens.

Vor allen Dingen aber ergreift den Schild des Glaubens, mit dem ihr auslöschen könnt alle feurigen Pfeile des Bösen, und nehmt den Helm des Heils und das Schwert des Geistes, welches ist das Wort Gottes.

Betet allezeit mit Bitten und Flehen im Geist und wacht dazu mit aller Beharrlichkeit im Gebet ...«

Epheser 6,10–20

Rechte Seite:
Albrecht Dürer, Ritter, Tod und Teufel (1513).

Dürer selbst nannte dieses Bild den »Reuter«. Dieser »Reuter« oder Reiter kann als Illustration einer Stelle aus dem Epheserbrief gesehen werden. Ein Schüler des Apostels Paulus legt dort der christlichen Gemeinde in Ephesus nahe, die »Waffenrüstung Gottes« anzulegen. Die Waffenrüstung besteht u.a. aus dem »Panzer der Gerechtigkeit«, einem »Lendengürtel der Wahrheit«, »Stiefeln«, die bereit sind, für das Evangelium einzutreten, einem »Schild des Glaubens«, einem »Helm des Heils« und einem »Schwert des Geistes«. Dieses Bildmotiv war im ausgehenden Mittelalter und zu Beginn der Neuzeit allgemein verbreitet. Es gehörte zur gängigen Vorstellung eines Ritters, speziell auch eines Kreuzritters, der sich als Soldat Christi verstand. Seit Ende des 15. Jahrhunderts wurde dieses christliche Rittertum zunehmend im übertragenen, spirituellen Sinn gesehen.

Der Glaubensritter unseres Bildes reitet durch eine Schlucht, eine der vielen Schluchten, durch die der Lebensweg eines Menschen führt, könnte man sagen. Zwei merkwürdige Wesen versuchen ihn abzupassen:

Da ist zum einen der Teufel. Er ist wild dargestellt, mit einem Horn auf der Stirn und einer spitzen Waffe, einem so genannten »Rossschinder«, in der linken Hand. Alles an dieser Gestalt, aber auch die Pflanzenwelt um sie herum, erscheint spitz, stachelig, unordentlich.

Der Ritter jedoch, von rechts nach links reitend, hat diese Welt der Unordnung schon fast hinter sich gelassen.

Da tritt ihm eine andere Gestalt entgegen. Es ist der Tod; er ist menschlicher gezeichnet als der Teufel: Der Tod ist beritten, er trägt eine Krone und hält eine Sanduhr in der Hand. In dieser Sanduhr, die er dem Ritter zeigt, befindet sich noch relativ viel Sand, aber dass sie einmal abgelaufen sein wird, ist offensichtlich: Links unten im Bild, über dem Monogramm Albrecht Dürers, liegt ein Totenschädel. Auch der Tod hat etwas Wildes. Sein Aussehen ist ungepflegt, sein Haar zottelig. Schlangen kriechen daraus hervor. Sein Pferd macht im Vergleich zu dem des Ritters einen hinfälligen, verwahrlosten Eindruck. Es hat den Kopf zur Erde geneigt und trägt um den Hals eine Glocke, die an die ständige Gegenwart des Todes erinnern soll.

Und dann der Reiter. Er sitzt frei, gelöst und aufrecht auf einem gepflegten, Kraft strotzenden Ross. Er reitet überlegen und in Siegerhaltung unbeirrbar seinen Weg, gelassen und zielstrebig, ebenso wie der zu ihm gehörige Hund, traditionell ein Symbol der Zuverlässigkeit und Treue. Mit seiner Lanze, die als Hauptachse diagonal das ganze Bild in zwei Hälften teilt, trennt er seinen Lebensraum von dem des Todes ab.

Ein weiteres Bildelement ist noch nicht beschrieben: Ganz oben, in einer Sphäre des Lichts, in wohl geordneter Natur sehen wir eine stattliche Burg. Auf sie verweist das aufgeklappte Visier des Reiters, mit ihr ist er durch Lichteffekte verbunden. Zu dieser Burg reitet der

Ritter hin. Liest man das Ganze vor neutestamentlichem Hintergrund, dann wird man die Burg als mitteleuropäisch-fränkische Variante des himmlischen Jerusalem sehen können.

 Offenbarung 21

Nimmt man alles zusammen, so lässt sich sagen: Der Ritter des Glaubens hat in Christus das Wilde, Ungeordnete, Böse überwunden. Er ist sich seines Todes und der Einmaligkeit seines Lebens bewusst. Und dennoch und gerade deshalb reitet er unbeirrbar und souverän, ein klares Ziel vor Augen, seinen Weg.

Sein Ziel ist das himmlische Jerusalem, eine feste Burg, in der Tod und Teufel von Christus bereits endgültig und für alle Zeiten besiegt sind.

Der grundlegende Unterschied zwischen dem hinduistisch und dem christlich geprägten Lebensmodell liegt auf der Hand. Doch eine abschließende Bewertung fällt schwer:

Hindu im Gebet vor seinem Hausaltar.

Führt unsere abendländische Vorstellung von einem zielgerichteten Ablauf der Wirklichkeit und dem einen Leben, das wir nutzen sollen, zu mehr Neugier, zu mehr Initiative und mehr sozialem Engagement? Oder überwiegt der Aspekt des Unruhigen und Hektischen, des Ver-

krampften, verbunden mit dem Wunsch, die Welt um jeden Preis, und sei es mit Gewalt, besser zu machen? Empfinden wir es als Trost und Chance oder als Drohung, dass dieses eine Leben unser einziges ist?

Und was ist mit der hinduistischen Vorstellung eines endlosen Kreisens der Wirklichkeit, ohne Anfang und Ziel, verbunden mit dem Gedanken eines ewigen Kreislaufes der Existenzen? Verspricht sie mehr Ruhe und Gelassenheit als unser auf ein »Ende« zulaufendes Zeitverständnis? Oder liegt in ihr möglicherweise die Gefahr der Gleichgültigkeit, des Sich-Abfindens mit dem Schicksal – sowohl mit dem eigenen als auch dem anderer Menschen?

Wie verschieden die beiden religiösen Traditionen sind, merken Christen im Gespräch mit Hindus immer dann, wenn sie auf die Bedeutung zu sprechen kommen, die Jesus Christus für ihren Glauben

Der hinduistische Priester Siva Sri Paskarakurukkal betet vor dem Turm des Hindu-Tempels in Hamm-Uentrop, der im Juli 2002 fertig gestellt worden ist. Es handelt sich um Europas größten Hindu-Tempel. An besonderen Feiertagen sollen hier demnächst bis zu 10 000 Hindus aus ganz Europa beten.

www.kamadchi-ampal.de

hat. Über vieles kann man sich verständigen, vieles an der jeweils anderen Tradition kann man als Bereicherung empfinden, doch dann wird deutlich: Für Christinnen und Christen hat sich Gott ein für alle Mal in Jesus Christus gezeigt und festgelegt. Es gibt für sie nur diese eine Inkarnation Gottes, an der sich alle Wirklichkeit und alle Geschichte messen lassen müssen. Für gebildete Hindus macht es keine Schwierigkeit, Jesus von Nazareth als eine Inkarnation des Göttlichen zu betrachten; sie könnten ihn ohne große Mühe in die vielfältige Welt ihrer Gottheiten integrieren. Aber er wäre für sie eben »nur« eine Inkarnation des Göttlichen neben vielen anderen.

In einem längeren Dialog zwischen Horst Georg Pöhlmann, einem christlichen Theologieprofessor, und Swami Harshananda, dem Abt eines hinduistischen Klosters in Bangalore, findet sich folgende Passage:

»Harshananda: Gott ist größer als Jesus, wenn er auch in Jesus Mensch wird. Jesus ist eine der vielen Rollen, die Gott spielt, nicht die einzige, eine der vielen Inkarnationen Gottes, nicht die einzige. Und wir kennen nur die Rollen, die der Schauspieler spielt, nicht den Schauspieler selbst. Er bleibt verborgen oder er hört auf, Gott zu sein. Er bleibt unbegrenzt oder er hört auf, Gott zu sein. Würde Gott sich auf *eine* Inkarnation festlegen, dann würden wir Gott begrenzen und verfügbar machen. Gott ist grenzenlos. Wer könnte diesen Ozean ausschöpfen?

Pöhlmann: Ich kann hier nur wieder dagegenhalten: Mein Gott hat sich selbst begrenzt und sich unwiderruflich mit diesem Jesus identifiziert, um ein echter Mensch zu werden, um mit uns auf gleich zu sein und solidarisch zu werden bis ins Leid. Dieser Gott will es nicht besser haben als wir. Er wird wie wir, macht unsere Not zu seiner Not, unsere Sache zu seiner Sache. Er spielt nicht nur die Rolle eines Menschen. Er *ist* Mensch, Mensch wie ich. Das allein überzeugt mich an diesem Gott. Gott ist kein Schauspieler, der in immer neue Rollen schlüpft. Er legt sich ein für alle Mal fest auf die Rolle des Gekreuzigten, der aus Liebe zu mir in den Tod geht. Ich kann nur an diesen Gott am Kreuz glauben. An einen andern Gott könnte ich nicht glauben oder ich wäre Atheist.

Harshananda: Wir gehen ganz verschiedene Wege, aber mit demselben Ziel. Wer von uns den längeren oder kürzeren Weg geht, wissen wir nicht.«

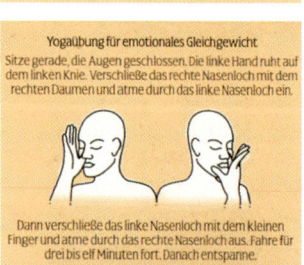

Ayurveda. Sanskrit »Wissen vom Leben«; altindische Heilkunst.

Buddhismus

Siddhartha Gautama – der Buddha

Anders als bei den traditionellen Religionen und beim Hinduismus ist der Ursprung des Buddhismus eindeutig auszumachen. Es gab einen Menschen, der am Anfang dieser Religion stand und auf den sich ihre Anhänger bis heute berufen. Und anders als bei den traditionellen Religionen und beim Hinduismus begegnet uns im Buddhismus zum ersten Mal in der Geschichte der Religionen der Anspruch, nicht nur für ein bestimmtes Volk, sondern für alle Menschen zu gelten.

Der Gründer des Buddhismus lebte nach buddhistischen Traditionen zwischen 560 und 480 v.Chr. im Grenzgebiet zwischen Indien und Nepal; westliche Forscher nehmen an, er habe ungefähr 100 Jahre später gelebt. Sein Familienname war Gautama, sein Vorname Siddhartha. Er wurde – so berichtet die Tradition – als Sohn eines Provinzfürsten in Kapilawastu geboren und wuchs in großem Wohlstand auf. Mit sechzehn Jahren wird er, für damalige Verhältnisse nicht ungewöhnlich, mit einer gleichaltrigen Kusine verheiratet, mit der er, im Alter von etwa 28 Jahren, einen Sohn zeugt. Der Begründer des Buddhismus führt zunächst also das Leben eines privilegierten, einigermaßen verwöhnten jungen Mannes, der zum Thronfolger seines Vaters bestimmt ist. Zusätzlich zu allen anderen Annehmlichkeiten ist es ihm auch noch vergönnt, vor der grandiosen Kulisse des Himalaya aufwachsen zu dürfen.

Himalaya-Landschaft.

Siddhartha. Wörtlich »einer, der seine Aufgabe vollendet hat«.

Achsenzeit. Der Philosoph Karl Jaspers (1883-1969) hat darauf hingewiesen, dass sich in der Zeit zwischen 800 und 200 v. Chr. in verschiedenen Teilen der Welt herausragende geistige Persönlichkeiten zu Wort meldeten: In China die Philosophen Konfuzius und Laotse, in Indien Siddhartha Gautama, im Iran der Religionsgründer Zarathustra, in Israel Propheten wie Jesaja oder Jeremia, in Griechenland geniale Denker wie Homer, Heraklit oder Plato. Nach Jaspers wurden in diesem Zeitraum »die Weltreligionen geschaffen, aus denen die Menschen bis heute leben.« Jaspers nannte diese Epoche deshalb »Achsenzeit«.

Siddhartha Gautama als Asket, Schieferstatue aus Gandara/ Pakistan, 3. Jahrhundert n.Chr.

Rechte Seite: Treffen junger buddhistischer Mönche in Thailand.

Kurz nach der Geburt seines Sohnes verlässt Siddhartha Gautama seine Familie und lebt das Leben eines *sannyasins*, d.h. eines Mannes, der ohne Hab und Gut durch die Lande zieht und nach der Erkenntnis der Wahrheit sucht. Die Legende erzählt von vier einschneidenden Erlebnissen, die den jungen Fürstensohn dazu bewegen, Wohlstand und Komfort hinter sich zu lassen. Bei Ausfahrten mit einem Diener begegnet der bislang von allen Widrigkeiten des Lebens verschonte Siddhartha Gautama zunächst einem schwachen Greis, dann einem Kranken, der starke Schmerzen hat, und schließlich dem Leichnam eines gerade Verstorbenen. Siddhartha Gautama ist von diesen Eindrücken überwältigt und erkennt die Oberflächlichkeit und Vergänglichkeit seines bisherigen Lebens. Bei einer vierten Ausfahrt trifft er auf einen Bettelmönch, der ihn durch seine Ruhe und Gelassenheit beeindruckt und dessen Lebensmodell er ab sofort übernimmt.

Siddhartha Gautama lernt, der Tradition des Hinduismus folgend, bei zwei spirituellen Meistern die Praxis des Yoga und andere Meditationsmethoden. Der eingeschlagene Weg bietet ihm jedoch nicht, was er sich erhofft. Er ändert sein Leben erneut und führt, begleitet von fünf Schülern, ein streng asketisches Leben. Er verzichtet weitestgehend auf Essen und Trinken, setzt sich großer Hitze aus, schläft auf Dornen, versucht sich in lebensgefährlichen Atemübungen und will so eine Erleuchtung erzwingen. Am Ende dieser Lebensphase ähnelt er, der Überlieferung nach, mehr einem Skelett als einem lebendigen Menschen.

Nach sechs Jahren bricht Siddhartha Gautama diese extreme Askese ab. Er nimmt wieder Nahrung zu sich und sucht einen mittleren Weg zwischen Askese und ungebremstem Sinnesgenuss. Seine fünf Schüler sind enttäuscht und trennen sich von ihm.

Die alles entscheidende Erfahrung macht der Begründer des Buddhismus dann in einem nordindischen Städtchen. Siddhartha Gautama sitzt lange Zeit meditierend unter einem Feigenbaum und erkennt in einer tiefen Meditation, die unter großen Anfechtungen mehrere Tage und Nächte gedauert haben soll, die wahren Zusammenhänge des Lebens. Von diesem Zeitpunkt an wird Siddhartha Gautama *Buddha* genannt, auf deutsch: »der Erwachte«, »der Erleuchtete«. Uruvela, der Ort dieses Ereignisses, ist bis heute eine wichtige Erinnerungsstätte des Buddhismus.

Die fünf Asketenschüler, die Siddhartha Gautama verlassen hatten, kehren zu ihrem Lehrer zurück und werden seine ersten Gefolgsleute. Sie bilden den Anfang der buddhistischen Mönchsgemeinde, den *sangha*. Der erwachte Buddha zieht mit seinen Anhängern, zu denen bald weitere Männer und später auch Frauen stoßen, 45 Jahre lang lehrend und predigend durch Nordindien. Zahlreiche Legenden berichten, dass Siddhartha Gautama am Schicksal anderer Menschen Anteil nahm, großes Einfühlungsvermögen zeigte, seinen Gegnern

Wirkungsstätten Siddhartha Gautamas.

verzieh und eine ausgeprägte Gabe besaß, verfeindete Menschen miteinander zu versöhnen.

Kennzeichen der neuen Mönchsgemeinschaft waren vermutlich schon damals der kahl geschorene Kopf und ein gelbrötliches Gewand.

Im Alter von 80 Jahren stirbt Siddhartha Gautama, der Buddha, meditierend bei Kusinara in Nepal, möglicherweise an den Folgen einer Lebensmittelvergiftung. Sein Leichnam wird, der damaligen Tradition gemäß, verbrannt. Einen Nachfolger oder Stellvertreter hat er nicht ernannt.

Ehe wir uns nun der Lehre dieser neuen Religion zuwenden, mag ein kurzer Vergleich mit Jesus von Nazareth, der Person, die am Anfang der christlichen Religion steht, aufschlussreich sein. Zunächst zeigen sich eine Fülle von Gemeinsamkeiten und Ähnlichkeiten:

- Sowohl Siddhartha Gautama als auch Jesus von Nazareth lehren in der Sprache des einfachen Volkes (in einem nordindischen Dialekt beziehungsweise in der Volkssprache Aramäisch) und nicht in den heiligen, aber für die meisten Menschen damals kaum mehr verständlichen Sprachen Sanskrit oder Hebräisch.
- Beide verzichten auf eine Niederschrift ihrer Lehren. Sie erklären das, was ihnen wichtig ist, nicht in systematischen Vorträgen, sondern in alltagsnahen, verständlichen Gleichnissen, Geschichten und Spruchweisheiten.
- Die Predigt beider zeigt große Wirkung, sie spricht zahlreiche Menschen unmittelbar an.
- Sowohl Jesus von Nazareth als auch Siddhartha Gautama stehen in der Tradition einer anderen, älteren Religion. Sie sind ohne Kenntnisse des Hinduismus bzw. des Judentums nicht zu verstehen.
- Beide setzen sich kritisch mit den religiösen Traditionen, aus denen sie kommen, auseinander. Dementsprechend kommt es bei beiden zu Spannungen zwischen der eigenen Lehre und den religiösen Institutionen und Autoritäten ihrer jeweiligen Zeit.
- Für beide Prediger ist die Lehre, die sie verkünden, wichtiger als ihre eigene Person.
- Die Ehrentitel *Buddha* bzw. *Christus* werden ihnen erst von ihren Anhängerinnen und Anhängern zuerkannt.

Doch auch die Unterschiede zwischen Siddhartha Gautama und Jesus von Nazareth liegen auf der Hand:

- Der eine kommt aus einem reichen, privilegierten Elternhaus, der andere aus einer Handwerkerfamilie.
- Siddhartha Gautama hatte Frau und Kind, von Jesus wird dies nicht berichtet.

Aramäisch. Semitische Sprache, eng mit dem Hebräischen verwandt; zur Zeit Jesu im gesamten Nahen Osten eine allgemein gebräuchliche Verkehrssprache mit einer ähnlichen Funktion wie heute das Englische.

Christus. Griechische Übersetzung des hebräischen Wortes *Messias* »der Gesalbte«. Gesalbt wurden in Israel vor allem auch Könige. Der von den Juden zur Zeit Jesu erwartete Gesalbte sollte nach allgemeiner Erwartung die Nachfolge des großen Königs David antreten.

- Der eine wird achtzig Jahre alt und stirbt an einer für damalige Verhältnisse nicht ungewöhnlichen Krankheit, der andere wird durch eine der grausamsten Hinrichtungsarten, durch Kreuzigung, im Alter von nur etwa dreißig Jahren als angeblicher Verbrecher und Aufrührer hingerichtet.
- Dementsprechend unterschiedlich sind in der Geschichte der beiden Religionen die Darstellungen von Siddhartha Gautama und Jesus: Buddha wird in aller Regel in der Gestalt eines meditierenden, körperlich und geistig entspannten, über die Welt und ihre Anfechtungen und Verlockungen erhabenen Menschen gezeigt. Jesus hingegen wird von Christinnen und Christen sehr oft als ein gefolterter und gequälter, leidender Mensch dargestellt.

Wandmalerei in einem buddhistischen Tempel: »Erwachen« des Buddha unter dem sog. Boddhi-Baum (von Sanskrit *bodhi* »Erleuchtung«).

Das Rad der Lehre setzt sich in Bewegung

Die buddhistische Überlieferung berichtet, Buddha habe nach dem »Erwachen« unter dem Feigenbaum seine erste große Rede im »Gazellenpark« in der Nähe der indischen Stadt Benares (Varanasi) gehalten. Mit dieser Rede habe er, wie es im Buddhismus heißt, »das Rad der Lehre (des *dharma*) in Bewegung gesetzt«. Worin besteht diese Lehre?

Radsymbol zwischen zwei Gazellen, Temple des mille Bouddhas in La Boulaye/Frankreich. Das Rad ist ein zentrales Symbol des Buddhismus. Es steht für die Sonne, die ihr Licht und ihre Wärme über alle Lebewesen verbreitet und über alle Länder rollt. Als »Rad der Lehre« hat das Rad acht Speichen und erinnert an den von Buddha gelehrten »edlen achtteiligen Pfad«.
www.mille-bouddhas.com

Das große Thema des Gautama Buddha ist das Leiden, dem alles Leben unterworfen ist. Das oberste Ziel seiner Verkündigung ist dementsprechend die Befreiung vom Leiden. »Leiden« meint nach buddhistischem Verständnis nicht nur schwere Krankheit oder Not, sondern auch all die kleinen Enttäuschungen und Bekümmernisse, all die unerfüllten Wünsche und Träume, die unser Leben tagein, tagaus prägen. Buddha fragt nun, woher dieses Leiden kommt. Seine Antwort ist denkbar einfach und besteht aus »vier edlen Wahrheiten«:

Linke Seite:
Otto Dix, Große Kreuzigung (1948).

Der japanische Zen-Buddhismus (vgl. S. 112ff.) nimmt die Lehre des historischen Gautama Buddha im Gedanken des *satori* auf. Satori meint die vollständige Befreiung von den Fesseln des eigenen Ich; der Weg dorthin wurde in Japan schon früh durch Ochsenbilder veranschaulicht. Der Ochse symbolisiert das Wesen des Menschen. In den Bildern wird die Situation des Menschen in der Entfremdung von seinem wahren Wesen, die Suche, der immer tiefer eindringende Erkenntnisprozess und schließlich das vollkommene Einssein, die Auflösung zwischen »Ich« und »Anderes«, dargestellt.

- Dies, ihr Mönche, ist die edle Wahrheit vom Leiden. Geburt ist Leiden, Alter ist Leiden, Krankheit ist Leiden, Tod ist Leiden; mit Unliebem vereint sein ist Leiden, von Liebem getrennt sein ist Leiden; nicht erlangen, was man begehrt, ist Leiden: kurz, die fünf Gruppen der Elemente, die das leiblich-geistige Dasein ausmachen, sind Leiden.

- Dies, ihr Mönche, ist die edle Wahrheit von der Entstehung des Leidens: Es ist der Durst, der zur Wiedergeburt führt, samt Freude und Begier, hier und dort seine Freude findend: der Lüstedurst, der Werdedurst, der Vergänglichkeitsdurst.

- Dies, ihr Mönche, ist die edle Wahrheit von der Aufhebung des Leidens: die Aufhebung dieses Durstes durch restlose Vernichtung des Begehrens, ihn fahren lassen, sich seiner entäußern, sich von ihm lösen, ihm keine Stätte gewähren.

- Dies, ihr Mönche, ist die edle Wahrheit vom Wege zur Aufhebung des Leidens: es ist dieser edle achtteilige Pfad, der da heißt: rechtes Glauben, rechtes Entschließen, rechtes Wort, rechte Tat, rechtes Leben, rechtes Streben, rechtes Gedenken, rechtes Sichversenken.

Suche nach dem Ochsen.

Erblicken der Spuren.

Man hat die Abfolge dieser vier edlen Wahrheiten mit dem Vorgehen eines Arztes verglichen. Die erste Wahrheit beschreibt die Symptome der Krankheit, die zweite ist die Diagnose, die dritte nennt die Therapie, die vierte die einzunehmenden Medikamente. Alles Wollen und Wünschen, alle Gier sollen zurückgenommen werden, dann kann es auch keine Enttäuschung und kein Leiden mehr geben. Dieser ersehnte Zustand wird *nirvana* genannt. Der beste Weg zu ihm ist der in der »vierten edlen Wahrheit« empfohlene Weg, der in der Geschichte des Buddhismus insbesondere für Mönche und Nonnen zur Lebensregel wurde.

Unsere gegenwärtige westliche Gesellschaft wird gelegentlich als »Spaß-« oder auch »Erlebnisgesellschaft« bezeichnet. Unterhaltung, Abwechslung, intensives Erleben haben für die meisten von uns einen hohen Stellenwert. Da mutet es einerseits merkwürdig an, dass das ganze Leben Leiden sein soll. Andererseits spüren manche Menschen vielleicht, dass mit dieser Sichtweise gerade der wunde Punkt einer nur oberflächlichen Lebenskultur getroffen sein könnte. Vielleicht haben all die hektischen Aktivitäten und die Jagd nach »fun« nur die Funktion, uns von einer inneren Unruhe und Unzufriedenheit, aber auch von dem Leid und der Ungerechtigkeit um uns herum abzulenken.

Eine andere, noch größere Herausforderung für unser westliches Selbstverständnis ist der in der »ersten edlen Wahrheit« angesprochene Gedanke der »fünf Gruppen der Elemente, die das leiblich-geistige Dasein ausmachen«. Das Sanskritwort für diese »Gruppen der Elemente« ist *skandhas*. Gemeint sind:

- unser Körper, also Knochen, Muskeln, Haut, Organe, Fettgewebe;
- unsere Empfindungen oder Gefühle, das, was wir als angenehm oder unangenehm erleben;
- unsere Wahrnehmung, also etwa die Verarbeitung von Tönen, Farben, Gerüchen;
- unsere Willensregungen, das, was uns antreibt, unsere Sehnsüchte, Wünsche, Begierden;
- unser Bewusstsein, das Empfindungen, Wahrnehmungen und Willensregungen aufnimmt und mit Hilfe unseres Verstandes verarbeitet und integriert.

Erblicken des Ochsen.

All diese *skandhas* unterliegen nach der oft geradezu psychologisch anmutenden Lehre des Buddha einem ständigen Wandel. Sie entstehen, verschwinden, gehen Verbindungen ein, bedingen sich gegenseitig, haben aber – vergleichbar den Wellen des Ozeans – keinen festen, dauerhaften Bezugspunkt. Das also, was in unserem Kulturkreis »Ich« heißt, existiert gar nicht, es ist nur eine Illusion. Diese Illusion gilt es nach Ansicht des Buddha zu überwinden.

An diesem Punkt unterscheidet sich der historische Buddha auch radikal von der Tradition des Hinduismus. Dieser geht von einer Kontinuität und einem Wiedergeborenwerden des *atman* aus. Buddha hingegen leugnet *atman*. Was wiedergeboren wird, ist eine neue Kombination von *skandhas*, aber nicht dieselbe Person.

Einfangen des Ochsen.

Auch die Bibel empfiehlt bekanntlich, das Ziel des Lebens nicht im eigenen »Ich« zu suchen. Die buddhistische Vorstellung aber, dass es Individualität und personale Identität gar nicht gibt und dass wir von diesen Vorstellungen Abschied nehmen sollen, ist ein Gedanke, der für unsere Kultur und unser Selbstverständnis eine starke Provokation darstellt.

Buddha erklärt seine Lehre vom ständigen Wandel der *skandhas*, indem er aufzeigt, dass alle Dinge und Phänomene dem »Gesetz der Entstehung in gegenseitiger Abhängigkeit« unterliegen. Solange dieses Gesetz nicht außer Kraft gesetzt ist, kommt es zu immer wieder neuen Existenzen oder Inkarnationen und damit zu immer neuem Leiden:

»Aus dem Nichtwissen entstehen die Gestaltungen; aus den Gestaltungen entsteht Erkennen; aus dem Erkennen entsteht Name und Körperlichkeit; aus Namen und Körperlichkeit entstehen die sechs Sinne (Sehen, Hören, Riechen, Schmecken, Tasten und Denken); aus den sechs Sinnen entsteht Berührung; aus Berührung entsteht Empfindung; aus Empfindung entsteht Durst; aus Durst entsteht Ergreifen (der Existenz); aus Ergreifen entsteht Werden; aus Werden entsteht Geburt; aus Geburt entsteht Alter und Tod, Schmerz und Klagen, Leid, Kümmernis und Verzweiflung. Dieses ist die Entstehung des ganzen Reiches des Leidens.«

Zähmen des Ochsen.

Heimritt auf dem Ochsen.

Der Ochse ist vergessen.

Ochse und Mensch sind vergessen.

Unterläge nun wirklich alles dem »Gesetz der Entstehung in Abhängigkeit«, dann gäbe es keinerlei Ausweg aus dieser Situation. Doch Buddha beschreibt einen Bereich, eine Perspektive, einen Zustand, der durch nichts bedingt ist und in dem es kein Werden und Vergehen gibt. Er wählt dafür das Sanskrit-Wort *nirvana*, das so viel bedeutet wie »Verwehen«, »Verlöschen«. So wie die Flamme eines Feuers verlöscht, wenn es nichts mehr zu verbrennen gibt, so hat, wenn aller Lebensdurst und alle Begierde verschwunden sind, auch alles Bedingtsein und Leiden ein Ende.

Dieser Zustand ist nur in paradoxen Formulierungen umschreibbar. Gautama Buddha hat ihn unter dem Feigenbaum in Uruvela erreicht. Sein Körper lebte dann noch 45 Jahre weiter, denn er musste das in früheren Existenzen angesammelte *karma* noch verbrauchen. Die Notwendigkeit weiterer Reinkarnationen blieb ihm jedoch erspart.

Buddhas Lehre richtet sich an alle Menschen. Deshalb trennt sie vom Hinduismus nicht nur die Behauptung, dass es kein *atman* gebe, sondern auch die Überwindung eines Denkens in Kasten. Buddha war kein Sozialreformer, der das Kastenwesen aktiv bekämpfte. Aber in seiner neuen Religion stand der Weg zur Erkenntnis grundsätzlich jedem in gleicher Weise offen. Dies hat den Brahmanen seiner Zeit sicherlich missfallen.

Es gibt, ihr Mönche, eine Stätte, wo nicht Erde ist, nicht Wasser, nicht Feuer, nicht Luft, nicht die Stufe der Raumunendlichkeit, nicht die Stufe der Erkenntnisunendlichkeit, nicht die Stufe der Nichtirgendetwasheit, nicht die Stufe von weder Vorstellen noch Nichtvorstellen, nicht diese Welt noch jene Welt, beide Mond und Sonne. Das nenne ich, ihr Mönche, nicht Kommen noch Gehen noch Stehen noch Sterben noch Geburt. Ohne Grundlage, ohne Fortgang, ohne Halt ist es. Das ist des Leidens Ende …

Es gibt, ihr Mönche, ein Ungeborenes, Ungewordenes, nicht Gemachtes, nicht Gestaltetes. Gäbe es nicht, ihr Mönche, dies Ungeborene, Ungewordene, nicht Gemachte, nicht Gestaltete, würde für das Geborene, Gewordene, Gemachte, Gestaltete kein Ausweg zu erfinden sein. Da es aber, ihr Mönche, ein Ungeborenes, Ungewordenes, nicht Gemachtes, nicht Gestaltetes gibt, so ist für das Geborene, Gemachte, Gestaltete ein Ausweg zu erfinden …

Für das, was an anderem haftet, gibt es Wanken. Für nicht Haftendes gibt es kein Wanken. Wo kein Wanken ist, ist Ruhe. Wo Ruhe ist, ist keine Lust. Wo keine Lust ist, ist kein Kommen und Gehen. Wo kein Kommen und Gehen ist, ist kein Sterben und keine Geburt. Wo kein Sterben und keine Geburt ist, ist kein Hienieden, kein Drüben, kein Dazwischen. Das ist des Leidens Ende.

Buddha

Und noch ein Punkt trennt Buddha von der Religion, in der er aufgewachsen ist, aber auch von unseren eigenen Vorstellungen von Religion: Buddha kommt in seiner Erklärung der Wirklichkeit ohne den Begriff »Gott« aus. Göttinnen und Götter bzw. unsere Vorstellungen von ihnen stehen wie alles andere auf der Welt für Buddha unter dem »Gesetz der Entstehung in Abhängigkeit«. Sie entstehen und vergehen. Deshalb lohnt es sich nicht, sich mit ihnen auseinander zu setzen. Buddha argumentiert nicht ausdrücklich gegen den Gottesglauben. Er muss dies gar nicht erst tun, denn Gott ist für ihn kein wichtiges Thema. Da der Buddhismus wie der Hinduismus nicht geschichtlich denkt, erübrigt sich die Frage nach dem Ursprung und dem Ziel des Universums. Unsere biblischen Vorstellungen von Gott haben in diesem Denken keinen Platz.

Zum Ursprung zurückgekehrt.

Oft wird der Buddhismus aus diesen Gründen mit einer paradox klingenden Formulierung als eine »atheistische Religion« bezeichnet. Dabei wäre allerdings zu überlegen, ob das, was Buddha als *nirvana* beschreibt, nicht in einem ganz anderen Zusammenhang das ausdrückt, was Christinnen und Christen mit der Unverfügbarkeit und Güte Gottes beschreiben. Denn ganz offensichtlich handelt es sich beim buddhistischen *nirvana* um eine Metapher, die alle gewohnten Formen menschlicher Wahrnehmung sprengt – in der Sprache westlicher Theologie und Philosophie: um *Transzendenz*. Anders als für westliche Ohren weckt der Gedanke an das *nirvana* für Buddhistinnen und Buddhisten nicht etwa die Assoziation von Verzweiflung und Schrecken. Vielmehr meint *nirvana* – auch wenn und gerade weil es »Verwehen«, »Verlöschen« bedeutet – etwas Positives, Erstrebenswertes, so viel wie in unserem Sprachgebrauch das Wort »Erlösung«.

Betreten des Marktes mit offenen Händen.

Transzendenz. Lateinisch »Übersteigung«, »Überstieg«; Überschreiten der als normal erscheinenden Realitität, oft bezogen auf ein Absolutes oder »Gott«. Der Gegenbegriff zu *Transzendenz* wäre *Immanenz*.

Japanisches Schriftzeichen für »Leerheit«.

Lebensrad und Gnadenstuhl:
Die Frage nach dem Leid der Welt

Der zentrale Unterschied zwischen der buddhistischen und der christlichen Sicht der Wirklichkeit zeigt sich in dem Stellenwert, den die beiden Religionen dem Phänomen des *Leidens* zumessen.

Für Buddha ist das Leiden eine Folge von Leidenschaft und Lebensgier, etwas, von dem wir Abstand gewinnen, das wir hinter uns lassen müssen. In der christlichen Tradition hingegen wird betont, dass Leiden zum menschlichen Leben dazugehört und dass der Mensch gewordene Gott in Jesus von Nazareth selbst gelitten hat.

»Denn das Wort vom Kreuz ist eine Torheit denen, die verloren werden; uns aber, die wir selig werden, ist's eine Gotteskraft … Wo sind die Klugen? Wo sind die Schriftgelehrten? Wo sind die Weisen dieser Welt? Hat nicht Gott die Weisheit der Welt zur Torheit gemacht?«
1. Kor 1,18-20

Nicht anders als im Christentum gibt es auch im Buddhismus eine reiche Tradition bildlicher Darstellungen, die sich darum bemühen, das, was für viele so schwer zu formulieren und zu verstehen ist, sinnlich und anschaulich aufzubereiten. Die unterschiedlichen Sichtweisen des Leidens lassen sich gut an zwei Bildern illustrieren: an der Darstellung des so genannten »Lebensrads« in der buddhistischen und dem Motiv des so genannten »Gnadenstuhls« in der christlichen Kunst. Beide Bilder stehen für zahlreiche andere Kunstwerke, die das Dargestellte in vielfältiger Weise variieren.

Bei dem rechts abgebildeten »Lebensrad« handelt es sich um eine Wandmalerei aus einem tibetischen Kloster. Es stellt wie in einem Bilderbuch die Zusammenhänge der Welt und des Lebens dar, die Buddha in den Nächten vor seiner Erleuchtung bewusst wurden.

Auf die zahlreichen, nur mit einem Vergrößerungsglas erkennbaren Details soll hier nicht eingegangen werden. Doch bereits die Gesamtkomposition hat eine klare Aussage:

Das Rad des Lebens – nicht zu verwechseln mit dem schon erwähnten »Rad der Lehre« (Seite 89ff.) – wird gehalten von *Mara*, der Personifikation des Bösen. Sein dunkler Kopf ist mit Totenschädeln geschmückt. Seine Klauen halten das Rad wie eine Scheibe oder Trommel vor seinem Bauch.

In der Radnabe sind die drei Grundübel abgebildet, die das Rad des Lebens und der Leiden in Bewegung halten: ein bläulicher Hahn, der die Gier symbolisiert, eine grünliche Schlange, die für den Hass steht, und ein graufarbenes Schwein als Symbol der Verblendung. Sie beißen einander in den Schwanz und treiben sich auf diese Weise gegenseitig an.

Im Kreis, der die Nabe umgibt, sehen wir im rechten, schwarzen Teil unwissende Menschen, die nach unten stürzen. Im linken, hellen Teil sind Menschen zu erkennen, die sich auf dem rechten Weg befinden und sich von unten nach oben zu immer größerer Erkenntnis hin entwickeln.

Rechte Seite:
Kreis des »Entstehens in Abhängigkeit«, Wandmalerei aus dem Kloster von Likir/Tibet.

Die sechs Segmente des nächsten Kreises sind durch die Radspeichen voneinander getrennt. Sie stellen die Bereiche des Lebens dar, in

die wir nach buddhistischer Auffassung immer wieder hineingeboren werden, solange wir nicht Gier, Hass und Verblendung in uns überwunden haben. In jedem Segment befindet sich eine Buddha-Figur, die in immer wieder neuer Gestalt Hilfe anbietet.

Der relativ glücklichste Daseinsbereich, in der Mitte oben, ist der der Götter. Götter haben es aber schwer, die Notwendigkeit der Erlösung zu erkennen. Sie hören deshalb kaum zu, wenn die Gestalt des Helfers ihnen, von der Laute begleitet, etwas vorsingt.

Titanen. Kämpferisches Göttergeschlecht; in der griechischen Sagenwelt die vor Zeus und den Olympiern herrschenden Götter, die von Zeus besiegt und entmachtet wurden.

Rechts von diesem Segment sind Titanen im Kampf zu sehen. Die Helferfigur hat Mühe, Frieden zu stiften.

Im nächsten Segment sind Tiere abgebildet, die sich gegenseitig jagen und fressen. Auch ihnen gegenüber kann sich die Buddha-Gestalt kaum verständlich machen.

Das vierte Segment, in der Mitte unten, will die Hölle darstellen; Menschen müssen allerlei Qualen erleiden.

Das fünfte Segment zeigt das Reich der Gespenster und Totengeister, gepeinigt von Hunger und Durst.

Das letzte Segment schließlich stellt die alltägliche Menschenwelt dar. In ihr geht es vergleichsweise friedlich zu. Buddha predigt vor dem Eingang eines Klosters. Die Chancen, dass seine Botschaft gehört wird, sind größer als in den anderen fünf Bereichen des Daseins.

Der äußere Ring zeigt zwölf Glieder einer Kette, die das »Gesetz der Entstehung in Abhängigkeit« darstellt: In der Mitte, rechts oben, erkennt man einen blinden alten Menschen mit Stock, ein Symbol der Unwissenheit. Dann im Uhrzeigersinn nach rechts gehend einen Töpfer bei der Arbeit: Symbol der Tatkraft, die immer wieder neues *karma* hervorruft; ein Früchte pflückender Affe: Symbol für das vom *karma* bestimmte Bewusstsein, das sich nach dem Tod eine neue Existenzform sucht; ein Schiff mit zwei Menschen, die es steuern: Symbol für Körper und Geist, die aufeinander angewiesen sind und sich nicht voneinander lösen können; ein Haus mit sechs Fenstern: Symbol für die sechs Sinne des Menschen (Sehen, Hören, Riechen, Schmecken, Tasten und nach buddhistischer Auffassung auch Denken). Unsere Sinne treiben uns zur Kontaktaufnahme, deshalb erscheint als Nächstes ein Liebespaar, gefangen in der Begierde. Weil Nähe oft zu Schmerz führt, folgt ein Mensch mit einem Pfeil im Auge. Das achte Bild des äußeren Rings zeigt, wie ein Becher mit Wasser, Wein oder Bier gereicht wird: ein Symbol des Lebensdurstes, der im nächsten Bild wiederum zum Pflücken einer Frucht und das heißt zum Ergreifen einer neuen Existenzform führt. Das drittletzte Bild zeigt ein weiteres Liebespaar, diesmal liegend: Symbol der Zeugung neuen Lebens. Dementsprechend folgt im vorletzten Bild eine gebärende Frau. Den Schluss der Kette bildet ein Mann, der nach tibetischem Brauch auf seinem Rücken in einem weißen Tuch eine Leiche transportiert; sie wird zu einer Leichenstätte getragen, wo sich Geier und Schakale über sie hermachen werden. Das *karma* dieses abgelaufenen Lebens führt zur nächsten Inkarnation und damit wieder zu dem blinden alten Menschen, dem Symbol der Unwissenheit.

Das Lebensrad hält dem Betrachter einen mahnenden Spiegel vor Augen. Es erinnert ihn daran, dass das Leben eine Verkettung von Geburt, Leiden, Tod und Wiedergeburt ist. Es kommt alles darauf an, diese Zusammenhänge zu durchschauen, sich von ihnen freizumachen und der Lehre des Buddha zu folgen.

Dem buddhistischen Lebensrad steht eine christliche Buchmalerei aus dem 12. Jahrhundert gegenüber. Das Buch, aus dem die Abbildung auf der nachfolgenden Seite stammt, ist ein so genanntes Messbuch. In solchen Büchern ist die Liturgie eines Eucharistiegottesdienstes festgehalten. Die Abbildung zeigt den Anfangsbuchstaben »T« eines lateinischen Gebetstextes, den der Priester während der Abendmahlsfeier spricht: »Te igitur, clementissime Pater … Dich, gütiger Vater, bitten wir durch deinen Sohn, unseren Herrn Jesus Christus: Nimm diese heiligen, makellosen Opfergaben an und segne sie.«

Mit sparsamen künstlerischen Mitteln, aber doch sehr eindrucksvoll verziert der unbekannte Künstler den ersten Buchstaben dieses Textes. Er verarbeitet das leuchtende Rot des Buchstabens »T« zum Balken eines Kreuzes, an dem der gekreuzigte, leidende Christus hängt. Im Zusammenhang des ganzen Bildes gewinnt das Leiden des Gekreuzigten eine positive Aussage: Sein Blut wird aufgefangen von dem unter Christus befindlichen Abendmahlskelch. Jesu Tod war kein sinnloser Tod, sein Leiden kein sinnloses Leiden. Jesus ist nach christlicher Auffassung für uns alle gestorben, um die Welt zu erlösen.

Diese positive Aussage wird dadurch unterstrichen, dass der Gekreuzigte gleichsam im Schoß von Gottvater hängt. Gottvater sitzt in ein dunkelblaues Gewand gehüllt, sein Kopf von einem Heiligenschein umgeben, wie auf einem Thron. Er strahlt Hoheit, Souveränität und Ruhe aus. Die wie zu einem Segen erhobene Hand ist die charakteristische Geste des Herrschers. Die Kunstgeschichte bezeichnet diese Art der Darstellung, bei der Christus im Schoß des Vaters gezeigt wird, als »Gnadenstuhl«.

Der christliche Gott sieht das Leiden dieser Welt und nimmt Anteil, er wird sogar Mensch und setzt sich selbst dem Leiden in extremer Weise aus. Die Realität des Leidens wird nicht ausgeblendet oder beschönigt, aber sie ist auch nicht das letzte Wort des christlichen Glaubens.

Rechts und links von Gottvater sehen wir den ersten und den letzten Buchstaben des griechischen Alphabets. Sie betonen, einem Zitat der Johannesapokalypse folgend, die ewige Gegenwart Gottes: »Ich bin das Alpha und das Omega, spricht Gott der Herr, der da ist und der da war und der da kommt, der Allmächtige« (Offb 1,8). Auf die Johan-

Messe. Abendmahlsgottesdienst der katholischen Kirche, abgeleitet von dem lateinischen Schlusssatz des Priesters *Ite, missa est!* »Geht, es ist / ihr seid (aus-)gesandt.« Die alltagssprachliche Bedeutung des Wortes *Messe* »Verkaufsausstellung« leitet sich davon her, dass früher an hohen Festtagen im Anschluss an den Gottesdienst große Volksfeste abgehalten wurden.

Liturgie. Von griechisch *leiturgia* »Dienst, Dienstleistung«; bedeutet in den christlichen Kirchen so viel wie »Gottesdienstordnung«.

Eucharistie. Griechisch »Danksagung«; in den orthodoxen, in der katholischen sowie in den anglikanischen Kirchen Bezeichnung für die Abendmahlsfeier.

Gnadenstuhl. Diese Art der Dreifaltigkeitsdarstellung findet seit dem Mittelalter Verbreitung. Der Ausdruck geht auf Martin Luther zurück, meint zunächst den Deckel der Bundeslade im Alten Israel. Über diesem Deckel soll Gott sich nach 2. Mose 25,10-22 wie auf einem Thron offenbaren. Deshalb wird das Wort »Gnadenstuhl« von Luther dann auf die endgültige Offenbarung Gottes in Christus bezogen.

nesapokalypse anspielen könnte auch das Buch in der, vom Betrachter aus gesehen, rechten Hand des Vaters. Der Verfasser des letzten Buches der Bibel beschreibt eine Vision, in der die Heiligkeit und Unverfügbarkeit Gottes betont wird:

»Und ich sah in der rechten Hand dessen, der auf dem Thron saß, ein Buch, beschrieben innen und außen, versiegelt mit sieben Siegeln. Und ich sah einen starken Engel, der rief mit großer Stimme: Wer ist würdig, das Buch aufzutun und seine Siegel zu brechen? Und niemand, weder im Himmel noch auf Erden noch unter der Erde, konnte das Buch auftun und hineinsehen …« (Offenbarung 5,1-3)

Zu erwähnen ist schließlich noch die Taube auf dem Kopf des Sohnes; sie ist Symbol des Heiligen Geistes. In diesem Bild stellt sie die Verbindung zwischen Sohn und Vater dar. Andere Künstler lassen die Taube in Richtung der Betrachter schauen: So wird die Gemeinde mit hinein genommen in das Geheimnis Gottes.

Wenn man mit Kindern Bilder wie diese betrachtet, taucht gelegentlich die Frage auf: Welche der dargestellten Personen ist eigentlich Gott? Die Antwort des Christentums lautet: Gott ist nicht nur der thronende Vater oder der gekreuzigte Sohn oder der Heilige Geist. Er zeigt sich vielmehr in allen drei Erscheinungsformen zugleich und ist doch nur einer. Das Spezifische des christlichen Gottes drückt sich gerade in der Beziehung zwischen allen dreien aus. Dieser Gott ist nach christlichem Denken überhaupt kein in sich abgeschlossenes Wesen oder Sein, sondern ein Gott der Bewegung und des Werdens, ein Gott, der fortwährend bemüht ist, uns Menschen und auch unser menschliches Leiden in seine Wirklichkeit mit hinein zu nehmen. Ein Gedicht des Berner Pfarrers und Lyrikers Kurt Marti versucht, das Geheimnis des christlichen Gottes zu beschreiben. Dabei ist ihm offensichtlich daran gelegen, auch die weiblichen Züge Gottes erkennbar zu machen:

Tafel eines Marienaltars im Münster zu Heilsbronn, gemalt von Sebastian Dayg um 1514.

Linke Seite:
Als Gnadenstuhl ausgestalteter Anfangsbuchstabe aus einem Messbuch des 12. Jahrhunderts.

Gottes Sein blüht gesellig

1

Wenn Gott zum Götzen verzerrt
    wird,
muss man sich diesem
    verweigern.
Wo Gott zum Tyrannen gemacht
    wird,
müssen wir diesen stürzen.
So fordert's
Seine Dreieinigkeit.

2

Dreieinigkeit?
Ein Männerbund! Empören sich
    Frauen.
Zu Recht.
Zu Recht.

Und dennoch:
entwarf diese Denkfigur
die unausdenkbare Gottheit
    nicht
als Gemeinschaft,
vibrierend, lebendig,
beziehungsreich?
Kein einsamer Autokrat
    jedenfalls,
schon gar nicht Götze oder
    Tyrann!
Eine Art Liebeskommune
    vielmehr,
einer für den andern …

3

Mich stellt's jedenfalls auf,
Gott als Beziehungsvielfalt zu
    denken,
als Mitbestimmung, Geselligkeit,
    die teilt, mit-teilt, mit
    anderen teilt …

Und insofern:
niemals statisch,
nicht hierarchisch,
…
lustvoll waltende Freiheit,
Urzeugung der Demokratie.

4

Alsbald ins Leere
laufen da Fragen wie:
personal oder apersonal?
transzendent oder immanent?
ruhendes Sein oder ewiges Tun?
Seit urher beides,
ein Drittes also
und mehr als ein Drittes:
das Ganze, die Fülle
(auch von Weiblichkeit,
    Männlichkeit)
die unausschöpflich –
    End ohne Ende –
in Beziehungen blüht.

5

Will ich die gesellige Gottheit
    begreifen,
von Ihr Besitz ergreifen,
lang' ich ins Leere.
Und auch Sie …
will nicht Besitz ergreifen
    von mir.
Eher berührt Sie,
wie Freunde, wie Liebende
einander berühren,
berührt,
damit überspringe der Funke,
    das Leben, berührt,
damit die Besessenheit vom
    Besitz,
der Wille zur Macht verglühe,
im Angesicht jenes Tages,
»da alle Herrschaft,
jede Gewalt oder Macht
    vernichtet
und Gott alles sein wird
    in allem.«
(1. Korinther 15,24)

6

Dreieinigkeit?
Weil sexistisch
und überhaupt: Entwurf
    ohne Endgültigkeit.
Gott ist Liebe,
will sagen,
Gottes Sein blüht gesellig,
»Seine Liebe wandelt
in immer frischem Trieb
    durch die Welt.«
(Franz Rosenzweig)

Kurt Marti

Das Rad der Lehre dreht sich weiter

Nach dem Tod des Buddha wird seine Lehre von der Mönchsgemeinde, dem *sangha*, weitergetragen. Während das Mönchtum im
Christentum stets nur *eine* – wenn auch besondere – Lebensform unter
anderen war, kann der Stellenwert der Mönche und später auch Nonnen für den Buddhismus in all seinen Ausprägungen kaum überschätzt
werden. Die zentrale Bekenntnisformel des Buddhismus lautet:

»Ich nehme meine Zuflucht zum Buddha. Ich nehme meine Zuflucht zur Lehre *(dharma)*. Ich nehme meine Zuflucht zum *sangha*.«

Das Leben des *sangha,* der sich dem Studium der Lehre und der
Meditation widmen soll, ist strengen Regeln unterworfen. Verboten ist insbesondere jeglicher Geschlechtsverkehr, das Nehmen von
Nichtgegebenem, das Töten jeglichen Lebens sowie die Behauptung,
übermenschliche Fähigkeiten zu besitzen. Wer zum *sangha* gehört,
führt das Wanderleben eines Bettlers, der streng genommen nur acht
Gegenstände für den persönlichen Bedarf besitzen darf: ein dreiteiliges
Gewand, einen Gürtel, eine Almosenschale, ein Rasiermesser, eine Nadel und ein Wassersieb.

Die Bedeutung des *sangha* für die buddhistische Gemeinde insgesamt lässt sich gut am Ritual des Spendens ablesen: Das Mitglied des
sangha lebt von den Gaben anderer. Mit gesenktem Blick bittet er mit
seiner Almosenschale um Speise. Er bedankt sich aber nicht für das
ihm Gegebene, sondern die Spenderin oder der Spender danken, dass
sie ihm etwas spenden durften. Es ist ein Verdienst, dem *sangha*, der
das Rad der Lehre in Bewegung hält, behilflich zu sein. Anders als bei
christlichen Orden ist die Zugehörigkeit zum *sangha* nicht unbedingt
auf Lebenszeit bestimmt; auch ein zeitlich befristetes Leben als Mönch
oder Nonne ist durchaus möglich.

Der Buddhismus ist heute eine der großen Religionen der Welt. Seine Lehre prägt das Leben von etwa 500 Millionen Menschen. Will man
verstehen, wie aus einer kleinen Gruppe von Mönchen eine Weltreligion werden konnte, dann steht man vor der kaum lösbaren Aufgabe,
2500 Jahre Religionsgeschichte in all ihrer Vielfalt und Widersprüch-
lichkeit zusammenzufassen. Dies kann im Rahmen dieses Buches nur
skizzenhaft geschehen. Wer Genaueres wissen möchte, wird in anderen
Büchern ausführliche Darstellungen der einzelnen Schulen des Buddhismus finden. Dabei wird er sich nicht selten fragen, was die zum
Teil sehr ungewöhnlichen Ausprägungen dieser Religion noch mit der
Lehre des Siddhartha Gautama zu tun haben. Buddhistinnen und Buddhisten würden allerdings oft sagen, die Anfänge und Ursprünge seien
keineswegs aufgegeben oder gar verraten, sondern weiterentwickelt
und neuen Gegebenheiten angepasst worden: Das Rad der Lehre habe

Buddha-Statue von Bamian/
Afghanistan, aus dem Felsen
herausgemeißelt, mit 54 m Höhe
größte Steinfigur der Welt.
Die an der ehemaligen
Seidenstraße gelegene
Monumental-Statue wurde im
Jahr 2001 von der afghanischen
Taliban-Regierung zerstört. Derzeit
laufen internationale Bemühungen
um einen Wiederaufbau dieses
einzigartigen Zeugnisses
buddhistischer Kultur.

www.dharma.de

sich weiter gedreht. Im Übrigen kommt man, wenn man die Geschichte des Christentums mit der Lehre des Jesus von Nazareth vergleicht, in vielerlei Hinsicht zu ganz ähnlichen Beobachtungen: Was hätte Jesus wohl zum Vatikan in Rom gesagt? Wie hätte er das Erscheinungsbild einer evangelischen Landeskirche gefunden? Welchen Eindruck hätten unsere sonntäglichen Gottesdienste oder unsere Weihnachtsbräuche auf ihn gemacht?

Die Lehre des Buddha breitete sich in den Jahrhunderten nach seinem Tod schnell aus. Bald wurde es notwendig, die zunächst nur mündlich überlieferten Lehren und Ordensregeln des Buddha zu sammeln, sie zu vereinheitlichen sowie Irrlehren und Fehlinterpretationen auszuschließen. Die erste systematische Niederschrift der Lehren des Buddha stammt aus dem ersten Jahrhundert v.Chr. Sie ist in einer dem

Heutige Verbreitung des Buddhismus in Asien.

Stupas, monumentale Reliquienbehälter, ursprünglich Grabhügel, später zu turmförmigen Pagoden ausgebaut. In Stupas werden die Reliquien Gautama Buddhas und bedeutender Nachfolger aufbewahrt, sie sind deshalb auch das Ziel von Wallfahrten. Stupa von Sanchi, Nordindien, errichtet im 3. Jahrhundert n.Chr.

Sanskrit verwandten Sprache, dem *Pali*, aufgezeichnet. Dieses *Pali-Kanon* genannte Werk umfasst mehrere Dutzend Bände.

Wichtig für die Ausbreitung des Buddhismus war die Regierung des indischen Kaisers Ashoka, der im 3. Jahrhundert v.Chr. den Buddhismus in ganz Indien zur Staatsreligion machte. Auf Ashoka geht auch der Bau riesiger Grabdenkmäler, so genannter *stupas*, zurück, in denen die Asche, die Knochen und andere Überreste Siddhartha Gautama Buddhas, aber auch anderer großer Männer beigesetzt wurden.

Wie man auf der nebenstehenden Landkarte sieht, konnte der Buddhismus sich aber gerade in seinem Entstehungsland nicht halten. Insbesondere während der Zeit islamischer Eroberung im 12. Jahrhundert n.Chr. verlor er in Indien rasch an Bedeutung. In vielen Nachbarländern Indiens war er dafür um so erfolgreicher. Dabei bildeten sich im Laufe der Zeit vor allem zwei große Schulen heraus: die Schule des *theravada* und die Schule des *mahayana*.

Theravada bedeutet »Lehre der Alten«. Sie erhebt den Anspruch, die ursprünglichere Form des Buddhismus zu repräsentieren. Der Theravada-Buddhismus ist vor allem in Sri Lanka, Burma, Thailand und Kambodscha verbreitet und wird auch als »die südliche Schule« bezeichnet.

Mahayana bedeutet »Großes Fahrzeug«. Der Name ist eine Bewegung des Buddhismus, die sich seit dem 1. Jahrhundert v.Chr. auf einer Nordroute über die Seidenstraße nach Zentralasien und China, später auch nach Korea und Japan ausbreitete. Im Mahayana-Buddhimus spricht man von der Schule des Theravada oft abwertend als dem *Hinayana*, dem »Kleinen Fahrzeug«. Man will aus der Lehre Buddhas, die zunächst vor allem einen Erlösungsweg für Mönche und Nonnen anbot, eine Religion für alle Menschen, ein »großes Fahrzeug«, machen.

www.palikanon.com
www. accesstoinsight.org

Seidenstraße. Eine der längsten und ältesten Handelsrouten. Sie verbindet den Fernen Osten mit dem Mittelmeerraum. Neben der Seide, die schon in urchristlicher Zeit von China nach Westen transportiert wurde, wurden auf der Seidenstraße auch andere Luxusgüter (Glas, Edelmetalle, Gold) gehandelt.

Buddha-Statuen in Thailand: Das Stiften von Buddha-Statuen gilt als verdienstvoll. Weil so viele Statuen gestiftet wurden, sind diese hier in einer Reihe aufgestellt. Dabei wird Buddha in verschiedenen Haltungen dargestellt; die beiden vorderen Statuen zeigen ihn in Meditationshaltung (Hände im Schoß ineinandergelegt, mit den Handflächen nach oben, die rechte Hand stets über der linken). Die buddhistische Kunst kennt eine Vielzahl symbolischer Handhaltungen, sog. *mudras* (Sanskrit »Siegel«, »Zeichen«, »Geste«).

Heilige Schriften, die weit über den Pali-Kanon hinausgehen, spielen im Mahayana-Buddhismus eine wichtige Rolle. Darin wird Siddhartha Gautama nicht mehr als ein Mensch gesehen, der zu Erleuchtung gelangt ist und anderen den Weg dorthin gewiesen hat, sondern als die Inkarnation eines überweltlichen, ewigen Buddhas.

Charakteristisch für den Mahayana-Buddhismus ist auch die Vorstellung von so genannten *bodhisatvas.* Ein *bodhisatva* ist ein Wesen (*satva*), das nach spirituellem Erwachen (*bodhi*) trachtet bzw. dieses schon erreicht hat. Der *bodhisatva* verzichtet aber auf den sofortigen Eintritt ins *nirvana*, weil er in grenzenlosem Mitleid auch anderen Menschen und Wesen helfen möchte. Er existiert deshalb nach seinem Tod als geistiges, geradezu göttliches Wesen weiter. Zu einem *bodhisatva* kann man beten und ihn um Hilfe und Beistand bitten. Es gibt viele *bodhisatvas*, und jeder Mensch hat – auf dem Umweg über unzählige Reinkarnationen – grundsätzlich die Möglichkeit, selbst ein *bodhisatva* zu werden.

Neben dem »kleinen« und dem »großen Fahrzeug« entwickelte sich im 8. Jahrhundert n.Chr. schließlich in Tibet noch ein drittes »Fahrzeug«, das so genannte »Diamantfahrzeug«. Es wird so genannt, weil der Geist des Buddhaschülers makellos, kostbar und unzerbrechlich sein soll wie ein Diamant. In dieser Richtung des Buddhismus spielen Götter und Göttinnen, aber auch Dämonen eine wichtige Rolle. Geheimlehren, Zauberformeln, Körperübungen, magische Praktiken und Rituale gewinnen große Bedeutung. Wer auf dem Weg des Buddhismus weiterkommen will, benötigt gerade in der Tradition des Diamantfahrzeugs die Hilfe und Anleitung eines spirituellen Führers.

Obwohl der tibetische Buddhismus zunächst nur eine regionale Ausprägung zu sein scheint, ist seine Ausstrahlung in den Westen gerade in den vergangenen Jahrzehnten sehr stark gewesen.

Wir kennen den Ausdruck, jemand habe etwas »gebetsmühlenartig« wiederholt, und meinen damit eine sinnlose, aussageschwache Wiederholung. Im tibetanischen Buddhismus sind Gebetsmühlen zylinderförmige Gefäße, die durch die Hände, durch Wasser oder auch Wind in Drehung versetzt werden. In diesen Gefäßen befinden sich rituelle Formeln. Am bekanntesten ist die Formel *Om mani padme hum.* Diese Sanskrit-Formel wendet sich an den ewigen Buddha; ein Übersetzungsversuch könnte lauten: »Erhabenes Lob der göttlichen Kraft *(om)*, die sich gleich einem Lotus in uns entfalten möge« oder kürzer: »Du Kleinod im Lotus«. Das Drehen des Zylinders symbolisiert das In-Bewegung-Setzen des buddhistischen Rades der Lehre. Es dient den Gläubigen als Meditationshilfe und zur Freisetzung schöpferischer Energien.

www.diamondway-buddhism.org

Ehemalige Palast- und Klosterburg des Dalai Lama in Lhasa, Tibet.

Mandala. Sanskrit »Kreis«; mandalaförmige Gebilde finden sich nicht nur im Buddhismus, sondern auch in der Natur (vgl. etwa die Struktur von Eiskristallen, Versteinerungen oder Blüten) oder in der abendländischen Kunst (vgl. z.B. die Glasfenster mittelalterlicher Kathedralen oder so genannte »Heiligenscheine« auf Gemälden).

www.lindenmuseum.de

Eine andere tibetische Tradition hat inzwischen sogar Einzug in unseren Schulunterricht gefunden: die so genannten *mandalas*. Diese kreisförmigen, in unserem Kulturkreis recht wahllos eingesetzten Meditationsbilder werden im Buddhismus auf Stoff oder Papier gemalt, aus Holz oder Bronze gefertigt oder einfach auf den Boden gezeichnet. Ihre Herstellung dauert nicht selten mehrere Wochen oder gar Monate. In konzentrischen Kreisen, mit großer Sorgfalt und Farbigkeit gemalt, bündelt sich die Aufmerksamkeit des Meditierenden. In einem langen, mühsamen Prozess macht er die Erfahrung, dass sein eigenes Inneres und die Ordnung des Kosmos sich entsprechen und wechselseitig bedingen. Das rechts abgebildete Sandmandala wurde im Dezember 1992 von sechs tibetischen Mönchen für das Linden-Museum in Stuttgart angefertigt. Dabei entstand aus verschiedenfarbigem feinem Sand, mit Hilfe nadeldünner Trichteröffnungen an die jeweils vorgesehenen Stellen gebracht, ein komplexes, Erstaunen erregendes Kunstwerk.

Normalerweise werden diese Sandmandalas nach Fertigstellung wieder zusammengefegt, der Sand in alle Winde zerstreut oder in einer kleinen Zeremonie dem Wasser eines Flusses übergeben. Für das Stuttgarter Sandmandala erteilte die oberste Autorität des tibetischen Buddhismus, der Dalai Lama, eine Ausnahmegenehmigung, sodass es heute noch im Linden-Museum bewundert werden kann.

Tibeterin beim Drehen von Gebetstrommeln.

Sandmandala, Linden-Museum
Stuttgart.

Der Dalai Lama – »ein Ozean der Weisheit«

Ein nicht geringer Anteil der Sympathien, die der Buddhismus in den letzten Jahren in der westlichen Welt erworben hat, ist der freundlichen, humorvollen und intelligenten Art des derzeit amtierenden Dalai Lama zu verdanken.

www.dalailama.com
www.tibet.com

Ein *lama* ist im tibetischen Buddhismus nichts anderes als ein spiritueller Meister oder Lehrer. *Dalai Lama* ist ein besonderer Ehrentitel und bedeutet so viel wie »Lama, dessen Weisheit so unermesslich groß wie der Ozean ist«. Entstanden ist die religiös-politische Institution des Dalai Lama vor etwa 600 Jahren. Dabei waren die Dalai Lamas zunächst nur die geistlichen, erst später auch die politischen Oberhäupter Tibets. Der jetzige Dalai Lama wurde 1935 als Bauernsohn geboren. Er gilt als 14. Dalai Lama und wird als Inkarnation des historisch nicht zu bestimmenden Bodhisatva Avalokiteshvara verehrt. Avalokiteshvara gilt als Verkörperung unendlicher Güte und Weisheit. Weil er allen Lebewesen helfen will, braucht er, wie auf dem rechts stehenden Gemälde aus dem 15. Jahrhundert n.Chr. zu sehen ist, 1000 Arme und elf Köpfe. Der Bodhisatva steht in der Mitte, sein vollmondartiges Gesicht ist friedlich, aufmerksam, freundlich, dem Betrachter zugewandt. Wenn man genau hinsieht, erkennt man, dass neben und über seinem Kopf weitere Gesichter zu erkennen sind. Die Legende erzählt, beim Anblick des Leidens in der Hölle sei dem Bodhisatva der Kopf in zehn Stücke gesprungen. Ein anderer gütiger Bodhisatva habe daraufhin jedes der Bruchstücke zu einem eigenen Kopf verwandelt und seinen eigenen noch dazu obenauf gesetzt. Eindrucksvoll an der Darstellung Avalokiteshvaras ist vor allem der helle Kreis, der den Leib des Bodhisatva umgibt. Im Vordergrund sind acht Hauptarme der gütigen Buddhagestalt zu sehen; in den Händen hält er wichtige Symbole des Buddhismus. Im Hintergrund ahnt man die 1000 – und damit ist ja wohl gemeint: unendlich vielen – kleinen Arme des Bodhisatva, die uns allen auf dem Weg zur Buddhaschaft weiterhelfen wollen.

Wie man Dalai Lama wird, haben wir inzwischen aus zahlreichen Hollywood-Filmen und Fernseh-Dokumentationen gelernt: Eine Findungskommission gelehrter Mönche sucht aufgrund von Prophezeiungen im ganzen Land nach einem männlichen Neugeborenen, der Ähnlichkeiten mit dem verstorbenen Dalai Lama aufweist. Nach einer langen Reihe von Prüfungen und Vergewisserungen wird der gefundene Dalai Lama in ein großes, berühmtes Kloster gebracht, wo er die heiligen Schriften und Traditionen des tibetischen Buddhismus kennen lernt. Der jetzige Dalai Lama musste schon relativ früh, im Alter von 16 Jahren, die bis dahin von einem erwachsenen Stellvertreter wahrgenommenen Amtsgeschäfte übernehmen. Der Grund dafür war der 1950 erfolgte Einmarsch chinesischer Truppen in Tibet unter Mao Tse Tung. Das chinesische Militär besetzte die tibetische Hauptstadt

Mao Tse Tung (1893–1976). Kommunistischer Revolutionsführer, gründete 1949 die Volksrepublik China.

Rechte Seite:
Tausendarmiger Avalokiteshvara, Gouachemalerei auf Baumwolle, Tibet, zweite Hälfte des 15. Jahrhunderts.

Lhasa und beendete die politische Unabhängigkeit des Landes. 1959 kam es zu einem Volksaufstand der Tibeter, der von der chinesischen Regierung blutig niedergeschlagen wurde. Buddhistische Klöster und Bibliotheken wurden zerstört, Dörfer geplündert, Mönche zum Geschlechtsverkehr gezwungen.

Seitdem lebt der Dalai Lama als Chef einer Exilregierung in Nordindien. Für seine Bemühungen um eine gewaltfreie Beilegung des Tibetkonflikts wurde er 1989 mit dem Friedensnobelpreis ausgezeichnet.

Bemerkenswert an der Person des gegenwärtigen Dalai Lama ist nicht zuletzt seine Bereitschaft, sich auf einen intensiven und ernsthaften Dialog mit der westlichen Kultur einzulassen. Dabei verblüfft er viele Menschen des christlich-abendländischen Kulturkreises unter anderem dadurch, dass er zwar geduldig und sachkundig die Positionen des Buddhismus erklärt, aber stets darauf verzichtet, Christinnen und Christen für den Buddhismus zu missionieren. Aber auch der in Europa und Amerika verbreiteten Auffassung, im Grunde glaubten die Anhängerinnen und Anhänger aller Religionen doch an denselben Gott und dieselbe Wahrheit und man solle sich deshalb auf eine für alle Menschen verbindliche Universalreligion einigen, widerspricht er mit Freundlichkeit und Nachdruck:

Um von einer soliden Wissensgrundlage aus eine echte Gesinnung von Harmonie entwickeln zu können, ist es, glaube ich, sehr wichtig, die grundlegenden Unterschiede zwischen den religiösen Überlieferungen zu kennen. Und es ist möglich, die grundlegenden Unterschiede zu begreifen, zugleich jedoch den Nutzen und das Potential jeder religiösen Überlieferung anzuerkennen. Auf diese Weise kann man eine ausgewogene und harmonische Auffassung entwickeln. Manche Menschen meinen, der vernünftigste Weg, Harmonie zu erzielen und Probleme zu lösen, die mit religiöser Intoleranz zu tun haben, bestünde darin, eine einzige Universalreligion für alle Menschen einzuführen. Hingegen habe ich es immer so empfunden, dass wir unterschiedliche religiöse Überlieferungen haben sollten, weil die Menschen so viele unterschiedliche geistige Veranlagungen haben: Eine einzige Religion kann einfach nicht die Bedürfnisse einer solchen Vielzahl von Menschen zufriedenstellen. Wenn wir versuchen, die Glaubensbekenntnisse der Welt in einer Religion zu vereinen, werden wir viel von den Qualitäten und dem Reichtum der einzelnen Überlieferungen verlieren.

Deshalb finde ich es trotz der vielen Streitereien im Namen von Religion besser, die Vielfalt an religiösen Überlieferungen zu erhalten: Denn nur sie kann den Anforderungen, die sich aus den unterschiedlichen geistigen Veranlagungen der Menschen ergeben, gerecht werden. Doch unglücklicherweise besitzt diese Vielfalt von Natur aus auch das Potenzial für Konflikt und Uneinigkeit. ...

Dalai Lama

Rechte Seite:
Tenzin Gyatso, der 14. Dalai Lama.

Zen: Buddhismus für Manager?

www.zenforum.de
www.zazen.de
www.zen.de

Eine andere Richtung des Buddhismus, die eine starke Ausstrahlung in die westliche Kultur hinein hat, ist der in China entstandene und dann im 12. Jahrhundert n.Chr. in Japan zur Entfaltung gekommene Zen-Buddhismus. In dieser Form des Buddhismus wird jegliche Art der philosophischen und theologischen Spekulation abgelehnt. Im Vordergrund stehen Übungen der praktischen Meditation, die helfen sollen, sich ganz einer Sache zu widmen und alle störenden Gedanken und Wünsche überflüssig werden zu lassen. Zu diesen praktischen Übungen gehören Ikebana, die Kunst des Blumensteckens, die Gestaltung von Gärten und meditatives Malen ebenso wie die japanische Teezeremonie, die Kunst des Bogenschießens oder verschiedene Kampfsportarten. Bei oberflächlicher Betrachtungsweise scheint Zen deshalb für viele Menschen ein sehr einfacher und in seiner Exotik faszinierender Weg zu neuen Lebensperspektiven zu sein. Dementsprechend arbeitet inzwischen auch die westliche Werbebranche mit Motiven des Zen-Buddhismus, und Seminarveranstalter versprechen gestressten Managern, durch Zen zu ihrer inneren Mitte und zu größerer Leistungsfähigkeit zu finden.

»Jetzt über 6 Stunden Zeitgewinn auf der Strecke Frankfurt – Tokyo. Reich ist, wer Zeit hat. Neu. Frankfurt – Tokyo nonstop.« Motiv einer Werbeanzeige.

Zen-Meditation: Der Meditierende sitzt (in einer auf dem Foto nicht sichtbaren Reihe mit anderen Meditierenden) auf einem runden Kissen vor einer Wand. Der Meditationslehrer sitzt, seitlich versetzt, den Meditierenden zugewandt. Falls notwendig, kann er Hilfestellung leisten. Wenn er bei den Meditierenden Schläfrigkeit feststellt, berührt er ihre Schultern mit dem neben ihm liegenden Stock.

Tatsächlich ist Zen aber alles andere als eine Art »Schnupperbuddhismus«, sondern einer der strengsten Meditationswege überhaupt. Schon die Aufnahme in ein Zen-Kloster ist alles andere als einfach: Der Kandidat muss eine schriftliche Bitte um Aufnahme vor der Eingangstür des Klosters niederlegen. Er wird dann zunächst einmal abgewiesen, muss Stunden oder gar Tage warten. Im Zentrum des Klosterlebens steht dann *Za-Zen*, die »sitzende Versenkung«, dem sich der Zen-Schüler nicht nur ein paar Stunden, sondern viele Tage zu widmen hat. Ziel ist das Frei-Werden von jeder Ich-Bezogenheit, das Erreichen einer geistigen Leere, in der Unterscheidungen wie Ich und Welt, Subjekt und Objekt sich auflösen. Rätselartige, mit dem Verstand nicht lösbare Aufgaben, so genannte *koans*, sollen dem Schüler helfen, die Gesetze der ihm bisher vertrauten Logik hinter sich zu lassen und tiefere Schichten seines Geistes zu erschließen: Wie kommt die Gans aus der Flasche, ohne dass die Flasche zerstört und die Gans verletzt wird? – Wie kann man das Klatschen nicht zweier Hände, sondern das Klatschen einer einzigen Hand hören?

Janwillem van de Wetering ist ein bekannter Krimiautor. Er wurde in Rotterdam geboren und lebt heute in den USA. Während einer mehrjährigen Weltreise verbrachte er 18 Monate in einem Zen-Kloster. Seine ersten Erfahrungen mit Zen beschreibt er folgendermaßen:

»Denn so spricht Gott der HERR, der Heilige Israels: Wenn ihr umkehrtet und stille bliebet, so würde euch geholfen; durch Stillesein und Hoffen würdet ihr stark sein. Aber ihr wollt nicht …«

Jesaja 30,15

Klapp: ein trockener Laut. Jemand schlägt zwei Holzstücke gegeneinander, dachte ich. Ich zog an einer dünnen Schnur, und eine schwache Glühbirne ging an. Drei Uhr nachts. Warum um alles in der Welt schlägt jemand um drei Uhr nachts zwei Holzstücke gegeneinander? Ach richtig, fiel mir ein, ich bin ja in einem Kloster; ich habe gelobt, acht Monate lang jeden Morgen um drei Uhr aufzustehen. Verwirrung und Wut gingen in meinem Kopf durcheinander, während ich mich rasch anzog und dabei mit dem Kopf an einen Balken stieß … Im Tempel läutete eine Glocke; irgendwo anders ertönte ein Gong. Im Hof wusch ich mir Gesicht und Hände und kämmte mir die Haare. Ich konnte nicht sehen, was ich tat, denn es gab weder Licht noch Spiegel. Zum Rasieren war keine Zeit; ich wusste, dass ich vom Augenblick des Wachwerdens an drei Minuten hatte, um in die Meditationshalle zu kommen …

Die große Halle lag auf der anderen Seite des Gartens und war ein leerer Raum. Beiderseits hohe breite Bänke, darauf Strohmatten und Kissen, für jeden Mönch ein Kissenstapel. In der Mitte der Halle ein Altar mit einer Statue des Manjusri, des Bodhisatva der Meditation, der in der Hand ein Schwert zum Zerschneiden der Gedanken trägt. Weihrauch schwelt. Wenn man eintritt, muss man sich vor dem Manjusri verbeugen, dann vor dem Klostervorsteher, der nahe am Eingang sitzt, von wo aus er die ganze Halle überblicken kann. Dann geht man zu seinen Kissen und verbeugt sich wieder. Die Kissen sind heilig, denn auf ihnen wird man irgendwann die Erleuchtung, die Freiheit, das Ende aller Probleme finden.

Dann setzt man sich nieder, die Beine ineinandergeschlagen und den Rücken gestreckt. Mit offenen Augen sieht man geradeaus, und die Meditation beginnt. Der Mönch schlägt seine Glocke an; fünfundzwanzig Minuten später schlägt er sie wieder. Wenn alles so verlaufen ist, wie es sollte, dann hat man fünfundzwanzig Minuten lang unbeweglich dagesessen, ruhig atmend und in tiefer Konzentration. Danach darf man nach draußen gehen, aber nach fünf Minuten muss man zurück sein, denn dann beginnt die zweite Meditationsperiode, wiederum fünfundzwanzig Minuten …

Die erste Meditation ist unvergesslich. Nach ein paar Minuten spürte ich die ersten Schmerzen. Meine Schenkel begannen zu zittern wie Violinsaiten. Meine Fußkanten wurden zu glühenden Holzscheiten. Mein Rückgrat, mühsam gerade gehalten, schien zu zucken und zu brechen. Von Konzentration konnte nicht die Rede sein; ohnehin hatte mir niemand etwas gegeben, auf das ich mich hätte konzentrieren können. So saß ich denn bloß da und wartete auf das Läuten der Glocke, das meiner Leidenszeit ein Ende bereiten würde …

Meditation ist eine Übung, die Distanziertheit bewirken soll und die Lockerung von Bindungen. Meine Bindung war die Vorstellung, die ich mir selber geschaffen hatte, nämlich, dass ich an nichts gebunden sei … Stillsitzen ist eine Methode, Abstand zu schaffen, uns zu isolieren – nicht allein gegen das Geschehen um uns herum, sondern auch gegen das, was in unserem Inneren vor sich geht. Als man mir später ein *koan* gab, auf das ich mich konzentrie-

ren sollte, merkte ich, dass die belanglosesten Dinge die Konzentration durch-
brechen können. Die Erinnerung an eine gute Suppe, vor Jahren in diesem
oder jenem Restaurant gegessen, lieferte genug Stoff, um zehn Minuten an die
zusammenhanglosesten Tatsachen und Vorkommnisse zu denken. Meditieren
heißt stillsitzen in der richtigen Haltung und sich auf einen beliebigen Gegenstand konzentrieren: auf Buddha, Christus, einen Kieselstein, die leere blaue
Luft, Gott, die Liebe oder was immer. Im Zen-Training wird diese Konzentration
auf das *koan* gelenkt, eine Sache, die der Meister für den Schüler aussucht.
Man muss versuchen, mit dem *koan* eins zu werden, den Abstand zwischen
dem koan und sich selbst zu überbrücken, in dem *koan* aufzugehen, bis alles
andere abfällt und allein das *koan* übrigbleibt, von dem die Welt erfüllt ist.

Erreicht man diesen Punkt, so kommt die Erleuchtung, die Offenbarung.
Sehr einfach, aber ganz unmöglich. Oder scheinbar unmöglich; denn wenn
es nicht möglich wäre, bliebe alle mystische Schulung vergebens. Die Mystik
aber ist so alt wie die Welt, und aus allen Schulen und Übungsformen sind
»Erleuchtete«, »Weise«, »Heilige«, »Propheten«, … »Bodhisatvas« und
»Buddhas« hervorgegangen. In jedem Training wird das Ego gebrochen, das
Ich zermalmt.

Janwillem van de Wetering

Mystik. Von griechisch
myein »Augen und Mund
schließen«.

Raum der Stille im
Benediktinerkloster Neresheim.

www.abtei-neresheim.de

www.kommuitaeten.de
www.autobahnkirche.de

Janwillem van de Wetering weist zu Recht darauf hin, dass es auch in anderen Religionen ganz ähnliche Meditationsübungen wie im Zen-Buddhismus gibt. Im Christentum kennt insbesondere die katholische Kirche eine lange Tradition der Schweigemeditation. Viele christliche Nonnen und Mönche meditieren in einer ganz ähnlichen Weise, wie es im Zen-Buddhismus üblich ist. Sie führen Menschen, die sich dafür interessieren, meist gerne in die entsprechenden Übungen ein. In aller Regel wird eine solche Einführung in die christliche Meditation nicht ganz so radikal und kompromisslos sein. Und wenn Janwillem van de Wetering schreibt, das Ziel der Meditation sei das Zerbrechen des Ego, das Zermalmen des Ich, dann ist dieser Gedanke zwar auch der christlichen Tradition vertraut, neben ihm steht allerdings stets das Versprechen, dass derjenige, der den alten Adam zurücklässt und sich Christus zuwendet, auf eine neue Weise zu sich selbst kommt, seine Individualität bewahrt und sein eigentliches, bisher verstelltes Ich findet.

»Wer sein Leben findet, der wird's verlieren; und wer sein Leben verliert um meinetwillen, der wird's finden.«
Matthäus 10,39

Judentum

»Klagemauer« bzw. Westmauer, 18 m hohe und ursprünglich 485 m lange Umfassungsmauer des Jerusalemer Tempelplatzes; heiligste Stätte des Judentums, Ort der Klage über die Zerstörung des Tempels und Stätte des Gottesdienstes und Gebets. Männer und Frauen beten getrennt. In den Fugen der Mauer stecken zahlreiche zusammengerollte Zettel mit Gebeten und Bitten. Im Vordergrund Tische mit Gebetbüchern.

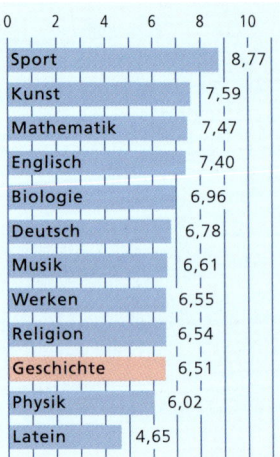

Sport		8,77
Kunst		7,59
Mathematik		7,47
Englisch		7,40
Biologie		6,96
Deutsch		6,78
Musik		6,61
Werken		6,55
Religion		6,54
Geschichte		6,51
Physik		6,02
Latein		4,65

Beliebtheit von Schulfächern in der Sekundarstufe I.

Israel. In 1. Mose 32,23–33 wird von einem Kampf zwischen dem Stammvater Jakob und einem himmlischen Wesen erzählt. Der Kampf dauert eine ganze Nacht; Jakob ist nicht zu besiegen. Daraufhin heißt es: »Nicht Jakob heiße fortan dein Name, sondern Israel.«
Wörtlich hieße *Israel* nach dieser Deutung: »jemand, der mit Gott kämpft«.

Israeliten. Bezeichnung für die Angehörigen des biblischen Volkes Israel.

Israelis. Die heutigen Bürgerinnen und Bürger des Staates Israel.

Zwischen »Anfang« und »Ende«: die Erfindung der Geschichte

Die Gesellschaft, in der wir leben, trägt viele Namen. Die Ausdrücke »Spaßgesellschaft« und »Erlebnisgesellschaft« hat sicherlich jede und jeder schon einmal gehört. Bezeichnungen wie »Mediengesellschaft«, »Informationsgesellschaft«, »offene Gesellschaft« oder »plurale Gesellschaft« könnte man hinzufügen. Kaum jemand käme jedoch auf den Gedanken, unsere Gesellschaft als eine *Erinnerungsgesellschaft* zu beschreiben. Unsere Aufmerksamkeit gilt vor allem der Gegenwart, vielleicht auch der Zukunft. Die Beschäftigung mit der Vergangenheit unserer Kultur hingegen bleibt für die meisten Menschen den Museen, dem Geschichtsunterricht und gelegentlichen Gedenkveranstaltungen vorbehalten. *Erinnerung* ist aber genau dasjenige Merkmal, mit dem sich das Besondere der jüdischen Religion gut erfassen lässt:

»Gedenke der Tage der Urzeit, erwäget die Jahre vergangener Geschlechter, frage deinen Vater, dass er dir künde …« (5. Mose 32,7)
»Wenn dich dein Sohn künftig fragt und spricht: Was ist es mit den Zeugnissen und den Satzungen und den Vorschriften, welche der Ewige unser Gott euch geboten? So sprich zu deinem Sohn: Wir sind Knechte gewesen in Ägypten, und der Ewige hat uns herausgeführt aus Ägypten mit starker Hand …« (5. Mose 6,20f)

Unter dem Gesichtspunkt der Mitgliederstärke stellt das Judentum eine eher kleine Religion dar. Dennoch geht von ihm bis heute eine starke Ausstrahlung aus. Das ist nicht zuletzt darauf zurückzuführen, dass das Judentum eine Religion der Erinnerung und – damit zusammenhängend – des Denkens in geschichtlichen Bezügen ist. Im alten Ägypten und in Mesopotamien gab es zwar schon lange vor dem Auftreten des Volkes Israel großartige und bis heute Staunen erregende Hochkulturen, aber die »Erfindung« des uns so selbstverständlichen geschichtlichen Denkens haben wir dem Volk Israel zu verdanken. Erst mit der Religion des jüdischen Volkes setzte sich in der Welt die Vorstellung durch, dass die Wirklichkeit einen »Anfang« hatte, sich unumkehrbar weiter entwickelt und auf ein »Ende« hin zuläuft.

Im ersten Kapitel der Bibel lesen wir, wie der Gott Israels die Welt allein durch sein Wort erschaffen hat. Er benötigte kein weiteres Material und musste sich nicht – wie die Götter in anderen Schöpfungsmythen – erst gegen andere Göttinnen oder Götter durchsetzen. Anders als in den bisher besprochenen Religionen ist mit diesem Schöpfungsakt ein absoluter, nicht hinterfragbarer *Anfang* gesetzt.

Im folgenden Kapiteln und Büchern der Bibel wird dann erzählt, wie es von diesem Anfang aus weiterging. Die Geschichte der Menschheit wird in aller Ausführlichkeit entfaltet, und zwar aus der Perspektive des von Gott in besonderer Weise erwählten Volkes Israel.

Die religiösen Systeme der Sumerer, Ägypter und Babylonier blieben trotz ihrer phantastischen komplizierten Theologien und ihrer raffinierten Symbolsysteme eine Form höherer Magie, die ihre Geschlossenheit dem Glauben an die integrale Beziehung zwischen Mensch und Kosmos verdankt. Die alljährliche Überflutung des Niltals [...] sowie die gebietende Gegenwart von Sonne und Mond gaben den Rahmen, durch den die Gesellschaft zusammengehalten war. Sonnengötter, Flussgöttinnen, Astralgottheiten gab es in Fülle. Die Geschichte war ein Teil der Kosmologie, die Gesellschaft ein Teil der Natur, die Zeit ein Stück Raum. Gott und Mensch waren Teil der Natur.

Die hebräische Anschauung von der Schöpfung bedeutet einen ungeheuren Aufbruch aus diesem geschlossenen Kreis. Sie trennt nämlich die Natur von Gott und unterscheidet den Menschen von der Natur. Das ist der Beginn der Entzauberung. [...] Während in den babylonischen Darstellungen Sonne, Mond und Sterne halbgöttliche Wesen sind, die an der Göttlichkeit der Gottheiten selbst Anteil hatten, wird ihnen bei den Hebräern der religiöse Status vollständig genommen. In der Genesisgeschichte sind Sonne und Mond Schöpfungen Jahwes, die am Himmel hängen, um die Welt für den Menschen zu erhellen. Sie sind weder Götter noch halbgöttliche Wesen. Die Sterne üben keine Kontrolle über das Leben des Menschen aus; auch sie sind Geschöpfe Jahwes. Keiner der Himmelskörper hat Anspruch auf religiöse Ehrfurcht oder auf Gottesdienst.

Der Schöpfungsbericht der Genesis ist wirklich eine Form »atheistischer Propaganda«. Er soll die Hebräer lehren, dass die magische Schau, für die die Natur eine halbgöttliche Kraft besitzt, in Wirklichkeit keine Basis hat. Jahwe, der Schöpfer, dessen Sein außerhalb des Naturprozesses liegt, der ihn erst ins Leben ruft und im einzelnen beim Namen nennt, erlaubt es dem Menschen, die Natur tatsachenhaft zu begreifen.

Harvey Cox

Astral. Griechisch »die Gestirne betreffend«; in Mt 2 kann man nachlesen, dass die »Weisen«, die dem Stern von Bethlehem nachfolgten, aus dem »Morgenland«, also aus dem Osten, d.h. vermutlich aus Mesopotamien kamen.

Genesis. Griechisch-lateinisch »Ursprung«, »Schöpfung«; lateinische Bezeichnung für das 1. Buch Mose, nach dem zentralen Thema dieses biblischen Buches. Im Hebräischen wird das Buch Genesis nach seinem Anfang bezeichnet: *bereschit* »im Anfang«.

Nomade. Griechisch-lateinisch »umherziehender Viehhirte«.

Mesopotamien. Von griechisch *mesopotamia* »(Land) zwischen den Strömen«; eines der ältesten Kulturzentren der Menschheit, gelegen zwischen den Flüssen Euphrat und Tigris auf dem Gebiet der heutigen Staaten Irak und Syrien. Berühmte Städte waren Assur, Babylon und Ninive.

Kanaan. Name des Landes, das die israelitischen Stämme am Ende des 2. Jahrtausends v.Chr. besiedelten. Das Wort »Kanaan« hängt mit dem hebräischen Wort für »kaufen« zusammen; »Kanaan« war aufgrund seiner günstigen Lage am »Fruchtbaren Halbmond« also das typische Land der Kaufleute und Händler.

Die wichtigsten Etappen der Geschichte Israels

Die Geschichte des Volkes Israel beginnt mit dem Nomaden *Abraham*. Nach biblischer Überlieferung zog er zu Beginn des zweiten Jahrtausends v.Chr. im Alter von 75 Jahren mit seiner Familie aus seiner Heimatstadt Ur in Mesopotamien in das Land Kanaan. Abraham benutzte dabei die damals üblichen Karawanenwege entlang des so genannten »Fruchtbaren Halbmonds«; dies ist bis heute eine äußerst beschwerliche Reise. Den Auftrag zu diesem für einen alten Mann ungewöhnlichen Aufbruch in eine ungewisse Zukunft erhielt er nach 1. Mose 12,1–2 von Gott:

»Fruchtbarer Halbmond«: sich in der Form eines Halbmondes über 3000 km vom Mittelmeer bis zum Persischen Golf erstreckendes Steppengebiet, das aufgrund erhöhter Niederschlagsmengen relativ fruchtbar war und als klassischer Handelsweg von Mesopotamien nach Ägypten diente.

 1. Mose 37ff.

Jüdische Zeitrechnung. Seit dem Mittelalter werden die Kalenderjahre im Judentum »ab der Erschaffung der Welt« gezählt. Rechnet man alle biblischen Jahresangaben zusammen, kommt man auf einen Tag, der dem 5. Oktober 3761 v.Chr. entsprechen würde. Die allermeisten Jüdinnen und Juden sehen darin eine eher symbolische Rechenoperation. Das Jahr 2004 entspricht nach dem jüdischen Kalender, der sich nicht an der Sonne, sondern am Mond orientiert, den Jahren 5764/65 »nach der Schöpfung«. Eine genaue Umrechnung der Kalenderdaten ermöglicht: www.hebcal.com

Exodus. Lateinisch »Auszug«, Bezeichnung für das 2. Buch Mose, weil es in diesem biblischen Buch vor allem um den Auszug aus Ägypten geht. Jüdinnen und Juden nennen das 2. Buch Mose nach dem ersten wichtigen Wort des hebräischen Textes *schemot* »Namen«.

»Gehe aus deinem Lande und aus deinem Geburtsorte und aus dem Hause deines Vaters in das Land, das ich dir zeigen werde. Und ich werde dich machen zu einem großen Volke, und dich segnen, und groß machen deinen Ruf; und du sollst ein Segen sein.«

Kann man die im ersten Buch der Bibel überlieferte Geschichte von Abraham und seinen Nachkommen Isaak und Jakob noch als Vorgeschichte betrachten, so muss die folgende Etappe geradezu als Schlüssel zum Verständnis der jüdischen Religion gesehen werden: Die Kinder Jakobs sind in der Folge einer Hungersnot von Kanaan nach Ägypten geraten. Dort werden sie im Zusammenhang mit großen Bauvorhaben der ägyptischen Weltmacht auf entwürdigende Weise zu Fronarbeiten herangezogen.

Der Mann, der die geknechteten Israeliten unter dramatischen Umständen über die Halbinsel Sinai aus Ägypten herausführt und nach einer 40-jährigen Wanderung durch die Wüste wieder zurück bis an die Grenze des Landes, »in dem Milch und Honig fließen« (vgl. 4. Mose 13,27), geleitet, heißt Mose. Dieser Auszug aus Ägypten, oft auch mit dem lateinischen Wort »Exodus« bezeichnet, hat sich nach Ansicht von Historikern um etwa 1200 v.Chr. ereignet. Auf ihn wird in der hebräischen Bibel, aber auch sonst in der jüdischen Tradition in immer wieder neuen Varianten Bezug genommen. Bekannt ist zum Beispiel der erste Satz der so genannten »Zehn Gebote«: »Ich bin der Ewige, dein Gott,

Illustration einer in Deutschland entstandenen hebräischen Handschrift aus den Jahren 1427/28; zu dieser Zeit hatten Juden in Deutschland schon furchtbare Zeiten der Verfolgung erlebt. Die bildlichen Darstellungen ziehen die Parallele zur Unterdrückung in Ägypten: oben der Bau der eher mittelalterlich als ägyptisch anmutenden Städte Pitom und Ramses, die das Volk Israel im Frondienst errichten musste (vgl. 2. Mose 1,11); links unten badet der Pharao nach einer jüdischen Legende im Blut israelitischer Kinder, um sich von einem Hautausschlag zu heilen; rechts unten eine Gruppe von Juden, die von einem ägyptischen Aufseher geschlagen wird; der hebräische Text erzählt die Geschichte vom Auszug aus Ägypten nach.

Aramäer. Seit dem 2. Jahrtausend v.Chr. Bezeichnung für verschiedene semitische Stämme zwischen Syrien und Mesopotamien.

Philister. Aus dem griechischen Raum stammendes Seefahrervolk, das sich Ende des 2. Jahrtausends v.Chr. in der Küstenebene Kanaans niederließ. Der Name der römischen Bezeichnung der Provinz »Palästina« hängt mit dem Wort »Philister« zusammen und erinnert viele Juden deshalb bis heute an Fremdherrschaft.

 1. Sam 8 – 1. Kön 11

Prophet. Von griechisch *prophetes* »Verkünder«; Propheten sind im Alten Testament Menschen, die – nicht selten, ohne es von sich aus zu wollen – von Gott beauftragt werden, Gottes Willen und Gottes Pläne weiterzusagen. Im Unterschied zum Prophetentum anderer Kulturen kritisieren die biblischen Propheten Könige, Priester und Oberschicht oft sehr heftig. Das Alte Testament enthält zahlreiche Prophetenbücher. Sie wurden in aller Regel nicht von den Propheten selbst verfasst, sondern in späterer Zeit von Schülern der Propheten auf der Grundlage mündlicher Überlieferung zusammengestellt.

der ich dich geführt habe aus Ägypten, aus dem Knechthause« (2. Mose 20,2). Die Weisungen der Zehn Gebote sind deshalb auch weniger als Katalog moralischer Forderungen, sondern vor allem als Dokument der Befreiung des Volkes Israel zu lesen.

In einem anderen alten Text, der in Israel alljährlich beim Einbringen der ersten Feldfrüchte als eine Art Glaubensbekenntnis gesprochen wurde, heißt es:

> Ein herumirrender Aramäer war mein Vater und er ging hinab nach Ägypten und weilte daselbst mit einem geringen Häuflein, und ward daselbst zu einem Volke, groß, mächtig und zahlreich. Und es misshandelten uns die Ägypter und drückten uns und legten uns schwere Lastarbeit auf. Und wir schrien zu dem Ewigen, dem Gotte unserer Väter, und es hörte der Ewige unsere Stimme und sah unser Elend und unsere Mühsal und unseren Druck. Und der Ewige führte uns aus Ägypten mit starker Hand und ausgestrecktem Arme, und mit großem Schrecken und mit Zeichen und Wundern. Und brachte uns an diesen Ort, und gab uns dieses Land, ein Land fließend von Milch und Honig.
>
> 5. Mose 26,5–9

Die aus Ägypten befreiten Israeliten nehmen das Land, »fließend von Milch und Honig«, in Besitz. Dabei stellen sich heutige Historiker diesen Vorgang nicht mehr als einmalige, spektakuläre Eroberung vor, wie dies in der Bibel erzählt wird. Sie gehen vielmehr davon aus, dass die »Landnahme« das Ergebnis eines länger andauernden allmählichen Einwanderungsprozesses war. Während dieser Entwicklung waren die israelitischen Stämme ständig mit dem Widerstand sowohl der einheimischen kanaanäischen Bevölkerung als auch der die Küstenebene kontrollierenden Philister konfrontiert. Am Ende dieses historischen Prozesses steht um etwa 1000 v.Chr. die Entscheidung, Saul zum ersten König Israels zu berufen. Sein Nachfolger wird David, der Jerusalem zur Hauptstadt des neuen Staates macht. Sein Sohn Salomo baut Jerusalem dann weiter aus und errichtet vor allem einen Tempel als zentrales Heiligtum. In diesem Tempel soll der Gott, der Israel aus der ägyptischen Gefangenschaft geführt hat, der dem Volk am Sinai seine Gesetze gegeben hat und ihm in Kanaan einen übergroßen Wohlstand geschenkt hat, Verehrung finden.

Das Glück des Wohlstands, der staatlichen Sicherheit und der nationalen Souveränität, das in einem zeitweiligen Machtvakuum zwischen Ägypten und Mesopotamien entstanden war, dauert nicht lange. Die Katastrophe, die von den Propheten des Alten Testaments immer wieder angekündigt wurde, tritt ein: 926 v.Chr. kommt es zur Teilung des Staates in ein größeres nördliches Reich, genannt *Israel*, und ein kleineres südliches Reich, genannt *Juda*. Das Nordreich wird 722 v.Chr. durch assyrische Truppen zerstört. Das Südreich kann im-

Nach 1. Könige 7,48–50 gehörten zum Tempel Salomos auch wertvolle »Leuchter«, wobei das Aussehen dieser Leuchter an dieser Stelle der Bibel (im Unterschied zu 2. Mose 25,31–40) nicht genauer beschrieben wird. Der hier abgebildete Leuchter, im Hebräischen *menora* genannt, stammt aus einer um 1300 in der Provence entstandenen Handschrift und orientiert sich an einer Vision des Propheten Sacharja (vgl. Sach 4), der im 6. Jahrhundert v.Chr. lebte: Die *menora* hat sieben Kerzen, denen aus Schalen das Öl zweier Olivenbäume zugeführt wird. Die siebenarmige *menora* wurde zum Symbol des Tempels, des Wohlergehens Israels und der Gegenwart Gottes schlechthin; sie ist heute auch das Symbol des Staates Israel.

merhin bis 587 v.Chr. als eigener Staat überleben, dann wird es von den Babyloniern erobert. Der Tempel wird zerstört, die Oberschicht nach Babylon, in das Gebiet des heutigen Irak, deportiert.

Die Lebensbedingungen im babylonischen Exil darf man sich nun nicht so wie die Situation im »Knechthause« Ägypten vorstellen. Die deportierte Oberschicht litt zwar sicherlich unter dem Verlust der Heimat und speziell auch des Jerusalemer Tempels, materiell ging es ihr jedoch relativ gut und es wurde ihr auch intellektuelle und kulturelle Freiheit zugestanden.

Vor diesem Hintergrund kommt es zur schriftlichen Fixierung der religiösen Traditionen und zur Ausformulierung einer spezifisch jüdischen Theologie. So wird von den Priestern Israels z.B. die Bedeutung des Sabbats besonders betont. An der Beachtung dieses Feiertags und seiner Gebote erkennt man Woche für Woche, wer sich noch zum Gott Abrahams, Isaaks, Jakobs, Moses, Davids und Salomos bekennt und wer noch nicht zu den auf den ersten Blick durchaus attraktiv und mächtig erscheinenden Gottheiten Babylons abgefallen ist.

Sabbat. Von hebräisch *schabbat* »aufhören«, »ruhen«. Nach 1. Mose 2,1–3 ruhte Gott selbst am siebenten Schöpfungstag; die »Zehn Gebote« legen auf die Einhaltung des Sabbat besonderen Wert (2. Mose 20, 8–11; 5. Mose 5, 12–15).

Landkarte Israels nach der Teilung in Nord- und Südreich.

Stadtmodell von Babylon (um
600 v.Chr.) mit Ischtar-Tor: Durch
das der Fruchtbarkeitsgöttin
Ischtar geweihte Stadttor betrat
man direkt die zu den zentralen
Heiligtümern Babylons führende
Prozessionsstraße. Beeindruckende
Rekonstruktionen der Anlage
finden sich im Pergamonmuseum
in Berlin:
www.museumsinselberlin.de

Esra, Nehemia

Alexander der Große. Der makedonische König lebte von 356–323 v.Chr. und eroberte in dieser kurzen Zeit ein Weltreich, das sich von Griechenland bis nach Indien erstreckte.

Messias. Von hebräisch *maschiach* »der Gesalbte«. Gesalbt wurden im alten Israel vor allem Könige, deshalb ist »Messias« die Bezeichnung für den regierenden König, später für einen erhofften idealen Herrscher. Das griechische Wort »Christos« ist die Übersetzung des hebräischen Wortes *maschiach;* Jesus von Nazareth ist nach christlicher Auffassung der von Israel erwartete »Christus« (lateinische Form des griechischen Wortes).

Leopold Zunz (1794–1886). Geboren in Detmold, studierte in Berlin Geschichte und klassische Philologie; Lehrer, Publizist, Autor zahlreicher einflussreicher Bücher zur Kulturgeschichte des Judentums, gilt als Begründer des Judaistikstudiums.

www.hjs.uni-heidelberg.de

Im Jahre 538 v.Chr. wird das babylonische Reich vom Perserkönig Kyros erobert. Kyros verfolgt in seinem Großreich eine andere, liberale Kultur- und Religionspolitik und gestattet den Juden die Rückkehr nach Kanaan. Dieses Angebot nehmen große Teile der Juden gar nicht an, weil sie sich inzwischen in Babylon recht gut eingerichtet haben. Andere Teile der jüdischen Oberschicht kehren jedoch in das Land ihrer Väter zurück. 515 v.Chr. wird in Jerusalem ein neuer Tempel eingeweiht. Die Hoffnung auf nationale Unabhängigkeit, auf die Wiederherstellung eines jüdischen Großstaates, wie es ihn zur Zeit Davids und Salomos schon einmal gegeben hatte, erweist sich allerdings als trügerisch. Die Fremdherrschaft bleibt, nur die Machthaber wechseln: Nach den Persern kommen Alexander der Große und seine Nachfolger; um die Zeitenwende, zur Zeit Jesu, war Israel Teil des römischen Imperiums.

In all diesen Jahrhunderten der Unterdrückung bleibt in Israel die Erinnerung an den Exodus aus Ägypten ein zuverlässiger Bezugspunkt und ein ständiger Antrieb zur Hoffnung auf bessere Zeiten. Da eine politische Wiederbelebung des davidisch-salomonischen Großstaates aber zunehmend unwahrscheinlicher wurde, entwickelte sich in Israel immer stärker der in vielerlei Variationen vorgetragene Gedanke einer endzeitlichen Lösung der ungerechten Lage: In absehbarer Zeit werde die Endzeit anbrechen, ein Messias aus dem Hause Davids werde sie einleiten. Es werde zu einer Bestrafung der Bösen und zu einer Belohnung der Guten kommen. Am Ende der Geschichte stehe dann ein dem Urzustand ähnelndes Gottesreich. Diese Hoffnung belegen zum Beispiel zwei Texte, die Christinnen und Christen aus Weihnachtsgottesdiensten wohl vertraut sind, die hier aber, wie fast alle Bibelzitate in diesem Kapitel, nicht nach der Lutherbibel, sondern nach der Übersetzung des jüdischen Gelehrten Leopold Zunz zitiert werden sollen:

»Das Volk, das im Finstern wandelt, schaut großes Licht, die im Lande des Todesschattens wohnen, Licht glänzt über ihnen. Du hast gemehrt das Volk, ihm groß gemacht die Freude … Denn sein lastendes Joch und den Stock auf seinem Rücken, den Stecken seines Treibers hast du gebrochen wie damals in Äygpten. Denn all die Rüstung der Gerüsteten mit Getöse, und das Kriegskleid im Blute umhergerollt, wird verbrannt, ein Fraß des Feuers. Denn ein Kind ist uns geboren, ein Sohn ist uns gegeben, und die Herrschaft ist auf seiner Schulter; und man nennt seinen Namen: Wunder, Berater, starker Gott, ewiger Vater, Fürst des Friedens. Auf dass zunehme die Herrschaft und des Friedens kein Ende sei auf dem Throne Davids und in seinem Königreiche; es aufzurichten und zu stützen durch Gebühr und Recht von nun bis auf ewig …«

Jesaja 9,1–6

»Und geschehen wird es in späten Zeiten, da wird der Berg des Hauses des Ewigen aufgerichtet sein über den Bergen, und er überragt die Hügel, und es strömen zu ihm Nationen. Und viele Völker werden ziehen und sprechen: Wohlan, lasset uns hinaufgehen zum Berge des Ewigen, und zum Hause des Gottes Jakobs, dass er uns lehre von seinen Wegen und wir wandeln auf seinen Pfaden, wenn von Zion wird ausgehen die Lehre, und das Wort des Ewigen von Jerusalem. Und er wird richten zwischen vielen Völkern, und entscheiden über mächtige Nationen bis in die Ferne, und sie werden stumpf machen ihre Schwerter zu Sicheln und ihre Lanzen zu Rebmessern. Nicht wird erheben Volk gegen Volk das Schwert, und nicht lernen sie fürder den Krieg. Und sitzen wird jeglicher unter seinem Weinstocke und unter seinem Feigenbaume …«

Micha 4,1–4

»Höre, Israel! Der Ewige, unser Gott, der Ewige ist einzig!«

Was ist das Besondere am Gott Israels? Was unterscheidet ihn von anderen Gottheiten? Alle Jüdinnen und Juden könnten auf diese Frage mit einem Text aus dem 5. Mosebuch, dem *sch'ma jisrael* (auf deutsch: »Höre, Israel!«), antworten.

»Höre, Israel, der Ewige, unser Gott, der Ewige ist einzig!
Du sollst den Ewigen, deinen Gott, lieben mit ganzem Herzen und deiner ganzen Seele und deinem ganzen Vermögen. Es seien diese Worte, die ich dir heute befehle, in deinem Herzen. Schärfe sie deinen Kindern ein und sprich zu ihnen, wenn du in deinem Hause sitzest und wenn du auf dem Wege bist, wenn du dich niederlegst und wenn du aufstehst. Binde sie zum Zeichen auf deinen Arm, und sie seien zum Denkband auf deinem Haupte. Schreibe sie auf die Pfosten deines Hauses und deiner Tore!«

5. Mose 6,4–9. Zitiert nach einem jüdischen Gebetbuch. Diese Verse bilden den Anfang eines aus drei Teilen bestehenden Textes, zu dem auch 5. Mose 11,13–21 und 4. Mose 13,37–41 gehören.

Das *sch'ma jisrael* ist das Gebet und Glaubensbekenntnis des Judentums schlechthin. Jeder erwachsene Jude ist gehalten, es täglich morgens und abends zu beten. Es ist fester Bestandteil des Synagogengottesdienstes. Jedes jüdische Kind lernt das *sch'ma jisrael* auf Hebräisch auswendig, sobald es sprechen kann. Der Jude Jesus von Nazareth bezeichnete es neben dem Gebot der Nächstenliebe als höchstes Gebot (vgl. Mk 12,28–34 par.). Der berühmte Rabbi Akiba, der von den Römern 135 n.Chr. im Zusammenhang mit einem Aufstand hingerichtet wurde, soll vor seinem Tod noch das Schlüsselwort des *sch'ma*

5. Mose. Lateinisch *Deuteronomium* »das Gesetz ein zweites Mal«; in diesem Buch wird auf das schon im 2. Buch Mose vorgestellte »Gesetz« noch einmal ausführlich eingegangen; Jüdinnen und Juden bezeichnen dieses Buch als *devarim* »Worte«.

4. Mose. Lateinisch *Numeri* »Zahlen«, so benannt, weil das Buch mit einer Volkszählung beginnt; Jüdinnen und Juden bezeichnen dieses Buch als *be-midbar* »in der Wüste«.

Synagoge. Griechisch »Versammlungshaus«; Synagogen entstanden nach der Zerstörung des ersten Jerusalemer Tempels im babylonischen Exil; nach der Zerstörung des zweiten Tempels 70 n.Chr. wurden sie zu den Zentren der jüdischen Gemeinden. Im Unterschied zum Tempel dienen Synagogen nicht dem Opferkult, sondern dem Wortgottesdienst, aber auch als Schule, Verwaltungsgebäude oder Gemeindehaus. In jeder Synagoge befindet sich an der Ostwand, in Richtung Jerusalem, ein Schrein mit Schriftrollen.

jisrael, nämlich das hebräische Wort für »einzig« gehaucht haben. Das *sch'ma jisrael* ist deshalb Juden auch als letztes Wort in der Sterbestunde empfohlen. Vor allem drei wichtige Aspekte des jüdischen Glaubens lassen sich an diesem Ausschnitt aus dem *sch'ma jisrael* ablesen:

- Auffällig ist zunächst, dass im *sch'ma jisrael* von »*unserem* Gott« und von »*deinem* Gott« die Rede ist. Der Gott Israels ist kein abstraktes Prinzip, keine anonyme Macht. Er steht in einer personalen Beziehung zu jedem einzelnen Juden, der wiederum nicht losgelöst von der Gemeinschaft und der Geschichte seines Volkes gesehen werden kann. Gott spricht zu Israel; Israel hört, erwidert die Zuneigung Gottes »mit ganzem Herzen«, »ganzer Seele«, »ganzem Vermögen«.
- Von diesem Gott behauptet Israel, dass er »einzig« ist. Ein solches Bekenntnis zum Monotheismus war in der polytheistischen Umwelt des Alten Orients eine radikale Provokation, und sie ist es auch heute: Nichts außer diesem einen Gott ist aus jüdischer Sicht anbetungswürdig, weder Staat noch Gesellschaft, keine Ideologie und Weltanschauung, nicht Macht oder Geld. Nichts auf der Welt darf absolut gesetzt werden, alles ist relativ in Bezug auf den einen, einzigen Gott.
- Das Bekenntnis zu dem einen und einzigen Gott soll nicht nur den Sabbat und die Festtage des Juden bestimmen, sondern sein ganzes Leben, egal wo er sich befindet, egal zu welcher Tageszeit. Und vor allem soll er es seinen Kindern weitergeben.

Das Bemühen, den jüdischen Glauben möglichst anschaulich und konkret im Alltag zu verankern, leitete aus den am Ende des *sch'ma jisrael* genannten Formulierungen Gebräuche ab, die wir uns heute noch in vielen jüdischen Haushalten zeigen lassen können:

Bar Mizwa. Hebräisch »Sohn der Pflicht«; Bezeichnung für einen jüdischen Jungen, der das 13. Lebensjahr vollendet hat und damit religionsmündig ist; im Synagogengottesdienst liest der Bar Mizwa erstmals öffentlich in der Synagoge aus der Torarolle vor; in neuerer Zeit wurde für 12-jährige Mädchen eine vergleichbare Einrichtung eingeführt, die so genannte *Bat Mizwa* »Tochter der Pflicht«.

Die »Zeichen« am Arm und das »Denkband« am Kopf nennt man im Judentum »Tefillin« oder »Gebetsriemen«. An den Tefillin sind kleine würfelförmige Lederbehälter befestigt, in denen ausgewählte, von besonders dazu bestimmten Schreibern sorgfältig mit der Hand auf Pergament abgeschriebene Bibeltexte aufbewahrt sind, darunter auch das *sch'ma jisrael*. Männliche jüdische Jugendliche lernen, ehe sie im Alter von 13 Jahren in den Kreis der erwachsenen Gemeindemitglieder aufgenommen werden, wie man die Tefillin anlegt: am linken Oberarm und an der Stirn. Fromme Juden tragen die Tefillin an Werktagen während des Morgengebets; das *sch'ma jisrael* und die anderen Bibeltexte gehen mit dem Körper des Beters eine ganz unmittelbare, spürbare Verbindung ein.

Die »Worte«, die Juden an die »Pfosten« ihres »Hauses« und ihrer »Tore« schreiben sollen, leben fort im Brauch der so genannten »Me-

Links: Einem jüdischen Jungen werden zur Bar Mizwa die Tefillin angelegt.
Rechts: Mesusa.

susa« (hebräisch wörtlich: »Türpfosten«). An den rechten Türpfosten jüdischer Häuser und Wohnungen werden kleine, zum Teil kunstvoll geschmückte Behälter angebracht, die ähnlich wie die Lederkapseln der Tefillin winzige Pergamentrollen mit den ersten beiden Teilen des *sch'ma jisrael* enthalten. Wer nach Hause kommt oder das Haus verlässt, berührt die Mesusa mit der Hand, küsst sie sogar. Zum Vergleich sei daran erinnert, dass in katholischen Kirchen und in katholischen Gegenden gelegentlich auch noch am Wohnungseingang ein Weihwasserbehälter zu finden ist …

Sehr deutlich wird das Besondere des jüdischen Gottesglaubens auch an der Art, wie Jüdinnen und Juden mit dem *Namen Gottes* umgehen. Der Gott Israels trägt neben anderen Namen, die in der Bibel auch für andere altorientalische Gottheiten verwendet wurden (z.B. *elohim* oder *el*), einen Namen, der nur ihm allein vorbehalten ist. Dieser Name besteht aus vier hebräischen Buchstaben יהוה, über deren Bedeutung und Aussprache man sich in der Bibelwissenschaft viele Gedanken gemacht hat. Vermutlich sind die vier Buchstaben als »JHWH« (sprich: *jachwäh*) lesbar und vom Wortstamm des hebräischen Verbs »sein«/«werden« abgeleitet. Woher stammt diese zunächst rätselhaft anmutende Gottesbezeichnung? Die Bibel erzählt dazu folgende Begebenheit:

Hebräisch. Semitische Sprache, von rechts nach links geschrieben. Da die semitischen Sprachen ursprünglich nur Konsonanten schreiben, ergeben sich oft große Unklarheiten bezüglich der Aussprache, aber auch bezüglich der genauen Bedeutung. Erst im 5. Jahrhundert n.Chr. entwickelten jüdische Gelehrte ein System von Punkten und Strichen, mit dessen Hilfe unter und über den Konsonanten die richtige Aussprache angezeigt wird.

**Gotteslästerliche
Briefmarke in Israel
soll eingezogen werden**

Rabbiner in Israel wollen den Bann gegen eine Briefmarke mit einem religiösen Motiv aussprechen. Das sagte der Geistliche der Siedlung Telstone, Ariel Schulman. Die Marke aus der Serie jüdischer Monatsnamen ist dem Elul, dem letzten Monat im jüdischen Kalender, gewidmet. Sie zeigt ein aufgeschlagenes Gebetbuch mit den Bußpsalmen dieser Woche. In den Zeilen verbergen sich – nur mit der Lupe zu finden – mehrere Namen Gottes. Nach dem Religionsgesetz aber darf der Gottesname nur zu religiösen Zwecken benutzt werden. Eine Briefmarke aber wird beleckt und bestempelt. Das käme einer Gotteslästerung gleich, sagen die Rabbiner. Die Regierung wird nun entscheiden, ob die Briefmarke einzuziehen ist. Religiöse Juden werden die Marke jedenfalls nicht kaufen und nicht auf Briefe kleben. (Wer sie aber schon erstanden hat, darf sie auch nicht wegwerfen. Er muss sie in die Geniza der Synagoge, den Aufbewahrungsort für »verbrauchte« oder verbotene Schriften, bringen. Von dort aus wird sie dann später einmal auf dem Friedhof begraben.)

Frankfurter Allgemeine Zeitung vom 25. Mai 2002

Mose erschlägt im Zorn einen ägyptischen Aufseher, der auf einen israelitischen Arbeiter eingeprügelt hat. Er muss in die Steppe fliehen. Dort begegnet er in einem Dornbusch, der brennt und doch nicht verbrennt, der Stimme Gottes, die ihn zum Anführer und Befreier des Volkes Israel machen will. Mose, von dem es heißt, er habe »eine schwere Sprache und eine schwere Zunge« gehabt (vgl. 2. Mose 4,10), zögert, diesen Auftrag anzunehmen. Dann aber fragt er Gott nach dessen Namen, damit er sich wenigstens durch dieses Wissen gegenüber seinem Volk ausweisen und erklären kann, in wessen Auftrag er spreche. Die Antwort lautet: »Ich werde sein, der ich sein werde« (2. Mose 3,14). Diese Antwort, die der vermutlichen Bedeutung des Wortes »Jahwe« sehr nahe kommen dürfte, betont vor allem die Unverfügbarkeit Gottes. Ältere Bibelausgaben übersetzen deshalb noch im Präsens: »Ich bin, der ich bin.« Richtiger ist aber wohl die futurische Übersetzung, denn der Name »Jahwe« bedeutet auch, dass der Gott Israels ein Gott der Zukunft und damit auch der Geschichte ist. Weiterhin schwingt im Wort »Jahwe« wohl eine Art Zuspruch mit, im Sinne von »Ich werde mit euch sein, als der ich mit euch sein werde.«

Bei diesen kompliziert erscheinenden Worterklärungen sollte allerdings nicht vergessen werden, dass Jüdinnen und Juden bis zum heutigen Tage die vier hebräischen Buchstaben יהוה aus Respekt nicht aussprechen. Wann immer sie die vier hebräischen Buchstaben lesen, sagen sie – obwohl sie wissen, dass dort etwas anderes steht – z.B. *ha schem* (hebräisch: »der Name«) oder *adonaj* (hebräisch: »Herr«). Der Lesart *adonaj* folgte auch Martin Luther in seiner Bibelübersetzung. Wir können davon ausgehen, dass immer dann, wenn in der Lutherbibel in Großbuchstaben »HERR« gedruckt ist, im hebräischen Original die Buchstaben יהוה zu finden sind. Die jüdischen Gelehrten, die im 19. Jahrhundert die hebräische Bibel ins Deutsche übersetzten und deren Bibelübersetzung in diesem Kapitel mehrfach zitiert wird, benutzen dort, wo im Hebräischen יהוה steht, die Wendung »der Ewige«.

Der Unverfügbarkeit und dem Geheimnis des Gottesnamens entspricht das Bilderverbot der hebräischen Bibel. Bilder von Gottheiten waren im Alten Orient allgemein verbreitet und auch Israel geriet immer wieder in Versuchung, sich Gott bildlich vorzustellen. Der Gott Israels aber verbietet kategorisch jeden Versuch, sich »ein Bild von ihm zu machen«:

»Ich bin der Ewige, dein Gott, der ich dich geführt aus dem Lande Ägypten, aus dem Knechthause. Du sollst keine fremden Götter haben vor mir; du sollst dir kein Bild machen, kein Abbild des, was im Himmel droben und was auf Erden hier unten und was im Wasser unter der Erde …«

2. Mose 20, 2–4

Diese Sätze stehen am Anfang der »Zehn Gebote«. Gemeint ist mit ihnen tatsächlich wohl nur, dass Israel sich kein Bild *von Gott* machen soll. Die jüdische Tradition hat das Verbot aber häufig auch auf Darstellungen des Menschen ausgedehnt, der nach 1. Mose 1,27 als »Ebenbild Gottes« bezeichnet wird. Dieses »Bilderverbot« hatte u.a. Auswirkungen auf die jüdische Kunst. Während es in der christlichen Tradition eine große Anzahl berühmter Maler und Bildhauer gibt, die sich bemüht haben, die Erzählungen der Bibel in Werke der bildenden Kunst umzusetzen, hielt sich die jüdische Tradition in dieser Hinsicht stets sehr zurück. Eine berühmte Ausnahme bildet das umfangreiche Werk Marc Chagalls (1887–1985).

Der Gott Israels ist also der Unverfügbare, der ganz Andere; er ist der Gott, von dem man sich kein Bild machen soll.

Der Gott Israels ist aber auch der Gott, der seinem Volk mit sehr konkreten Forderungen entgegentritt. Wer das Besondere des jüdischen Gottesglaubens verstehen will, muss deshalb auch wissen, was Jüdinnen und Juden mit dem Wort *Tora* verbinden.

Die Tora: Gottes Weisungen

Das Wort *tora* bedeutet im Hebräischen »Lehre«, »Weisung«. Im engeren Sinne umfasst die *tora* die fünf Bücher Mose, die man mit einem griechischen Fremdwort auch als *Pentateuch* (»Fünfrollenbuch«) bezeichnet. Diese Bücher wurden nach jüdischer Tradition Mose direkt von Gott »gegeben«. Sie werden deshalb bis heute nach ganz bestimmten Regeln mit der Hand auf Pergamentrollen geschrieben und als »Königin Tora« in kostbares Tuch gehüllt. Man hängt dieser »Königin« ein silbernes Schild um und versieht sie mit einer silbernen Tora-Krone.

Torarollen werden in der Synagoge in einem besonderen Schrein aufbewahrt. Im jüdischen Gottesdienst spielen sie eine zentrale Rolle.

Aus Respekt vor der Tora, aber auch um die teuren Schriftrollen zu schonen, berührt man die Zeilen des hebräischen Textes nicht mit den Fingern, sondern mit einem oft kostbar verzierten Zeigeinstrument, dem »Torafinger«.

Wenn eine Torarolle abgenutzt ist und nicht mehr verwendet werden kann, wirft man sie nicht einfach weg, sondern hält sie weiter in Ehren: Man bewahrt die Schriftrolle, die den heiligen Namen Gottes enthält, in einem speziellen Raum der Synagoge auf oder setzt sie sogar auf dem Friedhof bei.

All dies zeigt, wie irreführend es ist, das Wort *tora* im Deutschen ohne weitere Erläuterung mit dem Begriff »Gesetz« wiederzugeben. So geschieht es in der christlichen Tradition noch vielfach bis auf den heutigen Tag, was zu vielen Missverständnissen und falschen Bewertungen der jüdischen Religiosität führt. Der *tora* angemessener ist die

Bibel. Von griechisch *biblia* »Buchrollen«, »Schriften«, »Bücher«; im Griechischen bezeichnet *byblos* auch das in der Antike verbreitete Schreibmaterial Papyrus, das vor allem auch in der Hafenstadt Byblos, in der Nähe des heutigen Beirut, umgeschlagen und eingeschifft wurde.
Im ersten Jahrhundert n.Chr. bezog sich der Begriff »Bibel« zunächst auf die Tora und die anderen heiligen Schriften des Judentums, seit dem 4. Jahrhundert n.Chr. meint er die heiligen Schriften des Christentums, bestehend aus Altem Testament und Neuem Testament.

Pergament. Sehr haltbares Schreibmaterial aus bearbeiteten Schaf-, Kalb- oder Ziegenfellen, benannt nach der kleinasiatischen Stadt Pergamon, in der in der Antike besonders feines Pergament hergestellt wurde.

Papyrus. Bis zu 4 m hohe Sumpfstaude, deren Mark in dünne Streifen geschnitten, übereinander gelegt und geglättet wurde; der austretende Saft diente als Klebstoff und es entstand »Papier«, auf dem man schreiben konnte.

Übersetzung »Weisung«. Jüdinnen und Juden sehen in der *tora* nicht in erster Linie juristische Vorschriften, bei deren Nicht-Einhaltung man mit Strafe rechnen muss. *Tora* meint für sie vielmehr etwas sehr Positives: ein Geschenk Gottes, an dem man sich freut, für das man dankbar ist, zu dem man gefühlsmäßige Bindungen entwickeln und das man lieben kann – fast wie einen Menschen. Am alljährlichen Torafest wird in den Synagogen und auf den Straßen Israels sogar mit der Tora im Arm getanzt.

Torafinger.

Die Ausübung des Gottesdienstes ist im Judentum traditionellerweise Männersache. Rabbiner sind von Alters her Männer. Noch heute sitzen in den meisten Synagogen Männer und Frauen getrennt. Zur Durchführung eines jüdischen Gottesdienstes bedarf es nach der Überlieferung der Anwesenheit von mindestens zehn männlichen Juden im Alter von mehr als 13 Jahren. Umso überraschender und für viele auch provozierend ist es, dass im so genannten »Reformjudentum« versucht wird, die alten jüdischen Traditionen der modernen Zeit anzupassen: Das Foto zeigt die französische Rabbinerin Pauline Bebe mit einer Torarolle im Arm.

Altes Testament. Das Wort *testamentum* ist die lateinische Übersetzung des hebräischen Wortes für »Bund«; es ist insofern irreführend, als es das Missverständnis nahe legt, der »alte Bund«, den Gott mit Israel am Sinai geschlossen hat, sei durch den »neuen Bund« in Jesus Christus überholt. Die Redeweise hat sich aber eingebürgert, der Begriff »Altes Testament« sollte im Sinne von »alt-ursprünglich« als »Erstes Testament« und nicht im Sinne von »alt-überholt« verstanden werden. Jüdinnen und Juden bezeichen das »Alte Testament« als *tenach.*

Tenach. Hebräisches Kunstwort, bestehend aus den Anfangsbuchstaben der Wörter *tora* »fünf Bücher Mose«, *nebiim* »Propheten« und *ketubim* »Schriften« (gemeint sind die Psalmen und die »Lehrbücher« des »Alten Testaments«).

Talmudkommentare. Die genaue Bedeutung der oft kontroversen Aussagen des Talmud wurde in der Geschichte des Judentums immer wieder in berühmten Talmudkommentaren diskutiert. Besondere Bedeutung haben bis heute die Kommentare des französischen Taldmudgelehrten Raschi (1040–1105), des spanischen Philosophen und Arztes Moses Maimonides (1135–1204) und des spanischen Talmudforschers Joseph Karo (1488–1575).

Im weiteren Sinne kann *tora* alle Bücher der hebräischen Bibel – von Christen meist »Altes Testament« genannt –, dann aber auch die jüdische Tradition, die sich um die rechte Auslegung der fünf Bücher Mose bemüht, bezeichnen. Eine besondere Bedeutung hat dabei der *Talmud* (hebräisch »die Lehre«, »das Studium«). Der Talmud ist ein gewaltiges Sammelwerk von Kommentaren und Auslegungen der biblischen Bücher. Sein Umfang übertrifft die Bibel um ein Vielfaches. Der Kern des Talmud wird »Mischna« genannt; er entstand etwa um 200 n.Chr. Die Redaktion des Talmuds, wie er heute vorliegt, wird auf das 5. und 6. Jahrhundert n.Chr. datiert. Dabei entstanden zwei Varianten dieses Werkes, die man nach dem Ort ihrer Redaktion als »Babylonischer« und »Jerusalemischer Talmud« bezeichnet. Im Talmud wird oft kontrovers diskutiert, Meinung steht gegen Meinung, Auslegung gegen Auslegung. Die Talmudgelehrten sind stets bemüht, die Offenbarungen Gottes in den Alltag der jeweiligen Zeit zu übertragen. Vielfalt und kontroverse Positionen auszuhalten oder gar zu fördern ist bis heute eine der Stärken jüdischen Denkens. Um die rechte Auslegung der Tora wird gestritten. Es gibt im Judentum keine zentrale Instanz, die entscheiden könnte, was richtig und was falsch ist. Von den beiden berühmten jüdischen Gelehrten Hillel und Schamai, die wenige Jahrzehnte vor Jesus lebten, wird erzählt, dass sie sich über eine Auslegungsfrage nicht einigen konnten. Schließlich baten sie den Himmel um Hilfe. Die Antwort von oben lautete prompt: »Sowohl die eine als auch die andere Auslegung sind die Worte des lebendigen Gottes!«

Das Studium der Tora und des Talmud haben im Judentum hohes Ansehen. Um diese heiligen Schriften aber zu verstehen, mussten und müssen Juden in allen Teilen der Welt von früh an nicht nur lesen und schreiben, sondern vor allem auch eine nicht ganz einfache Fremdsprache lernen: das biblische Hebräisch. Diese Kenntnisse sicherten der jüdischen Bevölkerung einen durchgängig hohen Bildungsstand, und zwar schon zu Zeiten, als die Mehrheit der Bevölkerung noch aus Analphabeten bestand.

Das Judentum ist keine missionarische Religion. Der Wechsel von einer anderen Religion zum Judentum ist eine ungewöhnliche Ausnahme und unterliegt einem recht komplizierten Aufnahmeverfahren. Als Jude gilt, wer von einer jüdischen Mutter geboren wurde. Und dementsprechend erfährt man normalerweise nicht in erster Linie aus Büchern, sondern durch das Aufwachsen in einer jüdischen Familie und Umgebung, was Judesein bedeutet. Ähnlich wie im Islam steht das Tun des Glaubens im Vordergrund. Dieses Tun des Glaubens zeigt sich besonders in zwei Bereichen des jüdischen Lebens:

1. in der Feier der jüdischen Feste,
2. in der mehr oder weniger strengen Befolgung von so genannten *mizwot*, d.h. von aus der Tora abgeleiteten Regeln, die dem jüdischen Leben eine bestimmte Ordnung geben sollen.

Juden zweier Generationen beim Tora-Studium. Der junge Mann trägt eine Kippa, ein kleines, rundes Häkel- oder Stoffkäppchen. Die Kippa, Zeichen der Demut und des Respekts, ein Bekleidungsstück für Männer, kann auch durch eine andere Kopfbedeckung ersetzt werden. Die Kippa wird von orthodoxen Juden ständig getragen (meist unter einem schwarzen Hut) und von konservativen Juden zumindest bei der Beschäftigung mit religiösen Dingen. Selbst im liberalen Judentum wird meist nicht völlig auf die Kippa verzichtet.

Im Alter von 5 Jahren beginnt für Kinder religiöser jüdischer Familien das Studium der Tora. Für die Jüngeren, die noch nicht lesen können, gibt es die Tora zum Kuscheln.

Bei den jüdischen Festen kann, wie in anderen Religionen auch, unterschieden werden zwischen Feiertagen, die im Lebenslauf des Einzelnen ihren »Sitz im Leben« haben (also etwa Beschneidung des männlichen Nachwuchses am achten Tag nach der Geburt, Bar Mizwa oder Hochzeit), und Gemeinschaftsfesten, die im Zyklus des jüdischen Kalenderjahres verankert sind. Die jüdischen Feste zeichnen sich durch eine große Vielfalt aus. Im Folgenden soll es beispielhaft nur um einen hohen Feiertag gehen: das Passa- oder Pessachfest, das um unsere Osterzeit herum gefeiert wird:

»Pessach, das Fest der Freiheit, ist das wichtigste Fest des Jahres. Alle versuchen, wenigstens diesen Tag mit der ganzen Familie zu verbringen. Geprägt sind die acht Tage des Pessachfestes dadurch, dass in dieser Zeit kein Brot und kein Gesäuertes im Haus sein dürfen, stattdessen werden *Matzot* (ungesäuerte Fladenbrote) gegessen: Die Befreiung (aus Ägypten) geschah so plötzlich, dass nur eilig gebackene Fladen als Proviant mitgenommen werden konnten. Am ersten und zweiten Abend wird in großer Runde, mit Familie und Freunden, die *Haggadah* gelesen, die Erzählung vom Auszug aus Ägypten. Als ob wir selbst aus Ägypten herausgezogen sind, so sollen wir die Geschichte erzählen und verstehen. Die Bitterkeit der Sklaverei schmecken wir, indem wir Meerrettich essen, die Tränen der Unterdrückten teilen wir, indem wir einen Bissen in Salzwasser tauchen, an die Eile erinnern wir uns, indem wir die trockenen Fladen, das Brot des Elends, essen.

Aber wir erzählen nicht nur die ganz alte Geschichte, wir erinnern uns auch, wie die Generationen vor uns Pessach verstanden haben. Vom ersten Pessach, dem hastigen Mahl vor der Befreiung aus Ägypten, reiht sich eine Kette durch die Jahre und Jahrhunderte, und die Jahre und Jahrhunderte vermischen sich. Wie es war, Pessach heimlich zu feiern, zur Zeit der Inquisition in Spanien? Wir erinnern uns daran, wie häufig gerade zu Pessach Pogrome begannen, weil in den christlichen Kirchen wenige Tage zuvor, zu Ostern, gepredigt worden war, die Juden hätten Jesus umgebracht ...«

Shira Berg

www.hagalil.com
www.juden.de

Pogrom. Russisch »Verwüstung«; Bezeichnung für Gewalttaten und Ausschreitungen gegenüber Juden und anderen Minderheiten, vor allem in Osteuropa und Russland.

Inquisition. Von lateinisch *inquisitio* »gerichtliche Untersuchung«; Bezeichnung für die seit dem Mittelalter von der christlichen Kirche zur Verfolgung, Anklage und Verurteilung von so genannten »Ketzern« eingerichtete Behörde; die Inquisition wurde meist mit staatlicher Hilfe betrieben.

Schon diese wenigen Hinweise zum Passafest zeigen, dass jüdische Frömmigkeit und jüdisches Brauchtum von einer reichen und sehr vielschichtigen Symbolik geprägt sind. Nicht-Juden können viele Bücher über das Judentum lesen und doch werden sie immer wieder staunend vor überraschend Neuem stehen.

Der Eindruck der kaum überschaubaren Vielfalt der Feste und Bräuche verstärkt sich, wenn der Außenstehende erfährt, dass es nicht nur für die jüdischen Feiertage, sondern auch für den Alltag eines Juden und einer Jüdin eine große Fülle von Verhaltensregeln gibt: Das jüdische Leben wird nach der Tradition von 613 Regeln oder Geboten,

Jüdische Familie orientalischer Herkunft beim Passamahl. Im Vordergrund der so genannte Sederteller mit den für das Passamahl charakteristischen Speisen. Neben Matzot, Meerrettich und Salz erkennt man ein Fruchtmus, das auf den Lehm der Ziegelherstellung während der ägyptischen Fronarbeit verweist, einen Lammknochen, der an die vor dem Auszug aus Ägypten geschlachteten Lämmer erinnert, Salat, der für die verheißenen Früchte des Landes Kanaan steht, sowie hart gekochte Eier, die die Trauer über die Zerstörung des Tempels in Jerusalem ausdrücken sollen.

so genannten *mizwot*, bestimmt. 248 davon, so viele wie der Mensch Knochen hat, sind Gebote; 365 davon, so viele wie das Jahr Tage hat, sind Verbote. So sind z.B. bestimmte Speisen für Jüdinnen und Juden erlaubt (*koscher*), andere nicht. Oder: Der Sabbat soll frei sein von jeder Form von Arbeit, das heißt zum Beispiel, dass kein Feuer angezündet werden darf, dass nicht gekocht werden darf, dass der Aufzug nicht benutzt, dass nicht mit Geld hantiert wird, dass der Computer ausgeschaltet bleibt oder eben auch, dass man eine Fahrkarte für die S-Bahn am Sabbat nicht entwerten oder gar die S-Bahn benutzen soll. Gerade in einer nicht-jüdischen Umgebung können solche *mizwot* zu einigen Problemen führen:

»milchig« / »fleischig«. Zwischen »milchigen« und »fleischigen« Mahlzeiten müssen der Überlieferung nach drei Stunden liegen, d.h., dass man in der israelischen Fluglinie EL AL zum Beispiel nach einer Fleischmahlzeit keinen Kaffee mit Milch serviert bekommen wird. Um eine Vermischung von »Milchigem« und »Fleischigem« zu vermeiden, gibt es in jüdischen Küchen zweierlei Töpfe, Geschirr und Besteck. Vgl hierzu:

5. Mose 14,21
2. Mose 23,19

Denkbarer Hintergrund dieser Verse: Bei der Urbevölkerung Kanaans gab es eine kultische Handlung, bei der Lämmer in der Milch des Muttertieres gekocht wurden; Israel hätte dann durch dieses Gebot versucht, sich von seiner Nachbarreligion abzugrenzen.

»Die Frau am Fahrkartenschalter guckt mich erstaunt an: ›Das ist doch ganz einfach. Sie stempeln die Fahrkarte erst ab, wenn Sie die S-Bahn benutzen. Wieso wollen Sie sie denn vorher schon entwerten, das macht doch keinen Sinn!‹

Stimmt, es machte wirklich keinen Sinn. Und woher sollte sie wissen, dass ich nach einer Möglichkeit suchte, Schabbat zu halten und trotzdem S-Bahn zu fahren?

Auch die folgenden Hinweise zur Küche klingen aufs Erste absurd: ›Also, wie gesagt, bringt bitte kein Fleisch in diese Küche, es ist alles milchig. Und das Geschirr im Wohnzimmerschrank benutzt bitte nicht, das ist fleischig.‹

Jüdisches Leben scheint Außenstehenden manchmal äußerst kompliziert und unlogisch … Warum halten sich intelligente junge Leute heute an Regeln, die vor Jahrhunderten entstanden sind? Dinge so zu tun, wie sie seit Jahrhunderten getan wurden, bestätigt über alle Entfernung und Zerstörung hinweg die Verbindung zwischen uns und den Generationen, die vor uns waren. Gleichzeitig wird in diesen vielen Kleinigkeiten die besondere Beziehung zwischen Gott und Israel gefeiert. Die Tradition kennt eine Liste von 613 Mizwot, die das Alltagsleben und besondere Momente regeln. Mizwot wird oft mit ›Gebote‹ übersetzt, es bedeutet aber viel mehr als eine Vorschrift, die ich erfülle, ohne zu fragen warum. ›Es ist doch eine Mizwe‹ bedeutet: Es ist mir doch eine Herzensangelegenheit dabei zu sein, wenn der Grabstein deines Vaters aufgestellt wird oder wenn du nach der Geburt deines Kindes zum ersten Mal wieder am Gottesdienst teilnimmst.

Im Bereich der Küche und des Essens gibt es besonders genaue Bestimmungen. Wobei, das soll betont werden, die Mehrheit der Juden sich nicht an die Regeln – oder nicht an alle – hält. Manchmal klingt das dann so: ›Nein, ich halte nicht koscher, ich bin ja nicht religiös und altmodisch, aber Schweinefleisch – das schmeckt einfach schlecht.‹ Koscher hat nichts mit ›rein‹ zu tun, es bedeutet ›brauchbar‹, d.h. den Regeln entsprechend. Grundregel für eine koschere Küche ist, dass Milch und Fleisch konsequent getrennt werden – keine Rahmsauce an den Braten, und keine Milch in den Kaffee nach dem Hühnchen. Zurückgeführt wird das auf einen biblischen Vers, in dem es heißt: ›Du sollst das Zicklein nicht in der Milch seiner Mutter kochen.‹

Shira Berg

Gelegentlich wird versucht, für einzelne *mizwot* vernünftige oder auch historische Begründungen zu finden. So kann man überlegen, ob Schweinefleisch, zumal in heißen Ländern, besonders anfällig ist für die Übertragung von Trichinose, einer auch für den Menschen gefährlichen, durch Parasiten hervorgerufenen Infektionskrankheit. Und gab es im Umkreis Israels nicht Kulturen, in denen das Schwein religiöse Verehrung genoss? Wollte Israel sich auf diese Weise von den

Nachbarkulturen abgrenzen? Oder man kann darüber nachdenken, ob die Beschneidung, die Entfernung der Penisvorhaut, aus medizinisch-hygienischer Sicht Vorteile mit sich bringt. Im Grunde gehen solche Überlegungen jedoch, wie Shira Berg humorvoll ausführt, an der Absicht der *mizwot* vorbei. Ihr Sinn ist es vor allem, an die biblischen Ursprünge des Judentums zu erinnern und dadurch den Zusammenhalt und die Identität einer religiösen Minderheit zu stärken. Dieser Sinn wird auch nicht außer Kraft gesetzt, wenn viele Jüdinnen und Juden in- und außerhalb Israels heute sehr liberal und freizügig mit diesen Regeln umgehen. Einige werden eben doch beachtet, und sei es aus Gewohnheit und Tradition. Das Prinzip bleibt jedenfalls gewahrt. Und wie in allen Religionen gibt es auch im Judentum religiöse Gruppierungen, die es mit den Regeln besonders ernst nehmen. Solche »orthodoxen« Juden scheinen einerseits oft ein wenig weltfremd und verbissen zu sein, andererseits stellen sie für die anderen, liberaleren Jüdinnen und Juden eine ständige Mahnung dar, die alten Gebote nicht allzu leichtfertig zu missachten.

Beispiel einer EL AL-Anzeige zum jüdischen Pessach-Fest 2003.

Orthodox. Griechisch »rechter Glaube«; in diesem Sinne gibt es »orthodoxe«, die jeweiligen Glaubensaussagen besonders streng auslegende Gruppierungen in jeder Religion; im Christentum bezieht sich das Wort »Orthodoxie« auf die so genannten »Ostkirchen«, also diejenigen christlichen Kirchen, die sich in ihrer gottesdienstlichen Tradition und Kirchenordnung von der alten Kirche in Byzanz ableiten.

Orthodoxe Juden in Jerusalem – erkennbar an ihrer schwarzen, aus dem Osteuropa des 18. und 19. Jahrhunderts nach Israel mitgebrachten Kleidung – fordern, dass am Sabbat Straßen für den Autoverkehr gesperrt werden. Der Junge im Vordergrund zeigt, dass er auch das Fotografieren als einen Verstoß gegen die Tora empfindet. Etwa ein Viertel der in Israel lebenden Juden kann als orthodox bezeichnet werden.

Man kann sich vielleicht darüber mokieren, dass orthodoxe Juden in Israel die *mizwot* so streng auslegen, dass selbst die Benutzung von Autos am Sabbat verboten sein soll. Andererseits kann man sich aber fragen, ob nicht gerade eine sich immer schneller wandelnde, hektische Welt wie die unsere vom Judentum lernen könnte, dass der Mensch auch Zeiten der Ruhe und des Nachdenkens braucht. Vielleicht ist die kulturgeschichtliche Erfindung eines allwöchentlichen Ruhetags ein Geschenk des Judentums an die Menschheit, ein Geschenk, dessen Wert es in der rasanten Welt des 21. Jahrhunderts noch einmal ganz neu zu entdecken gilt.

Der Sabbat ist die wichtigste Idee innerhalb der Bibel und innerhalb des späten Judentums … Es war das am striktesten befolgte Gebot in den 2000 Jahren des Lebens in der Diaspora, obwohl gerade diese die Einhaltung erschwerte. Es ist kaum zu bezweifeln, dass der Sabbat ein Lebensquell für die in alle Winde zerstreuten, machtlosen und oft verfolgten Juden war; dass sich ihr Stolz und ihre Würde erneuerten, wenn sie wie Könige den Sabbat feierten. Ist der Sabbat nichts weiter als ein Tag der Ruhe im weltlichen Sinn der Befreiung des Menschen von der Last der Arbeit, wenigstens an einem Tag? Natürlich ist er auch das, und diese Funktion macht ihn zu einer der großen Errungenschaften in der Evolution des Menschen. Doch wenn dies alles wäre, hätte der Sabbat wohl kaum die zentrale Rolle gespielt, die ich eben beschrieben habe.

Um diese Rolle zu verstehen, müssen wir zum Kern dieser Institution vordringen. Es handelt sich um Ruhe an sich in dem Sinne, dass man jegliche physische und geistige Anstrengung meidet; es geht um Ruhe im Sinne der Wiederherstellung vollständiger Harmonie zwischen den Menschen und zwischen Mensch und Natur. Nichts darf zerstört und nichts aufgebaut werden; der Sabbat ist ein Tag des Waffenstillstandes im Kampf des Menschen mit der Natur. Sogar das Abreißen eines Grashalmes wird ebenso als eine Verletzung dieser Harmonie angesehen wie das Entzünden eines Streichholzes. Auch keine gesellschaftlichen Veränderungen dürfen vorgenommen werden. Das ist der Grund, warum es verboten ist, etwas auf der Straße zu tragen, selbst wenn es so wenig wiegt wie ein Taschentuch, während es erlaubt ist, im eigenen Garten eine schwere Last zu tragen. Nicht das Tragen als solches ist verboten, sondern der Transport eines Objektes von einem privaten Grundstück zu einem anderen, da es sich bei einem solchen Transfer ursprünglich um die Veränderung von Eigentumsverhältnissen handelte. Am Sabbat lebt der Mensch, als hätte er nichts, als verfolge er kein Ziel außer zu sein, das heißt seine wesentlichen Kräfte auszuüben – beten, studieren, essen, trinken, singen, lieben.

Der Sabbat ist ein Tag der Freude, weil der Mensch an diesem Tag ganz er selbst ist. Das ist der Grund, warum der Talmud den Sabbat die Vorwegnahme der Messianischen Zeit nennt und die Messianische Zeit den nie endenden Sabbat: der Tag, an dem Besitz und Geld ebenso tabu sind wie Kummer und Traurigkeit, ein Tag, an dem die Zeit besiegt ist und ausschließlich das Sein herrscht.

Erich Fromm

Diaspora. Griechisch »Zerstreuung«; Bezeichnung für eine unter Andersdenkenden zerstreut lebende nationale, ethnische oder religiöse Minderheit.

Juden und Deutsche – ein schwieriges Verhältnis

3. Mose 1,1–17

Leviticus. Lateinische Bezeichnung für das 3. Buch Mose, in dem Opferrituale und andere kultische Vorschriften für Priester des Stammes Levi erläutert werden; Jüdinnen und Juden nennen das 3. Buch Mose *vajikra* »und er rief«.

Jesaja 10,3; 47,11

Der Zusammenbruch der nationalsozialistischen Diktatur liegt über ein halbes Jahrhundert zurück. Dennoch ist das unabdingbar damit verbundene Schicksal von Juden in Deutschland, Europa und der ganzen Welt nach wie vor kein Thema wie jedes andere. Die industriell organisierte Ermordung von Millionen Juden hat sich fest in die Familiengeschichten der Opfer, aber auch der Täter eingeschrieben. Es ist schwierig, die Verbrechen der Nationalsozialisten in angemessene Worte zu fassen. Dies zeigt sehr deutlich die Suche nach einem halbwegs sinnvollen Begriff für das, was geschehen ist: Nicht zuletzt vor dem Hintergrund einer amerikanischen Fernsehserie Ende der siebziger Jahre sprechen viele, auch Jüdinnen und Juden, von *holocaust*. Dieses aus dem Griechischen stammende englische Wort bedeutet in Anlehnung an die Sprache der Bibel »völlig verbrannt«; es bezieht sich auf das in der Tora verschiedentlich erwähnte »Brandopfer«, bei dem im alten Israel das Opfertier auf dem Altar vollständig verbrannt wurde. Diesen Begriff auf den Massenmord an der jüdischen Bevölkerung zu beziehen, erscheint bei näherer Betrachtung als nicht ganz durchdacht, ja geradezu zynisch, weil man bei den in der Tora beschriebenen Brandopfern von der Annahme ausgeht, dass der Gott Israels selbst diese Opfer wollte. Zunehmend verwendet man deshalb statt *holocaust* den Begriff *shoa*. Dies ist ein ebenfalls in der hebräischen Bibel vorkommendes Wort mit der Bedeutung »Unheil«, »Katastrophe«. In Israel wird der *jom haschoa* (der »Tag der shoa«) jedes Frühjahr als

Am *jom haschoa*, dem Holocaust-Gedenktag am 27. Nisan, bleiben alle Fußgänger und Autofahrer beim Ertönen einer Sirene stehen und verharren zwei Minuten in Schweigen. (Der 27. Nisan fällt nach unserem Kalender beweglich in den April oder Mai.)

Rechte Seite:
Installation »Shalechet« von Menashe Kadishman (geb. 1932) im Jüdischen Museum Berlin.

Hora. Volkstanz, bei dem die Tänzerinnen und Tänzer einen Kreis bilden und sich mit eingehakten Armen in die Mitte und wieder zurück bewegen.

Frankfurter Schule. Kreis anfangs fast ausschließlich jüdischer Philosophen und Soziologen (u.a. Max Horkheimer, Theodor W. Adorno, Herbert Marcuse, Erich Fromm und Walter Benjamin), die am 1923 gegründeten Frankfurter Institut für Sozialforschung arbeiteten und zur Zeit des Nationalsozialismus in die USA emigrieren mussten; die Frankfurter Schule hatte großen Einfluss auf die Studentenbewegung der sechziger Jahre.

»Schriftrollen vom Toten Meer«. 1947 wurden in Qumran am Toten Meer mehrere hundert über 2000 Jahre alte Schriftrollen aus Pergament und Papyrus gefunden, unter ihnen zwei fast unbeschädigte Abschriften des Prophetenbuches Jesaja. Der Fund war und ist für die Rekonstruktion der ursprünglichen Bibeltexte und für das Verständnis der Kultur- und Religionsgeschichte von unschätzbarer Bedeutung.

www.qumran.org
www.imj.org.il

Tipps und Hilfestellungen im Umgang mit »jüdischen Mitbürgern«

Achtung: Der folgende Text ist ironisch gemeint. Sollten Sie sich irgendwo auf die Zehen getreten fühlen, war das keineswegs unbeabsichtigt. Sämtliche Ähnlichkeiten sind – leider nicht – frei erfunden. (Wir wären die ersten, die sich darüber freuen würden, wenn es denn so wäre!)

1. Sie dürfen ruhig »Jude« sagen. Das Wort ist nicht beleidigend. Wenn es Ihnen dennoch nur schwer über die Lippen kommt, dann hat das damit zu tun, dass irgendwo in Ihrem Hinterkopf noch Rudimente früherer Zeiten stecken. Das allerdings ist Ihr Problem, nicht unseres.

2. Judentum ist keine Frage der Bruchrechnung. Wenn Sie einem Juden vorgestellt werden, fragen Sie bitte nicht als erstes, ob er »Volljude« ist. Verweisen Sie auch nicht auf eine Urgroßmutter namens Sarah, die Sie möglicherweise zu einem »Achteljuden« macht. Und falls Sie es doch tun, erwarten Sie nicht, dass Ihr Gesprächspartner mit Ihnen deshalb sofort Brüderschaft trinkt.

3. Erzählen Sie keine jüdischen Witze. Erstens besteht immer die Gefahr, dass Sie, einmal in Schwung, statt jüdischer Witze »Judenwitze« erzählen. Das trübt die Stimmung. Zweitens laufen Sie Gefahr, Ihren Gesprächspartner zu langweilen. Der kennt die Witze nämlich alle schon – besser erzählt.

4. Wir sind nicht alle Israelis. Die meisten Israelis sind Juden. Daraus den Umkehrschluss zu ziehen, die meisten Juden seien auch Israelis, ist unlogisch. Deshalb ist, wenn Sie Kritik an der israelischen Sicherheitspolitik haben, der Optiker Levy von nebenan nicht der geeignetste und sachkundigste Ansprechpartner. Und Ihrer Frauengruppe das Horatanzen beibringen kann er wahrscheinlich auch nicht.

5. Wir sind nicht alle reich. Statistisch ist der Reichtum unter Juden genauso ungleich verteilt wie unter dem Rest der Bevölkerung. Deshalb sollten Sie auch bei einer Diskussion über den derzeitigen Sozialabbau bei einem anwesenden Juden nicht freundlich auf die Schulter klopfen und sagen: »Aber Sie betrifft das alles ja nicht!«

6. Und Genies sind wir auch nicht alle. Die meisten Juden sind genauso dumm wie das Gros der übrigen Menschheit. Die Chancen dafür, dass ihr Gesprächspartner, weil Jude, Experte über die Frankfurter Schule ist (weil die ja meist auch Juden usw.), sind relativ gering. Wahrscheinlicher ist, dass er »Adorno« für einen trockenen Toskanawein hält.

7. Ebensowenig sind wir alle fromm. Die überwiegende Mehrzahl der Juden trägt weder Bart noch Schläfenlocken und kleidet sich auch nicht in schwarzem Tuch. Deshalb sind knifflige theologische Fragen auch nicht der natürliche Gesprächsstoff, wenn Sie bei einer Cocktailparty einem Juden begegnen. Der weiß nämlich über die Schriftrollen vom Toten Meer auch nur das, was er – wie Sie – beim Frisör in der Illustrierten gelesen hat.

8. Außerdem sind wir nicht das Gewissen der Menschheit. Aus der Tatsache, dass Juden 2000 Jahre lang verfolgt wurden, ergibt sich nicht automatisch, dass Ungerechtigkeiten aller Art unser beliebtester Gesprächsstoff sind. Vermeiden Sie es deshalb bitte, Ihr derzeitiges brennendstes Anliegen – seien es Atommülltransporte, Robbenbabys oder die Lage in Tschetschenien – einem jüdischen Gesprächspartner mit den einleitenden Worten nahe zu bringen: »Gerade Sie als Jude müssten doch verstehen …«

9. Ihre Vergangenheit müssen Sie schon allein bewältigen. Wenn Sie unter dauerhaften Schuldgefühlen leiden, weil Ihr Großonkel in der SS war, ist ein zufällig anwesender Jude nicht unbedingt daran interessiert, darüber Einzelheiten zu erfahren. Suchen Sie in solchen Fällen lieber einen guten (am besten nichtjüdischen) Therapeuten auf.

Michael Wulliger, Jüdische Allgemeine Wochenzeitung

offizieller Gedenktag begangen. Während eines eindrucksvollen Augenblicks ruhen in diesem ansonsten so quirligen Land alle Tätigkeiten. Die Sirenen heulen, die Menschen halten inne, wo immer sie sich gerade aufhalten: in den Fabriken, in den Geschäften und Büros. Auf den Straßen werden die Autos gestoppt. Die Menschen steigen aus, stellen sich neben das Fahrzeug und gedenken der Ermordeten.

Erst sehr allmählich wachsen neue Generationen heran, die sich mit einer etwas größeren Unbefangenheit mit dem Verhältnis von Juden und Deutschen auseinandersetzen können.

Über den schrecklichen Ereignissen des 20. Jahrhunderts gerät leicht in Vergessenheit, dass Juden und Deutsche eine fast 2000 Jahre alte gemeinsame Geschichte haben. Im Jahre 70 n.Chr. zerstörte der römische Feldherr Titus in Zusammenhang mit Aufständen gegen die römische Herrschaft den Jerusalemer Tempel. Damit waren die Juden nach der Zerstörung des Tempels durch die Babylonier (587 v.Chr.)

Nach dem Tod des Titus im Jahr 81 n. Chr. errichteter Triumphbogen auf dem Forum Romanum in Rom: Der Bildausschnitt zeigt, wie der Tempelschatz aus dem Jerusalemer Tempel, darunter der siebenarmige Tempelleuchter, als Beute fortgetragen wird.

www.shoah.de
www.yad-vashem.org.il

deutsch. Anders als »englisch«, »französisch« oder »spanisch« hat das Wort »deutsch« seinen Ursprung nicht im Namen eines bestimmten Stammes oder Landes; das althochdeutsche Wort *diutisc* leitet sich vom germanischen Substantiv *thiot* »Volk« her und bedeutet »zum Volk gehörig«; für das 7. Jahrhundert n.Chr. ist im Altfränkischen die Bezeichnung *theudisk* »zum (fränkischen) Stamm gehörig« belegt; in der latinisierten Form des Mittelalters wurde ab etwa dem 9. Jahrhundert die *theodisca lingua* in Abgrenzung zum »Welschen«/»Romanischen« zur Sammelbezeichnung für die verschiedenen Sprachen der deutschen Stämme. Zur Gründung eines »Deutschen Reiches« kam es erst 1871; das »Heilige Römische Reich« wurde jedoch auch schon im 15./16. Jahrhundert mit dem Zusatz »deutscher Nation« versehen.

Isaac Bashevis Singer (1904–1991). Geboren in Warschau, emigriert Singer 1935 in die USA und wird amerikanischer Staatsbürger. In seinen Romanen und Erzählungen beschreibt er lebendig und eindrucksvoll die inzwischen untergegangene Welt des europäischen Ostjudentums.

zum zweiten Mal ihres wichtigsten Heiligtums beraubt. Unter Kaiser Hadrian wurde im Jahr 135 n.Chr. dann auch die Stadt Jerusalem dem Erdboden gleichgemacht, Juden der Zutritt verwehrt und auf den Trümmern eine römische Stadt namens Aelia Capitolina errichtet.

Spätestens von diesem Zeitpunkt an blieb Juden nichts anderes übrig, als sich neue »Heimaten« zu suchen. Entlang der römischen Handelswege kamen Juden schon wenige Jahrhunderte nach der Zeitenwende auch an den Rhein. In Köln, Mainz, Speyer, Trier, Worms und anderen Städten gründeten sie jüdische Gemeinden. Überlegt man nun, ab wann es überhaupt sinnvoll sein könnte, von »Deutschen« zu sprechen, dann könnte man, etwas zugespitzt, behaupten, dass »Juden« bereits vor den »Deutschen« oder zumindest gleichzeitig mit ihnen in »Deutschland« ihren Wohnsitz nahmen.

Während des Mittelalters finden sich zunächst zahlreiche Beispiele dafür, dass die jüdische Minderheit durchaus hohes Ansehen genoss: Unter dem besonderen Schutz der karolingischen Kaiser stehend, kam der jüdischen Bevölkerung aufgrund ihrer vielfältigen Verbindungen in alle Teile Europas und des Nahen Ostens im Bereich des Fernhandels, aber auch bei diplomatischen Missionen eine große Bedeutung zu. In den großen Gemeinden entlang des Rheins entstanden jüdische Schulen, aus denen berühmte jüdische Gelehrte hervorgingen. Ihnen haben wir wichtige Ausgaben und Kommentare der hebräischen Bibel und des Talmud zu verdanken.

Wenig bekannt ist, dass es noch in unserer heutigen deutschen Sprache zahlreiche Ausdrücke und Redewendungen jüdischen Ursprungs gibt. Die Juden Mittel- und später vor allem auch Osteuropas entwickelten im Mittelalter eine eigene Sprache, deren Kernbestand sich aus mittelhochdeutschen Dialekten herleitet. Im *Jiddischen*, das mit hebräischen Buchstaben von rechts nach links geschrieben wird, vermischte sich diese frühe Stufe der deutschen Sprache vor allem mit hebräischen, aber auch slawischen Elementen. Anfang des 20. Jahrhunderts wurde Jiddisch noch von etwa 11 Millionen Juden hauptsächlich in Osteuropa und in den USA gesprochen. Heute, nach der *shoa*, ist die Zahl derer, die Jiddisch sprechen und schreiben können, stark zurückgegangen. International bekannt wurde der jiddischsprachige Schriftsteller Isaac Bashevis Singer, der für sein Werk 1978 den Literaturnobelpreis erhielt.

Das relativ friedliche Miteinander von Juden und Nicht-Juden in Deutschland nahm Ende des 11. Jahrhunderts eine grausame Wende. Die Kirche hatte zum Kreuzzug aufgerufen. Das Heilige Land sollte von den Muslimen befreit werden. Für die aufgehetzten Menschenmassen, die sich auf den Weg machten und oft kaum wussten, wo Jerusalem überhaupt lag, waren alle »Ungläubigen« eins. So warteten die Kreuzfahrer mit der Verfolgung Andersgläubiger nicht, bis sie im Heiligen Land waren. Mord, Zerstörung, Zwangstaufen und Vertreibung zerstörten die jüdischen Gemeinden in vielen Gegenden Europas, auch in Deutschland.

In der Folgezeit wurden Juden nur noch unter bestimmten Bedingungen Aufenthaltsrechte zugestanden: gegen die Zahlung von hohen Schutzgeldern; innerhalb ausgewählter, oft durch Mauern von der christlichen Umwelt abgeschirmter Wohnbezirke; gekennzeichnet durch einen gelben Fleck auf der Kleidung; erkennbar am spitzen »Judenhut«.

Zu neuen Verfolgungen und Massenmorden kam es vor allem während der großen Pestepidemien im 14. Jahrhundert. Ein Drittel der europäischen Bevölkerung starb an der heimtückischen Seuche, und die abergläubischen und verängstigten Menschen erklärten die Juden zu den Schuldigen. Unsägliche, sachlich völlig unbegründete Gerüchte machten die Runde: Von Brunnenvergiftung war die Rede. Man behauptete, nicht die Römer, sondern die Juden seien verantwortlich gewesen für den Tod Jesu. Aber nicht nur das: Jetzt würden sie auch noch die Abendmahlshostien, und damit nach christlicher Auffassung den Leib des auferstandenen Christus, mit Messern durchbohren. Juden seien Wucherer, schlichtweg Kriminelle, die auch vor der Entführung und Ermordung von kleinen Christenkindern nicht zurückschrecken.

Hebräisch? Jiddisch? Deutsch?

- »Schmiere stehen«: von hebräisch *schmira* »Wache«

- »Pleite machen«: von hebräisch *plejta* »Flucht«

- »Moos« (umgangssprachlich für »Geld«): von hebräisch *ma'oth* »kleine Münzen«)

- »großkotzig«: von jiddisch *kozn* bzw. hebräisch *katzin* »Richter«, »Fürst«

- »gut betucht«: von hebräisch *batuach* »sicher«

- »Kaff«: von hebräisch *kfar* »Dorf«

- »Hals und Beinbruch«: vom hebräischen Segenswunsch *hazlacha* »Erfolg« und *beracha* »Segen«

- »dufte«: von hebräisch *tow* »gut«

- »meschugge«: von hebräisch *meshugah* »verrückt«

- »Mischpoke«: von hebräisch *mishpacha* »Familie«

- »malochen«: von hebräisch *melakha* »Arbeit«

- »eine Macke haben«: von hebräisch *maka* »Schlag«

Kreuzzüge. Ab 1095 auf Initiative des Papsttums durchgeführte Kriegszüge mit dem Ziel, Jerusalem und das Heilige Land von der Herrschaft der Muslime zu befreien. Die Kreuzritter waren zunächst erfolgreich, gründeten in Palästina so genannte Kreuzfahrerstaaten, im 12. Jahrhundert fielen jedoch alle Eroberungen wieder zurück in muslimische Hand.

Ghetto. Italienische Bezeichnung für ein in sich abgeschlossenes Wohnviertel, erstmals 1516 in Venedig verwendet. Entsprach das Zusammenleben in eigenen Wohnvierteln zunächst auch den Wünschen der jüdischen Bevölkerung, so wurde 1555 von Papst Paul IV. das erste gesetzlich vorgeschriebene Juden-Ghetto eingerichtet. Im Laufe der folgenden Jahrhunderte entstanden in ganz Europa derartige Zwangsghettos. Die Tore dieser Ghettos wurden nachts verschlossen.

Pest. Lateinisch »Seuche«, »Verderben«. Durch von Flöhen zunächst auf Nagetiere (Ratten) und von diesen auf Menschen übertragene, meist tödlich verlaufende Infektionskrankheit; zwischen 1347 und 1352 forderte die Pest in Europa etwa 25 Millionen Tote, ganze Landstriche wurden entvölkert.

Hostie. Von lateinisch *hostia* »Opfer«; gemeint ist das in der christlichen Kirche bei der Abendmahlsfeier verwendete dünne, ungesäuerte Brot, aus Weizen und Wasser gebacken.

Aufgrund solcher Anschuldigungen kam es immer wieder zu schweren Pogromen mit zahlreichen Todesopfern.

Gleichberechtigung, Gleichstellung und rechtlichen Schutz erlangte die jüdische Bevölkerung in Deutschland erst im 19. Jahrhundert. Die Ideale der Französischen Revolution – Freiheit, Gleichheit, Brüderlichkeit – erfassten langsam, aber unaufhaltsam auch die deutschen Fürstentümer. Im Jahr 1871 wurde die jüdische Bevölkerung endlich, nach vielen Zwischenetappen und Rückschlägen, der nicht-jüdischen Bevölkerung rechtlich voll gleichgestellt. Juden galten nun nicht mehr als »Juden in Deutschland«, sondern sie waren jetzt, wie viele stolz sagten, »deutsche Juden« oder »Deutsche mosaischen Glaubens«. Bisher verschlossene Ausbildungsmöglichkeiten und Berufe standen ihnen nun offen. Diese Freiheiten, zusammen mit den völlig neuen Entfaltungsmöglichkeiten, welche die Industrialisierung Deutschlands mit sich brachte, führten zu einem nie dagewesenen Aufschwung jüdischen

- Ernst Bloch, Philosoph (1885–1977)
- Alfred Döblin, Arzt und Schriftsteller (1878–1957)
- Albert Einstein, Physiker, Begründer der Relativitätstheorie (1879–1955)
- Hans Eisler, Komponist (1898–1962)
- Samuel Fischer, Verleger (1859–1934)
- Sigmund Freud, Arzt, Begründer der Psychoanalyse (1856–1939)
- Erich Fromm, Psychoanalytiker und Sozialpsychologe (1900–1980)
- Franz Kafka, Schriftsteller (1883–1924)
- Else Lasker-Schüler, Schriftstellerin (1869–1945)
- Rosa Luxemburg, Politikerin (1870–1919)
- Karl Marx, Philosoph (1818–1883)
- Walther Rathenau, Unternehmer und Politiker (1867–1922)
- Max Reinhardt, Schauspieler und Theaterleiter (1873–1943)
- Franz Rosenzweig, Theologe und Religionsphilosoph (1886–1929)
- Arnold Schönberg, Komponist, Begründer der Zwölftonmusik (1874–1951)
- Kurt Tucholsky, Schriftsteller und Publizist (1890–1935)
- Stefan Zweig, Schriftsteller (1881–1942)

Jüdische Diaspora

- Palästina
- Siedlungsgebiete im Römischen Reich 1. Jh. n.Chr.

Atlantischer Ozean

Oxford 1150
Köln 320
Worms
Frankfurt 900
Speyer Regensburg
Troyes 1100
Augsburg
Burges 1450
Montpellier 1200
Genua
Tudela 1160
Pisa
Lissabon
Cordoba
Rom
Sevillia
Granada
Tetuan
Fes 808
Dscherba
Größere jüdische Niederlassungen
Ausbreitung bis ca. 1100 n.Chr.

Schwarzes Meer

Saloniki
Konstantinopel
Smyrna
Ephesos
Tarsos 30 n.Chr.
Ninive
Mittelmeer
Tiberias
Damaskus
Babylon
Alexandria
Jerusalem
Memfis

Verbreitung jüdischer Gemeinden in Europa.

Lebens in Deutschland. Am kulturellen Leben gegen Ende des 19. und zu Beginn des 20. Jahrhunderts hatten Juden maßgeblichen Anteil, wie die beliebig erweiterbare Liste berühmter jüdischer Persönlichkeiten (S. 148) dokumentiert.

Die meisten »Deutschen jüdischen Glaubens« waren bemüht, sich möglichst gut in die deutsche Gesellschaft einzufügen. Sie wollten sich, wie man sagte, »assimilieren«. In vielen der neu gebauten Synagogen wurde der Gottesdienst nun in deutscher Sprache abgehalten. Auf jüdischen Friedhöfen sieht man noch heute, dass traditionell hebräische Grabinschriften in dieser Zeit zunächst durch zweisprachige, später dann durch oft ausschließlich deutschsprachige Texte abgelöst wurden. Nach protestantischem Vorbild traten an die Stelle des jüdischen Kantors im Synagogengottesdienst vielerorts Chöre und Orgeln. Es gab sogar den Vorschlag, den Sabbat um der Einheitlichkeit des religi-

Assimilation. »Angleichung«, »Anpassung«; von lateinisch *assimilare* »ähnlich machen«.

Kirche. Von griechisch *kyriake* »zum *kyrios* gehörig«; *kyrios* »Herr« war einer der wichtigsten Titel, mit dem das Urchristentum den Glauben an den auferstandenen Jesus von Nazareth ausdrückte.

Antisemitismus. Rassistisch begründeter Judenhass; nach 1. Mose 9,18–10,32 war Sem der älteste Sohn Noahs; Semiten wären demnach eigentlich alle Nachfahren Sems, also sowohl Juden also auch Araber. Der schon in sich wenig stimmige Begriff wurde im 19. Jahrhundert geprägt, um auszudrücken, dass die »arische Rasse« angeblich der »semitischen« körperlich und charakterlich überlegen sei.

Zionismus. »Zion« ist zunächst der Name des Tempelberges in Jerusalem, dann aber, auch schon in der Bibel, die Bezeichnung für die heilige Stadt Jerusalem sowie für das ganze Land Israel überhaupt; insbesondere in Zeiten der Unterdrückung lebt die Erinnerung an Zion im Judentum auf; während Theodor Herzl »Zionismus« als eine politisch wünschenswerte Einwanderungsbewegung verstand, wird »Zionismus« z.B. im arabischen Kulturkreis meist als etwas Negatives verstanden und mit »Kolonialismus« und »Imperialismus« gleichgesetzt.

ösen Lebens in Deutschland willen auf den Sonntag zu verlegen. Mancherorts schuf man nach dem Vorbild evangelischer Kirchenleitungen »Jüdische Oberkirchenräte« – eine geradezu kuriose Bezeichnung.

Im Ersten Weltkrieg meldeten sich große Teile der männlichen jüdischen Bevölkerung freiwillig an die Front. Etwa 12 000 deutsche Juden sind zwischen 1914 und 1918, zum Teil mit hohen Orden ausgezeichnet, für »das deutsche Vaterland« gestorben.

Umso unfassbarer war es für die jüdische Bevölkerung, als der Nationalsozialismus die alten antijüdischen Vorurteile wieder aufnahm und dem traditionellen Antijudaismus insofern eine neue Komponente hinzufügte, als nun behauptet wurde, Jüdinnen und Juden seien aus biologischen, »rassischen« Gründen minderwertig und deshalb ohne Lebensrecht. Konnten Juden in früheren Zeiten sich gelegentlich noch durch Taufen vor der Verfolgung retten, so kommt der rassistisch begründete Antisemitismus mit schrecklicher Folgerichtigkeit zu dem Schluss, dass auch schon jüdische Kleinkinder ermordet werden sollen.

Nicht alle Deutschen jüdischen Glaubens entschieden sich für den Weg der Assimilation. Viele spürten, dass die ihnen im Kaiserreich gewährte rechtliche Gleichstellung bei großen Teilen der nicht-jüdischen Bevölkerung noch stärkere Neid- und Hassgefühle auslöste. Außerdem kam es in dieser Zeit im Osten Europas erneut zu gewaltsamen Verfolgungen der dort ansässigen jüdischen Bevölkerung. Der Wiener Anwalt und Journalist Theodor Herzl (1860–1904) plädierte deshalb in seinem 1896 erschienenen Buch »Der Judenstaat« für die Gründung eines eigenen jüdischen Staates. Theodor Herzl gilt deshalb als Begründer der *zionistischen Bewegung.* Diese verfolgte das Ziel, im Land der jüdischen Väter ein neues Staatswesen aufzubauen. Hunderttausende, oft akademisch gebildete Jüdinnen und Juden, wanderten nach Palästina aus, kauften dort brachliegendes Land, bauten Siedlungen und Städte, machten bisher ungenutzte Grundstücke zu landwirtschaftlichen Nutzflächen. Ermutigt wurde die zionistische Bewegung 1917 durch eine Erklärung des britischen Außenministers Balfour, der erklärte, die britische Regierung betrachte nach dem Zusammenbruch des türkischen Großreiches »die Schaffung einer nationalen Heimstätte mit Wohlwollen«.

Andererseits formierte sich in den zwanziger Jahren auch schon der arabische Widerstand gegen die Neueinwanderer. Araber, die nun schon seit Jahrhunderten in Palästina lebten, fühlten sich von den neuen, kulturell und religiös völlig anders ausgerichteten jüdischen Neueinwanderern zunehmend verdrängt und bedroht.

Nach der *shoa* und dem Zusammenbruch der nationalsozialistischen Gewaltherrschaft stimmte die Vollversammlung der Vereinten Nationen am 29. November 1947 für einen Teilungsvorschlag, der das umstrittene Territorium in ein jüdisches und ein arabisches Staatsgebiet

Installation von Jenny Holzer im Februar 2001: Die Staatsbürgerurkunde von Moses Isaac, datiert auf den 26. Januar 1813, wird auf die Fassade des neu errichteten Jüdischen Museums projiziert.
www.jmberlin.de

Des Vaterlandes Dank.

Vet. & Militär-Verein　　　　　　　Göppingen, 30.10.1933.
" Kampfgenossenschaft

　　　　　　　　Herrn

　　　　　　　　　Dr. A. Tänzer

　　　　　　　　　　　　Hier

Betr. Führeranordnung Nr. 10 des Kyffhäuserbundes
　　lt. Kriegerzeitung Nr. 41 vom 8.10.33.

　　　　Gemäss obiger Führeranordnung dürfen Nichtarier den
Kriegervereinen nicht mehr angehören. Wir empfehlen Jhnen daher,
dem Bund jüdischer Frontsoldaten beizutreten.

　　　　Für Jhre dem Verein geleisteten Dienste sagen wir
hiermit herzlichen Dank.

　　　　Mit dem heutigen Tage haben wir Sie in unserer Mit-
gliederliste gestrichen.

　　　　　　　　　　　　　　Mit deutschem Gruss

　　　　　　　　　　　　　　　　　Finzel
　　　　　　　　　　　　　　　　　Führer.

Dr. Aron Tänzer wurde 1871 in Ungarn geboren; Studium der Philosophie, Germanistik und semitischen Philologie in Berlin; Promotion in Bern; Rabbiner, zunächst in Ungarn, in der Ukraine und in Österreich; ab 1907 Bezirksrabbiner in Göppingen, württembergischer Staatsbürger, Gründer der Göppinger Stadtbibliothek, engagiert im Göppinger Volksbildungsverein, Verfasser verschiedener Bücher, Mitarbeiter in- und ausländischer Zeitschriften; 1915 meldet sich Aron Tänzer freiwillig als Armeerabbiner an die Ostfront, richtet dort u.a. Volksküchen für die Not leidende Bevölkerung ein, Auszeichnung mit zahlreichen Orden. Die verbitterte Bemerkung »Des Vaterlandes Dank« auf dem rechts oben abgedruckten Dokument stammt von Aron Tänzer selbst. Er starb 1937. In der Göppinger Zeitung fand sich weder ein Nachruf noch eine Todesanzeige. Ein Jahr vor seinem Tod hatte Aron Tänzer in seinem Testament festgelegt, dass »keinerlei Dankrede, Nachruf oder dergleichen gehalten, auch keinerlei deutsches Gebet« gesprochen werden. Im Hinblick auf seinen Grabstein verfügte er: »Meine Grabinschrift soll lauten: Dr. phil. Aron Tänzer, Rabbiner in Hohenems, Göppingen, Feldrabbiner im Weltkriege 1915–1918, Ritter hoher Orden, Verfasser wissenschaftlicher Werke …«

www.edjewnet.de/taenzer

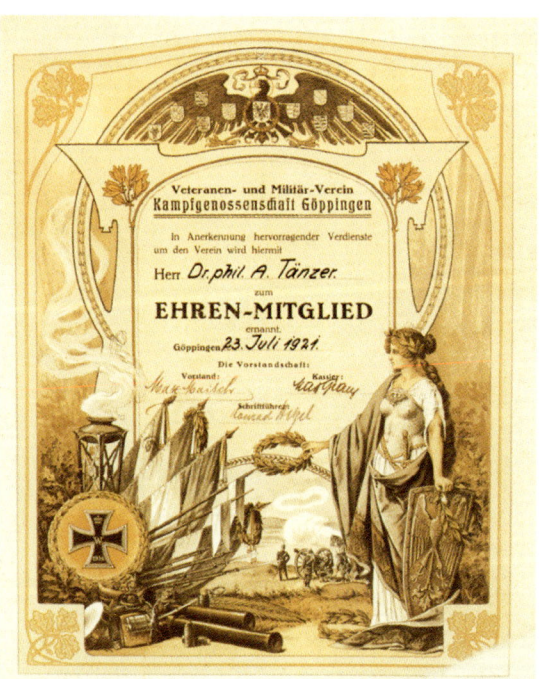

aufteilte. Auf dieser von der Weltgemeinschaft geschaffenen Grundlage kam es am 14. Mai 1948 unter großem Jubel der jüdischen Bevölkerung zur Gründung des Staates Israel. In der Unabhängigkeitserklärung des neuen Staates heißt es:

»Im Lande Israel entstand das jüdische Volk. Hier prägte sich sein geistiges, religiöses und politisches Wesen. Hier lebte es frei und unabhängig. Hier schuf es eine nationale und universelle Kultur und schenkte der Welt das Ewige Buch der Bücher …

Beseelt von der Kraft der Geschichte und Überlieferung suchten Juden aller Generationen in ihrem alten Lande wieder Fuß zu fassen. Im Laufe der letzten Jahrzehnte kamen sie in großen Scharen, Pioniere, Verteidiger und Einwanderer, die … den Weg in das Land unternahmen, erweckten Einöden zur Blüte, belebten aufs Neue die hebräische Sprache, bauten Dörfer und Städte und errichteten eine stets wachsende Gemeinschaft mit eigener Wirtschaft und Kultur, die nach Frieden strebte, aber sich auch zu schützen wusste, die allen im Lande die Segnungen des Fortschritts brachte und sich vollkommene Unabhängigkeit zum Ziel setzte …

Die Katastrophe, die in unserer Zeit über das jüdische Volk hereinbrach und in Europa Millionen von Juden vernichtete, bewies unwiderleglich aufs Neue, dass das Problem der jüdischen Heimatlosigkeit durch die Wiederherstellung des jüdischen Staates im Lande Israel gelöst werden muss …

Am 29. November 1947 fasste die Vollversammlung der Vereinten Nationen einen Beschluss, der die Errichtung eines jüdischen Staates im Lande Israel forderte …

Der Name des Staates lautet Israel. Der Staat Israel wird der jüdischen Einwanderung und der Sammlung der Juden im Exil offen stehen …

Er wird all seinen Bürgern ohne Unterschied von Religion, Rasse und Geschlecht soziale und politische Gleichberechtigung verbürgen. Er wird Glaubens- und Gewissensfreiheit, Freiheit der Sprache, Erziehung und Kultur gewährleisten …

Wir bieten allen unseren Nachbarstaaten und ihren Völkern die Hand zum Frieden und guter Nachbarschaft …«

Was aus der »guten Nachbarschaft« geworden ist, wissen wir aus dem Geschichts- und Politikunterricht und leider auch aus den aktuellen Nachrichtensendungen. In über 50 Jahren hat sich im Nahen Osten eine höchst vielfältige, durch ihre Integrationskraft und Dynamik faszinierende Gesellschaft mit Einwanderern aus über achtzig Ländern der Welt herausgebildet. Israel ist ein hochmodernes, demokratisches, wirtschaftlich und kulturell hoch entwickeltes Staatswesen. Über 50 Jahre Israel bedeuten jedoch auch über 50 Jahre Kriege mit

Ivrit. Ende des 19. Jahrhunderts entwickelten jüdische Gelehrte auf der Basis des biblischen Hebräisch, das nur noch für den religiös-gottesdienstlichen Gebrauch benutzt wurde, die moderne Umgangssprache *Ivrit*, die heute im Staat Israel (neben Englisch und Arabisch) die offizielle Landessprache ist.

www.israel.de
www.pna.org
www.palaestina.org
www.jerusalem.muni.il
www.juedische-allgemeine.de
www.juedisches-berlin.de
www.cjudaicum.de

den arabischen Nachbarn, arabische Angriffe, israelische Besatzung, Flüchtlingselend, Attentate, Terror, harte Vergeltungsmaßnahmen, mühsam geschlossene Verträge und gebrochene Abkommen, Hass, Ohnmacht, Angst und die doch immer wieder aufkeimende Hoffnung, dass der Staat Israel sich eines Tages zusammen mit einem arabischen Staat Palästina sicherer Grenzen, gleicher Lebenschancen und gemeinsamen Wohlstands erfreuen kann. Die von Palästinensern und Israelis gemeinsam beanspruchte, Juden und Muslimen gleichermaßen heilige Hauptstadt trägt den Namen *Jerusalem*. Dabei erscheint es fast merkwürdig, dass in diesem Namen der Wortteil »salem« sowohl dem hebräischen Wort *schalom* als auch dem arabischen Wort *salem* entspricht. *Jeru-salem* wäre dann eigentlich für Juden wie für Araber »die Stadt des Friedens« …

Weltweit gibt es heute etwa 13 Millionen Jüdinnen und Juden; vor der *shoa* waren es 18 Millionen. Etwa ein gutes Drittel der jüdischen Bevölkerung wohnt in Israel. Etwas mehr, etwa 6 Millionen, leben in den USA. In Deutschland wohnten vor dem Nationalsozialismus etwa 600 000 Jüdinnen und Juden; in den achtziger Jahren des 20. Jahrhunderts waren es etwa 30 000. Seit 1989 sind jedoch Zehntausende Jüdinnen und Juden aus der ehemaligen Sowjetunion nach Deutschland gekommen. Die Zahl der Gemeindemitglieder hat sich mehr als verdreifacht; dies ist ein gutes Zeichen und eine große Chance. Dieser Zuwachs ist aber auch eine Herausforderung für das deutsche Judentum. Die meisten Neuzuwanderer verstehen sich zwar als Juden, wurden aber im Kommunismus an der freien Ausübung ihrer Religion gehindert und wissen oft nur wenig über jüdische Traditionen und Gebräuche. Jüdischer Religionsunterricht hat für die jüdischen Gemeinden in Deutschland deshalb einen hohen Stellenwert bekommen.

Jüdische Grundschulen gibt es heute wieder in Berlin, Düsseldorf, Frankfurt, Hamburg, Köln und München. Die meisten entstanden im Zuge der Zuwanderungswelle aus der ehemaligen Sowjetunion. Berlin verfügt außerdem über eine jüdische Oberschule (Realschule und Gymnasium). 1993 wurde sie im Gebäude einer ehemaligen jüdischen Schule eröffnet, das von 1942 bis 1945 von den Nationalsozialisten als Deportationslager missbraucht wurde. Die Berliner Oberschule hat eigens für diejenigen Schülerinnen und Schüler, deren Muttersprache Russisch ist, einen Leistungskurs Russisch eingerichtet.

Die Hochschule für Jüdische Studien in Heidelberg wurde im Jahre 1979 gegründet, um die Erforschung und das Studium der jüdischen Kultur, Geschichte und Religion in Deutschland zu erneuern. Sie wird vom Zentralrat der Juden in Deutschland getragen und ist staatlich anerkannt. Im Januar 2004 wurde in Berlin auch eine jüdisch-amerikanische Hochschule eröffnet.

Rechte Seite:
Blick auf die goldene Kuppel der »Neuen Synagoge« in Berlin: 1866 im maurischen Stil der Alhambra in Granada als größtes jüdisches Gotteshaus in Deutschland erbaut, im Zweiten Weltkrieg durch Bomben schwer beschädigt, 1958 zum Teil gesprengt, 1995 restauriert und wieder eröffnet.

»Nicht du trägst die Wurzel, sondern die Wurzel trägt dich!« – Christen und Juden

Das Christentum ist aus dem Judentum entstanden. Man kann deshalb den Inhalt des christlichen Glaubens im Grunde nur verstehen, wenn man Kenntnisse über das Judentum hat. Jesus selbst war Jude, seine Jüngerinnen und Jünger waren Juden, zentrale Kategorien des Neuen Testaments wie »Reich Gottes« oder »Auferstehung« sind ohne ihren alttestamentlichen Hintergrund gar nicht verständlich. In der Bergpredigt geht es Jesus nicht etwa um die Abschaffung des jüdischen Glaubens, sondern es heißt ganz im Gegenteil: »Ihr sollt nicht meinen, dass ich gekommen bin, das Gesetz oder die Propheten aufzulösen; ich bin nicht gekommen aufzulösen, sondern zu erfüllen. Denn wahrlich, ich sage euch: Bis Himmel und Erde vergehen, wird nicht vergehen der kleinste Buchstabe noch ein Tüpfelchen vom Gesetz ...« (Mt 5,17f). Jesu letztes Mahl mit seinen Jüngern, aus dem das christliche Abendmahl hervorgegangen ist, war ein Passamahl. Das Grab, in dem Jesus beigesetzt wurde, gehörte nach dem Johannesevangelium einem Pharisäer. Der Würdetitel Christus, von dem sich der Begriff »Christentum« ableitet, ist eine griechische bzw. lateinische Übersetzung des hebräischen Wortes Messias. Auch Paulus, der Verfasser der ältesten christlichen Schriften, war Jude, genauer gesagt ein Pharisäer. Er war sich dieser Zusammenhänge bewusst. Im Römerbrief beschreibt er den jüdischen Glauben als Wurzel des Glaubens an den auferstandenen Jesus von Nazareth und mahnt: »Nicht du trägst die Wurzel, sondern die Wurzel trägt dich!« (Röm 11,18)

Der Gott, an den Jesus glaubte und den er auch seinen Jüngerinnen und Jüngern verkündete, war kein anderer Gott als der, von dem schon im hebräischen Teil der Bibel die Rede ist. Diese jüdischen Wurzeln des christlichen Glaubens wurden in der Geschichte des Christentums oft nicht mehr gesehen. Schon in den jüngeren Schriften des Neuen Testaments beginnt ein Prozess, der daran interessiert ist, sich vom Judentum abzugrenzen. Dabei scheuten Christen oft auch nicht vor schlimmen Verzeichnungen des Judentums zurück: Noch heute sind viele der Meinung, der Gott des Alten Testaments sei vor allem ein Gott der Rache und Vergeltung; Nächstenliebe hingegen sei etwas spezifisch Christliches. Dies sind Vorurteile, die sich leicht durch sorgfältigere Lektüre der hebräischen Bibel entkräften lassen.

Christinnen und Christen haben also vom Judentum sehr viel zu lernen. Und das Bemühen um einen christlich-jüdischen Dialog hat in dieser Hinsicht den christlichen Informationsstand tatsächlich um Einiges verbessert. Und umgekehrt? Die jüdische Minderheit war im Laufe ihrer Geschichte stets gezwungen, sich mit dem Christentum auseinander zu setzen. Sie tat dies, obwohl man keineswegs auf die Kenntnis des Christentums angewiesen ist, um das Judentum zu ver-

Pharisäer. Hebräisch »die Abgesonderten«; religiöse Laienbewegung aus der Schicht der Händler, Bauern und Handwerker, die im 2. Jahrhundert v.Chr. entstand und sich um eine möglichst ernsthafte Befolgung der Tora in allen Bereichen des Alltagslebens bemühte. Nach der Zerstörung des zweiten Tempels 70 n.Chr. wurden die Lehren der Pharisäer zur Grundlage des rabbinischen Judentums. Im Neuen Testament werden die Pharisäer oft als selbstgerechte Heuchler karikiert. Vermutlich spiegelt sich in dieser Kritik das Bedürfnis der frühen christlichen Kirche, sich neben dem Judentum als eigenständige Religion zu etablieren. Jesus selbst hatte offensichtlich unter den Pharisäern auch zahlreiche Freunde (vgl. Joh 3,1ff; Joh 19,39; Lk 7,36–50). Gelegentlich wird heute sogar die These vertreten, die Lehre Jesu ähnele in den meisten Punkten der Lehre der Pharisäer.

www.Judaicum.de

Jüdische Illustrierte

BERLIN OPEN — 16. JÜDISCHE KULTURTAGE BERLIN 2002

SPEZIAL DER JÜDISCHEN ALLGEMEINEN

BERLIN, DEN 7. NOVEMBER 2002 | 2. KISLEW 5763   57. JAHRGANG NR. 23

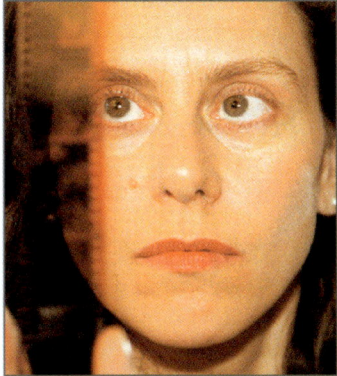

Rabbi. Von hebräisch *rav* »groß«; Titel, der jüdischen Gelehrten zuerkannt wurde und so viel bedeutet wie »mein Herr«, »mein Meister«. Auch Jesus wurde von seinen Jüngerinnen und Jüngern gelegentlich als »Rabbi« angesprochen (vgl. Mt 26,25; Joh 1,38; Joh 20,16). Heute versteht man unter einem Rabbi oder Rabbiner einen jüdischen Geistlichen, der ein Studium absolviert hat und neben Predigt, Seelsorge und Unterricht auch richterliche Funktionen wahrnimmt.

Akiba ben Josef. Lebte von ca. 50 bis ca. 135 n.Chr., also zur Zeit der Entstehung des Neuen Testaments in Palästina; zunächst Schafhirte, mit 40 Jahren dann Studium der Rechtswissenschaften; Akiba betrachtete Simon Bar Kochba, den Anführer des großen jüdischen Aufstands gegen Rom, als Messias und wurde dafür in Caesarea von den Römern zu Tode gepeitscht. Akiba gilt als einer der großen Gelehrten Israels. Er lehrte, dass Nächstenliebe das oberste Gebot sei, dass der Mensch einen freien Willen hat und dass sich Gott der Welt gegenüber als gerecht und gnädig erweist.

stehen. Die Verhältnisse sind ungleich, und man darf sich deshalb nicht wundern, wenn Jüdinnen und Juden nach fast 2000 Jahren Unterdrückung durch das Christentum nicht immer an einem interreligiösen Gespräch interessiert sind.

Die Wurzeln des Christentums liegen im Judentum, und doch wurde aus dem Christentum eine eigenständige Religion. Der entscheidende Unterschied liegt ohne jeden Zweifel im Verhältnis zu *Jesus von Nazareth*. Für Jüdinnen und Juden war er einer der vielen, die in der Geschichte des Judentums behauptet haben, sie seien der erwartete Messias. Für Christinnen und Christen ist in Jesus von Nazareth tatsächlich schon das Reich Gottes angebrochen; er ist der erwartete Messias oder Christus. Für Christinnen und Christen hat sich in diesem Menschen aus Nazareth, in seinen Worten, seinem Tun, seinem Sterben und seiner Auferstehung der Gott Israels endgültig offenbart.

Nach all dem, was Christen Juden angetan haben, sollten sie sich hüten, Juden das Thema »Christus« aufzudrängen. Einzelne Juden suchen jedoch von sich aus auch in diesem Punkt das Gespräch. Ein berühmtes Beispiel ist Fritz Rosenthal. Er wurde 1913 in München geboren und wanderte in den dreißiger Jahren nach Israel aus. Fritz Rosenthal nahm dort den Namen Schalom Ben-Chorin (hebräisch »Sohn der Freiheit«) an und widmete sich bis zu seinem Tod im Jahre 1999 in zahlreichen Büchern, Vorträgen und Diskussionen der Frage, welche Bedeutung Jesus von Nazareth für Jüdinnen und Juden haben könnte:

»Der Glaube Jesu einigt uns, der Glaube an Jesus trennt uns. Wenn wir Juden Jesus nicht als den Messias anerkennen, so liegt der Grund dafür nicht in einer Ablehnung der Person Jesu, sondern in der leidvollen Tatsache, dass die Welt nach dem Opfergang nach Golgatha, also seit fast zweitausend Jahren, unerlöst geblieben ist. Krieg und Hass, Sünde und Begierde, Verachtung und Unterdrückung beherrschen weiterhin unsere Wirklichkeit ... Die Vision des Messias und seines Friedensreiches (Jesaja 11) wurde durch Jesus nicht erfüllt.

Aber was heißt Ablehnung? Ist Jesus von Nazareth nicht dennoch oder gerade in dieser Sicht unser Bruder? Ist das arme jüdische Kindlein in der Krippe nicht ein Gleichnis für die zahllosen heimatlosen Judenkinder der jüngsten Vergangenheit geworden? Ist Jesus, der inspirierte Lehrer, der die Schrift so gewaltig auslegt, auch wenn er vielleicht einmal irrte, wie auch Rabbi Akiba und die anderen Großen in Israel irrten, nicht »Morenu« – unser Lehrer? Ist der leidende und am Kreuz verhöhnt sterbende Jesus nicht ein Gleichnis für sein ganzes Volk geworden, das, blutig gegeißelt, immer wieder am Kreuz des Judenhasses hing? Und ist die Osterbotschaft seiner Auferstehung nicht wiederum ein Gleichnis für das heute wieder auferstehende Israel geworden, das sich aus der tiefsten Erniedrigung und Schändung der dunkelsten zwölf Jahre des Holocaust zu neuer Gestalt erhebt?«

Schalom Ben-Chorin

Eine bemerkenswerte jüdische Interpretation der Gestalt Jesu findet sich auch im Werk des russischen Malers Marc Chagall. 1887 in Ostrussland in dörflich-jüdischer Umgebung geboren, studierte Chagall in St. Petersburg, Paris und Berlin. Ab 1923 lebte er ständig in Frankreich und stellte 1933 auch einen Antrag auf Einbürgerung. 1941 musste er als Jude mit seiner Frau über Marseille und Lissabon vor den deutschen Besatzern in die USA fliehen. In seinem Gepäck befand sich das Bild »Die weiße Kreuzigung«. Chagall hatte es 1938 gemalt, in jenem Jahr, in dem in Deutschland in der Nacht zum 9. November die Synagogen angezündet und zerstört wurden.

»Die weiße Kreuzigung« (Abbildung auf der übernächsten Seite) zeigt Kriegsszenen des 20. Jahrhunderts: Auf der linken Bildseite ein brennendes Dorf, Soldaten, die mit einer roten Fahne und erhobenen Waffen heranstürmen, Menschen, die in einem überfüllten Boot flüchten. Rechts eine verwüstete, brennende Synagoge. Im Vordergrund nach links und rechts aus dem Bild herausstürzende Personen: ein Mann, der mit einem Blick zurück auf die zerstörte Synagoge eine gerettete Torarolle an seinen Körper presst; ein anderer, der seine Habseligkeiten auf dem Rücken trägt; zu seinen Füßen liegt eine weitere, brennende Torarolle; eine Frau, die ihr Kind fest in den Armen hält; ein in ein blaues Gewand gekleideter alter Mann mit einem blauen Schild auf der Brust. Auf dieses Schild hatte Chagall ursprünglich in deutscher Sprache geschrieben: »Ich bin ein Jude.« Später entfernte er diesen Schriftzug wieder und beließ es bei der bloßen Andeutung.

In der Mitte des Bildes, in einen breiten, weißen, schräg vom Himmel kommenden Lichtstrahl getaucht, sieht man, für einen jüdischen Maler eher überraschend, auf einem Hügel die gekreuzigte Gestalt Jesu: Jesus von Nazareth, der Jude, gefoltert und unschuldig ermordet wie viele andere Juden auf der Welt. Über seinem Kopf die lateinische Abkürzung INRI der im Neuen Testament (Joh 19,19) überlieferten Urteilsbegründung: Iesus Nazarenus Rex Iudaiorum (Jesus von Nazareth, König der Juden), darunter dasselbe noch einmal in hebräischer Sprache. Ähnlich wie in dem Text von Schalom Ben-Chorin erscheint Jesus hier nicht als der Erlöser, sondern als der jüdische Bruder. Als Lendentuch trägt er einen jüdischen Gebetsschal. Zu seinen Füßen, fast wie ein Ruhepol, stehen die brennenden Kerzen der Menora. Über seinem Haupt schwebende, engelsgleiche Gestalten sind ebenfalls eindeutig als Juden identifizierbar.

Die Gesamtaussage des Bildes bleibt mehrdeutig: Einerseits bildet Jesus das Zentrum des Bildes, andererseits rennen gerade die Personen im Vordergrund von ihm weg. Das Kreuz ist hier Zeichen des Schreckens, nicht des Trostes. Einerseits kann man das weiße Licht, das sich über die gesamte Bildfläche ausbreitet, als Symbol der göttlichen Zuwendung deuten, andererseits ist Weiß im Judentum auch die Farbe der Trauer. Am höchsten Feiertag des Judentums, dem großen Versöh-

Gebetsschal. Hebräisch *tallit*, was so viel bedeutet wie »Gewand«. Nach 4. Mose 15,37–41 ein weißes Wolltuch mit blau-weißen Schnüren an den vier Ecken. Ursprünglich wohl eine Gelehrtentracht, wird der *tallit* heute von männlichen Juden beim Morgengebet gemeinsam mit den Tefillin angelegt. An Sabbat- und Festtagen wird auch in der Synagoge ein Tallit getragen.

1. Mose 1,27
Mi 4,1–4; Jes 2,2–4

Großer Versöhnungstag. Hebräisch *jom kippur*; an diesem Tag wird gefastet, die Gebete handeln von Buße und der Bitte um Reinigung von den Sünden. Im alten Israel stand im Mittelpunkt dieses Bußtages das in 3. Mose 16 beschriebene Sündenbockritual. Heute werden gelegentlich noch einem Hahn symbolisch die Sünden aufgeladen, später wird er geschlachtet und zu Suppe verarbeitet. Ein langer Ton aus einem Widderhorn beschließt den *jom kippur*.

Neujahr. Nach dem jüdischen Mondkalender beginnt das neue Jahr im Herbst mit dem Fest *rosch haschana* (wörtlich: »Kopf/Beginn des Jahres«). Auf *rosch haschana* folgen zehn Tage der Buße, die mit dem *jom kippur* beendet werden.

Häretiker. Von griechisch *hairesis* »Wahl«; nach dieser Wortbedeutung ist ein Häretiker ein Mensch, der aus einer für verbindlich erklärten Tradition willkürlich auswählt; insofern ist das Wort gleichbedeutend mit »Ketzer«.

Rechte Seite:
Marc Chagall, Die weiße Kreuzigung (1938), Öl auf Leinwand, The Art Institute of Chicago.

nungstag zu Beginn des jüdischen Kalenderjahres, tragen viele Juden im Gottesdienst ihre weißen Sterbegewänder. All die bunten, manchmal fast kitschig wirkenden Farben, für die Marc Chagalls Bilder sonst bekannt sind, fehlen in der »weißen Kreuzigung« fast ganz. So, wie das auf dem Bild Dargestellte uns in seiner Grausamkeit sprachlos machen kann, wirkt »die weiße Kreuzigung« geradezu transparent und farblos.

Neben der unterschiedlichen Beurteilung der Person Jesu wird man einen weiteren Hauptunterschied zwischen jüdischem und christlichem Glauben im Adressatenkreis der beiden Religionen sehen können. Zwar betont die hebräische Bibel fast 2500 Jahre vor der französischen Revolution bereits in ihrem ersten Kapitel, dass alle Menschen, Männer wie Frauen, ohne Unterschied Stellvertreter Gottes auf Erden sind. Und bei den Propheten des Alten Testamentes lesen wir, dass sich der Gott Israels in den letzten Tagen allen Völkern zuwenden wird. Doch der christliche Glaube geht einen Schritt weiter, wenn z.B. Paulus betont, dass der Gott Israels sich in Jesus Christus schon jetzt allen Menschen und nicht nur den Kindern Israels zuwendet: »Hier ist nicht Jude noch Grieche, hier ist nicht Sklave noch Freier, hier ist nicht Mann noch Frau; denn ihr seid allesamt einer in Christus Jesus« (Gal 3,28). Nach Paulus ist der rechte Gottesglaube nicht mehr an die Beachtung jüdischer Lebensregeln gebunden, weder an die Einhaltung der Speisegebote noch an die Beschneidung: »Denn in Christus Jesus gilt weder Beschneidung noch Unbeschnittensein etwas, sondern der Glaube, der durch die Liebe tätig ist« (Gal 5,6).

Jeder Mensch kann sich zum christlichen Glauben bekennen oder er kann auch erklären, dass er kein Christ sein möchte. Im Judentum liegen die Dinge anders:

»Wie ist es aber um jenen Juden bestellt, der die Existenz Gottes leugnet und ... als Atheist, als Gottloser, leben will? Verliert er die Zugehörigkeit zum Judentum?

Der talmudische Sprachschatz kennt für einen Juden, der mit der allgemein akzeptierten Meinung kollidiert, mehrere Ausdrücke. Er nennt ihn Häretiker, Leugner ... und Abtrünniger. Der Abtrünnige kann, muss aber nicht das Judentum gegen eine andere Religion getauscht haben. Doch selbst, wenn er es tat, gilt der Grundsatz: ›Obschon er gesündigt hat, ist er ein Israelit.‹ Einen Glaubenswechsel anerkennt das Judentum nicht. Judentum ist zudem mehr als religiöse Bindung, es ist Zugehörigkeit zu einer Volks- und Schicksalsgemeinschaft. Man mag diese Zugehörigkeit, wie jene zu den Eltern, auch verleugnen, aufheben kann man sie – theoretisch – nicht. In der Praxis haben getaufte Juden das Judentum allerdings um einer anderen Religion willen verlassen, und ihre Nachkommen verloren dann die Beziehung zur alten Religion. Gelegentlich kehrten die Nachkommen zum Judentum zurück.

Der jüdische Atheist hat einen weniger gravierenden Schritt getan und Israels Gottesverehrung nicht durch einen anderen Glauben ersetzt. Er bleibt daher in jeglicher Hinsicht dem Judentum verhaftet und sieht sich als religionsloses, doch nicht minder treues Glied des Volkes Israel.

Hier liegt ein Unterschied zum Christentum. Ein ›christlicher Atheist‹ hört auf, Christ zu sein. Die christliche Gemeinschaft ist nur eine Religions-, keine Volksgemeinschaft. Wer daher den Glauben aufgibt, gibt das Christentum auf.«

Roland Gradwohl

Islam

Der Islam – nah und fremd

Zum Islam bekennen sich mehr als eine Milliarde Menschen, also rund 20 Prozent der Weltbevölkerung. Der Islam ist die jüngste der in diesem Buch vorgestellten Religionen und zahlenmäßig, nach dem Christentum, die zweitgrößte. Auch in Deutschland leben über drei Millionen Muslime; davon sind etwa 80 Prozent türkischer Herkunft. Arabisch, die Sprache des Korans, wird von über 150 Millionen Menschen als Muttersprache gesprochen.

Angesichts dieser Zahlen ist es erstaunlich, wie wenig die meisten von uns über den Islam wissen. An welchem deutschen Gymnasium zum Beispiel wird Arabisch – und sei es auch nur als Arbeitsgemeinschaft – angeboten? Und es war wohl nicht ganz zu Unrecht, als kürzlich in einer Talkshow zum Nahostkonflikt eine fließend Deutsch sprechende Palästinenserin bemerkte, in der Regel wisse ein beliebiger muslimischer Taxifahrer in Jerusalem mehr über die Inhalte des Christentums als, umgekehrt, ein durchschnittlich gebildeter deutscher Akademiker über den Islam.

So kommt es bis heute immer wieder vor, dass Politiker und Journalisten im Fernsehen statt von Muslimen oder Moslems von »Moham-

Checkpoint an der Straße von Jeddah nach Mekka: Nicht-Muslime dürfen nicht weiterreisen. Die Kontrollstelle hat die Form eines übergroßen Koranständers. Koranexemplare werden im Islam stets mit großer Ehrfurcht behandelt. Man bewahrt sie in besonderen Behältern und Tüchern und stets an erhöhter Stelle auf. Da der Koran niemals auf den Boden gelegt werden sollte, leisten die oft reich verzierten Koranständer bei der Lektüre gute Dienste.

www.islam.de
www.islam.at
www.arab.net
www.muslimedia.com
www.islamische-akademie.de
www.isim.nl

medanern« sprechen. Muslime hören dies in der Regel nicht gern, weil Mohammed für sie nicht denselben Stellenwert hat wie Christus für die Christen. Mohammed ist der Prophet Gottes, seine Stimme, aber nicht der Inhalt des Islam.

Die wenigen Kenntnisse, die wir über den Islam haben, sind zudem oft noch ausgesprochen negativ geprägt. In Erinnerung sind meist von fanatischen Muslimen ausgeübte Terroranschläge, Bilder von verhüllten und deshalb unterdrückt und benachteiligt erscheinenden Frauen, Zeitungsmeldungen, in denen zu lesen ist, in Saudi-Arabien oder im Sudan seien im Namen des Islam Menschen ausgepeitscht oder gar auf barbarische Art und Weise hingerichtet worden. Dass »Islam« mit dem arabischen Wort *salam*, Frieden, zusammenhängt und so viel bedeutet wie »Hingabe an Gott«, tritt dabei ebenso in den Hintergrund wie die Tatsache, dass islamische Kultur und Wissenschaft dem christ-

Azra Akin aus der Türkei, wurde 2002 zur Miss World gewählt. Die Wahl musste kurzfristig von Nigeria nach London verlegt werden, nachdem es in Nigeria zu wütenden Protesten aufgebrachter Muslime gekommen war, bei denen über 200 Menschen ums Leben kamen.

Benazir Bhutto, pakistanische Ministerpräsidentin von 1988–1990 und von 1993–1996.

Moslem beim Gebet, das stets in Richtung Mekka verrichtet wird. Um die Himmelsrichtungen präzise zu bestimmen, entwickelten muslimische Wissenschaftler – auf der Grundlage antiker Forschungen – schon im Mittelalter erstaunliche astronomische Kenntnisse.

Rechte Seite: Malerei aus einer Handschrift des 16. Jahrhunderts: Muslimische Astronomen bestimmen mit Hilfe einer Holzkonstruktion Position und Laufbahn der Gestirne. Während die zwei Gelehrten im oberen Teil beobachten und messen, justiert der Mann im Zentrum den Meridianring. Ein Sekretär notiert das Ergebnis der Messungen.

Darf ich Sie in dieses Café einladen, gnädige Frau? Sie sind ermattet? Legen Sie bitte die Jacke ab und nehmen Sie dort hinten auf dem Sofa mit der karminroten Matratze Platz! Der Konditor mit der steifen Mütze und dem weißen Kittel wird sofort eine Tasse Bohnenkaffee mit zwei Stückchen Zucker vor Sie hinstellen – oder lieber eine Karaffe eisgekühlte Limonade, falls Sie nicht Alkohol vorziehen? Nein? Dazu mögen Sie sicher eine Obsttorte mit Aprikosen und Bananen garniert.

Natürlich, mein Freund, sind Sie heute zum Essen mein Gast! Zur Eröffnung darf ich Ihnen einen Sorbet von Orangen reichen. Die gefüllten Artischocken werden Ihnen als Vorspeise gefallen. Und was halten Sie von bardiertem Kapaun auf pikantem Reis mit Spinat-Krusteln? Danach kann ich Ihnen die Zimtröllchen in Arraksauce sehr empfehlen. Und zum Beschluss einen Mokka. Und machen Sie es sich bitte auf dem Diwan bequem.

Ja, fühlen Sie sich nur recht zu Hause, denn alles, was Sie umgibt und was ich Ihnen hier biete, gehört ja längst zum festen Inventar unseres Lebens, obwohl wir uns dies alles erst von einer ganz fremden Welt ausgeborgt haben – von den Arabern. Den Kaffee, mit dem Sie täglich Ihre Lebensgeister auffrischen, die Kaffeebohne, die Sie fein mahlen, sogar die Tasse, aus der Sie den schwarzen Trank nehmen, den Zucker, ohne den Sie sich heute keinen Küchenzettel mehr vorstellen können, die Limonade und die Karaffe, den Kittel und die Jacke, die Mütze und die Matratze – sie alle haben wir überhaupt erst durch die Araber kennen gelernt. Nicht nur das! Sie alle tragen – und in fast der gesamten zivilisierten Welt – noch ihre arabischen Namen! Auch der Zuckerkand oder Kandis, mit dem der Konditor in der Konditorei an der Ecke seine Zwetschgen, Bergamottbirnen und feinen Orangenstäbchen kandiert.

Gut, Sie sagen: Südfrüchte werden aus dem Süden kommen müssen (auch mancherlei Trink- und Essbares natürlich), warum nicht aus dem Orient, und warum nicht in die Hüllen ihrer orientalischen Heimat verpackt? …

Ist Ihnen bewusst, wenn Sie dort drüben die Apotheke betreten oder hier die Drogerie, dass Sie arabische Erfindungen vor sich haben? Schon die Drogenhandlung verrät es und ein Blick in die Kästen und Gläser, die Muskat, Zimt, Ingwer, Kümmel, Estragon, Safran, Kampfer, Benzin, Alkali, Natron, Soda, Borax, Sacharin, Ambra und viele andere arabische Drogen enthalten, die Sie täglich im Haushalt verwenden. Wissen Sie, dass wir auch den Lack, mit dem wir die Fußleiste oder die Fingernägel lackieren, die Anilinfarben, die Gaze, das Talkum und die Watte noch mit ihren arabischen Namen nennen?
Arabische Wörter, überall in unsere Sprache verstreut – Gegenstände des alltäglichen Gebrauchs, von den Arabern uns gebracht, wohin wir greifen! Dinge, die unserem einst nüchternen, kahlen und etwas schmuddeligen Alltag die freundlichen Zierate und festlichen Glanzlichter aufgesetzt, ihn buchstäblich gewürzt, mit Duft und Farbe belebt, ihn gesünder und hygienischer gemacht und mit Behaglichkeit und Eleganz verschönt haben …
Sigrid Hunke

Burj al Arab, Sieben-Sterne-Hotel in Dubai, mit 321 Metern höher als der Eifelturm, die Stützpfeiler sind 40 Meter tief im Meeresboden verankert.
www.burj-al-arab-dubai.de

»Bismillahi ar-rahmani ar-rahim – Im Namen Gottes, des Barmherzigen und Gnädigen!« Der Reisende neben mir spricht leise ein Gebet, als der Pilot die Maschine startklar macht. Als einer der letzten war er gepäckbeladen in die Maschine gekommen und hatte sich schwer atmend in den Sitz fallen lassen. Jetzt hat er die Augen geschlossen, scheint beim Gebet in sich hineinzuhören und wird allmählich ruhig.

Nach dem Abflug spricht er mich an: »Sie wollen Urlaub machen in Tunesien?« »Leider nicht. Ich habe beruflich dort zu tun. Aber Sie verbringen sicher Ihren Urlaub bei Ihrer Familie?« »Nein, ich gehe ganz zurück. Die Familie ist schon dort.« Er klingt traurig, als er fortfährt: »Nach 18 Jahren in Deutschland kehre ich zurück. Wissen Sie, in Ihrem Land ist immer weniger Platz für Menschen wie mich!«

Nach und nach erzählt Ahmed Maghrebi von seinen Erfahrungen in dem Land, das für ihn und seine Familie zur zweiten Heimat geworden war. Sie hatten sich akzeptiert gefühlt, doch dann häuften sich in den letzten Jahren negative Erfahrungen. Immer öfter wurden auch sie im Bus oder in der U-Bahn angepöbelt. Am schlimmsten war es für Ahmed Maghrebi, wenn sich Leute wegen seiner Religion über ihn lustig machten – etwa weil er nie Bier mittrinken wollte oder in der Kantine kein Schweinefleisch aß. »Natürlich sind nicht alle Deutschen so. Viele geben sich sogar mehr Mühe als früher. Aber irgendwann fühlten wir uns nicht mehr wohl. Besonders meine Frau wollte zurück – auch wenn wir beide wissen, wie schwer das für die Kinder sein wird … Sie sind doch hier geboren und sprechen besser Deutsch als Arabisch.«

Die Stewardess kommt mit den Getränken. Mein Nachbar nimmt Saft und fragt sie, als er mich zögern sieht: »Haben Sie auch tunesischen Wein?« und darauf zu mir: »Sie müssen unbedingt unseren Wein probieren! Er ist sehr gut … Mich stört es nicht, wenn Sie Wein trinken. Ich meine, jeder muss doch für sich selbst entscheiden. Wenn jeder nur den anderen in seiner Religion leben lässt …«

Ich proste ihm zu und versichere ihm, dass das viele Menschen bei uns wollen, weil sie ein buntes Neben- und Miteinander verschiedener Kulturen als Bereicherung empfinden. Doch mein Reisegefährte ist skeptisch. Wie könnte das möglich sein, solange Deutsche so wenig von ihren Mitmenschen aus anderen Kulturen wissen? »Beim Wort ›Islam‹ denken die meisten doch nur an Vielweiberei, Frauenunterdrückung oder fanatische Fundamentalisten.« Ahmed Maghrebi gerät in Fahrt: »Ist Ihnen eigentlich 'mal aufgefallen, wie uns die Illustrierten beim Beten abbilden? Immer bei der *sadschda*, beim Niederbeugen, wenn wir mit der Stirn den Boden berühren. Am liebsten fotografieren sie uns dabei von hinten: lange Reihen von Hintern. Wissen Sie, dass das nur eine von fünf Haltungen beim Gebet ist und noch dazu die kürzeste? Stellen Sie sich vor, ich würde Katholiken auch von hinten fotografieren, wenn sie in der Kirche eine Kniebeuge machen, und dann meinen Landsleuten erzählen, das sei christliche Frömmigkeit! …«

Friedemann Büttner

Muslima mit Kopftuch vor einem Plakat der ehemaligen Box-Europameisterin Fikriye Selen, die mit offenen Haaren für ein Haarwaschmittel wirbt.

Fundamentalismus. Als Fundamentalisten bezeichneten sich Ende des 19., Anfang des 20. Jahrhunderts konservative amerikanische Protestanten, denen daran gelegen war, bestimmte, ihrer Meinung nach unaufgebbare *fundamentals* des christlichen Glaubens zu betonen: absolute Irrtumlosigkeit der Bibel, Jungfrauengeburt, stellvertretendes Sühneopfer und leibliche Auferstehung Christi, Wiederkunft Christi zur Errichtung eines tausendjährigen Reiches vor dem Jüngsten Gericht. Inzwischen wurde der Begriff »Fundamentalismus« auf Angehörige der verschiedensten Religionen ausgeweitet und bezieht sich auf die verschiedensten Formen radikalen, kompromisslosen und gelegentlich fanatischen Eintretens für religiöse, aber auch politische Grundsätze.

lichen Kulturkreis Jahrhunderte lang konkurrenzlos überlegen waren. So verdanken wir dem Islam des Mittelalters nicht nur die Vermittlung der ursprünglich aus Indien stammenden »arabischen« Ziffern, einschließlich der für kompliziertere Berechnungen unerlässlichen Null. Auch zahlreiche andere Erkenntnisse aus Bereichen wie Medizin, Ernährung, Wohnkultur, Handel, Technik, Musik oder Philosophie hätten Europa ohne muslimische Vermittlung nicht erreicht.

Mohammed – »das Siegel der Propheten«

Sure. Abschnitt des Koran; im Islam werden die Suren nicht mit Ziffern, sondern nach in ihnen enthaltenen Schlüsselbegriffen zitiert.

Am Anfang des Islam steht Mohammed, geboren um 570 n.Chr. in Mekka in Arabien. Mohammed ist aus muslimischer Sicht der letzte und wichtigste in einer langen Reihe von Verkündern des einen Gottes; er ist der letzte und wichtigste, weshalb der Koran ihn auch »das Siegel der Propheten« (Sure 33,40) nennt.

Der Norden Arabiens, sandig, steinig, wasserarm und unwirtlich, lag am Ende des 6. Jahrhunderts n.Chr. eher im Abseits der Weltgeschichte. Mekka, die Geburtsstadt Mohammeds, war im gegebenen

Arabien im 6. Jahrhundert n.Chr.

Rahmen zwar ein wirtschaftliches Zentrum, Ausgangspunkt und Station für Handelskarawanen, die mit wertvollen Gütern von den Hafenstädten des Jemen nach Syrien und von dort weiter nach Mesopotamien und Kleinasien zogen. Zur Zeit Mohammeds befand sich dieser Karawanenhandel allerdings aus verschiedenen Gründen in einer Krise.

Die Menschen Nordarabiens waren zur Zeit Mohammeds in Stammesgruppen organisiert. Diese Stämme verehrten die unterschiedlichsten Göttinnen, Götter und Dämonen. Als heilig angesehene Bäume und Steinformationen spielten dabei ebenso eine wichtige Rolle wie Sonne, Mond und Sterne. Bei aller Stammes- und Ortsgebundenheit dieser Religionen gab es auch zentrale, für alle Stämme gemeinsam bedeutsame Wallfahrtsheiligtümer. Hierzu zählte Mekka mit seiner *Kaaba* (arabisch »Würfel«), einem großen Steinbau mit den Maßen von 15 x 12 x 10,5 Metern. In die östliche Mauer der Kaaba ist bis heute ein großer schwarzer Basaltmeteorit eingelassen. Mittelpunkt der Wallfahrt zur Kaaba könnte in vorislamischen Zeiten ein Fruchtbarkeitskult und vielleicht der Wunsch, durch rituelle Handlungen den lebensnotwendigen Regen herbeizuholen, gewesen sein.

Für die Zeit der Pilgerfahrten nach Mekka ruhten die Stammesfehden, Mekka wurde noch mehr als sonst zum Ort des Handels und der Märkte und sicherlich auch Umschlagplatz für religiöse Ideen aller Art. Mohammed erlebt als junger Mensch diese religiöse Vielfalt und Beliebigkeit. Als Erwachsener wird er den Polytheismus mit allem

Illustrationen zu einem um 1595 in türkischer Sprache abgefassten Buch mit dem Titel »Das Leben des Propheten«:

Mohammed empfängt von Gabriel die Offenbarung auf dem Berg Hira, im Hintergrund die staunenden Einwohner von Mekka.

Mohammed bei der Kaaba, während seiner letzten Wallfahrt nach Mekka.

Mohammed auf dem Sterbebett, umgeben von seinen Nächsten, unter anderem von seiner Tochter Fatima und seinen beiden Enkeln Hasan und Husain.

Nachdruck bekämpfen. Im Islam gilt die Epoche Arabiens vor Mohammed bis heute als »Zeit der Unwissenheit« und »tiefer Finsternis«.

Mohammed wächst als Waisenkind auf. Sein Vater stirbt bereits vor seiner Geburt, seine Mutter verliert er im Alter von fünf oder sechs Jahren. Sein Großvater und dann sein Onkel, ein angesehener Bürger Mekkas, kümmern sich um ihn; er wächst in die Traditionen einer Kaufmannsfamilie hinein. Schon als Kind ist er vermutlich an Handelsreisen nach Palästina und Syrien beteiligt, lernt auf diese Weise auch intensiver Juden und Christen kennen. Mit 25 Jahren führt Mohammed die Geschäfte einer reichen Kaufmannswitwe. Khadidja ist 15 Jahre älter als Mohammed. Sie verliebt sich in den jungen Mann und heiratet ihn; die beiden werden gemeinsam Eltern mehrerer Kinder.

Im Alter von 40 Jahren zieht sich Mohammed immer wieder in eine Berghöhle in der Nähe Mekkas zurück, um zu fasten, zu meditieren, zu beten, neue Perspektiven zu suchen. Hier widerfährt ihm seine erste Offenbarung, die ihn tief erschüttert und seinem Leben eine neue Richtung gibt. Nach islamischer Tradition erschien Mohammed im Traum der Engel Gabriel, der auch im Alten und im Neuen Testament erwähnt wird. Wie bei allen religiösen Erfahrungen lässt sich von Außenstehenden nicht leicht sagen, was sich in der Höhle bei Mekka tatsächlich ereignet hat. Ein Biograph Mohammeds beschreibt den Vorgang etwa 100 Jahre später so:

Dan 8,15-27; 9,21-27
Lk 1,11-20; 1,26-38

»Als ich schlief, so erzählte der Prophet später, trat der Engel Gabriel zu mir mit einem Tuch wie aus Brokat, worauf etwas geschrieben stand, und sprach: ›Lies!‹

– ›Ich kann nicht lesen‹, erwiderte ich.

Da presste er das Tuch auf mich, sodass ich dachte, es wäre mein Tod. Dann ließ er los und sagte wieder: ›Lies!‹

›Ich kann nicht lesen‹, antwortete ich. Und wieder würgte er mich mit dem Tuch, dass ich dachte, ich müsste sterben. Und als er mich freigab, befahl er erneut: ›Lies!‹

Und zum dritten Male antwortete ich: ›Ich kann nicht lesen.‹

Als er mich dann nochmals fast zu Tode würgte und mir wieder zu lesen befahl, fragte ich aus Angst, er könnte es nochmals tun: ›Was soll ich lesen?‹

Da sprach er: ›Lies im Namen deines Herrn, des Schöpfers, der den Menschen erschuf aus geronnenem Blut! Lies! Und der Edelmütigste ist dein Herr, Er, der das Schreibrohr zu brauchen lehrte, der die Menschen lehrte, was sie nicht wussten.‹ (Sure 96,1–5)

Ich wiederholte die Worte, und als ich geendet hatte, entfernte er sich von mir. Ich aber erwachte, und es war mir, als wären mir die Worte ins Herz geschrieben. Sodann machte ich mich auf, um auf den Berg zu steigen, doch auf halber Höhe vernahm ich eine Stimme vom Himmel: ›O Mohammed, du bist der Gesandte Gottes, und ich bin

Gabriel!‹ Und ich hob mein Haupt zum Himmel, und siehe, da war Gabriel in der Gestalt eines Mannes, und seine Füße berührten den Horizont des Himmels. Und wieder sprach er: ›O Mohammed, du bist der Gesandte Gottes, und ich bin Gabriel!‹ Ohne einen Schritt vorwärts oder rückwärts zu tun, blieb ich stehen und blickte zu ihm. Dann begann ich, mein Gesicht von ihm abzuwenden und über den Horizont schweifen zu lassen, doch in welche Richtung ich auch blickte, immer sah ich ihn in der gleichen Weise. Den Blick auf ihn gerichtet, verharrte ich, ohne mich von der Stelle zu rühren.«

Ibn Ishaq, Das Leben des Propheten

Mohammed kehrt bewegt und verwirrt nach Hause zurück; er zweifelt an dem, was er erlebt hat. Erst als sich die Visionen wiederholen, gewinnt er die Gewissheit, zum Propheten berufen zu sein. Zunächst berichtet er seinem Familien- und Freundeskreis, dann der Öffentlichkeit, dass der eine und einzige Gott, arabisch *allah*, sich ihm offenbart habe. Allah – den Zeitgenossen Mohammeds durchaus bekannt, aber für sie eben eine Gottheit unter vielen – sei der alleinige Schöpfer der Welt, er sei barmherzig, aber auch gerecht. Und Mohammed droht den Bürgerinnen und Bürgern Mekkas mit dem Gericht Allahs. Die Menschen sollen umkehren, ihren Lebenswandel bessern, sich den Armen zuwenden, vor allem auch die Vielgötterei hinter sich lassen.

Allah. Kein Eigenname wie »Zeus«, »Jupiter« oder »Wotan«, sondern allgemeine arabische Bezeichnung für »Gott«, sprachgeschichtlich verwandt mit dem hebräischen Gottesnamen »El« und »Elohim«; arabische Christen sprechen auch vom christlichen Gott als »Allah«, so lautet z.B. in arabischen Bibeln der Anfang des Johannesevangeliums: »Im Anfang war das Wort, und das Wort war bei Allah und das Wort war Allah.«

> O ihr Menschen! Seht, ich bin für alle von euch ein Gesandter Allahs, Dessen das Reich der Himmel und der Erde ist. Es gibt keinen Gott außer Ihm. Er macht lebendig und lässt sterben. Darum glaubt an Allah und Seinem Gesandten, dem Propheten, der des Lesens und Schreibens unkundig ist, und an Seine Worte und folgt ihm, damit ihr rechtgeleitet seid. (Sure 7, 158)
>
> Doch Wir haben dich zur gesamten Menschheit nur als einen Freudenboten und Warner entsandt. Jedoch verstehen es die meisten Menschen nicht. (Sure 34, 28)
>
> Wahrlich, Wir haben dich als einen Zeugen und Verkünder froher Botschaft und Warner entsandt, damit ihr an Allah und Seinen Gesandten glaubt und damit ihr ihm beisteht und ihn ehrt und damit ihr Ihn morgens wie abends preist. (Sure 48, 8–9)

Mit dieser Botschaft gewinnt Mohammed wenig Sympathien. Die überwiegende Mehrheit der Einwohner Mekkas sieht durch die neue Lehre den polytheistischen Pilgerbetrieb und damit die bewährte Ordnung und vor allem auch den Wohlstand Mekkas gefährdet. Nach dem Tod Khadidjas spitzt sich die Lage zu und Mohammed muss die Stadt verlassen. Im Jahre 622 n.Chr. – dieses Jahr wird später zum Jahr

Islamische Zeitrechnung. Der islamische Kalender ist ein Mondkalender, gegliedert in zwölf Monate zu 29 und 30 Tagen; das islamische Jahr ist um elf Tage kürzer als das Sonnenjahr. Am 10. Februar 2005 beginnt das islamische Jahr 1426. Den Beginn eines neuen Monats erkennt man an der ersten sichtbaren Mondsichel nach dem Neumond, weshalb der Halbmond (arabisch: *halil*) auch zum Symbol des Islam geworden ist.

Ismael. Nach 1. Mose, Kapitel 16, 21 und 25 war Ismael der ältere Sohn Abrahams; seine Mutter war Hagar, Nebenfrau Abrahams. Als Sara, die Hauptfrau, wider Erwarten in hohem Alter doch noch einen Sohn, Isaak, gebar, musste Hagar mit Ismael in die Wildnis fliehen. So wie Isaak der Stammvater der Juden ist, gilt Ismael als Stammvater der Muslime.

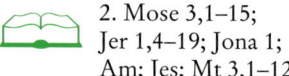

2. Mose 3,1–15;
Jer 1,4–19; Jona 1;
Am; Jes; Mt 3,1–12

»Eins« der islamischen Zeitrechnung – emigriert der Prophet nach Yatrib, später Medina (»Stadt« des Propheten) genannt.

In Medina, einer Oasensiedlung etwa 450 Kilometer nordöstlich von Mekka, gelingt es Mohammed, einen Streit zwischen zwei verfeindeten Stämmen zu schlichten. Daraufhin schließt sich der überwiegende Teil der arabischen Bevölkerung Medinas der Lehre Mohammeds an. Problematisch ist das Verhältnis Mohammeds zum jüdischen Bevölkerungsteil Medinas. Als Monotheisten und »Leute des Buches« werden sie von ihm einerseits respektiert, wohl aus politischen Gründen kommt es aber zur Ausweisung und sogar zur Tötung zahlreicher Juden.

Mohammed entwickelt sich zum Staatsmann und Politiker. Er organisiert auf geschickte und erfolgreiche Weise das gesellschaftliche und soziale Leben in Medina, wendet sich dann aber auch sehr rasch der »Außenpolitik« zu. Die bisher vom Judentum übernommene Gebetsrichtung Jerusalem wird geändert. Die Gebete sollen ab sofort in Richtung Mekka verrichtet werden, denn Abraham habe dort gemeinsam mit seinem Sohn Ismael die Kaaba errichtet. Mit Mekka gibt Mohammed der neuen Religion ein religiöses Zentrum und ein Symbol politischer Einheit, aber Mekka ist noch in der Hand derer, die Mohammed von dort vertrieben haben.

Folgerichtig versucht Mohammed, Mekka für sich zu gewinnen. Es kommt zu bewaffneten Auseinandersetzungen zwischen den Stämmen Medinas und Mekkas. Im Jahr 628 n.Chr. versucht Mohammed, eine Wallfahrt zur Kaaba in Mekka zu unternehmen. Er wird zunächst abgewiesen, die Mekkaner erklären sich jedoch zu einem zehnjährigen Waffenstillstand bereit. Der Waffenstillstand erweist sich als nicht tragfähig, und im Jahr 630 n.Chr. nimmt Mohammed, ohne auf größeren Widerstand zu stoßen, überraschend Mekka ein. Er umrundet die Kaaba einige Male, berührt den schwarzen Meteoriten mit seinem Stock, betritt dann den Tempel und zerschlägt die dort aufgestellten Götterstatuen. Die Bewohner der Stadt aber werden mit Milde behandelt und die meisten schließen sich deshalb rasch der neuen Religion an. Mohammed beherrscht ab jetzt fast die gesamte arabische Halbinsel.

Nach der Eroberung Mekkas kehrt Mohammed nach Medina zu seiner Familie zurück. Nach dem Tode seiner ersten Frau hatte er zwölf weitere geheiratet, unter ihnen waren einige unversorgte Witwen, aber auch eine Jüdin und eine Christin. Am 8. Juni 632 n.Chr. stirbt Mohammed im Haus seiner Lieblingsfrau Aischa. Er wird in Medina begraben.

In vielen Punkten ähnelt die Person Mohammeds den prophetischen Gestalten des Alten Testaments. Wie die Propheten des Alten Testaments handelt er nicht aufgrund eines von der Gemeinschaft oder einer Institution verliehenen Amtes, sondern aufgrund einer persön-

lichen Erfahrung mit Gott. Wie manche Propheten des Alten Testaments misstraut er zunächst der Berufung, zögert sie anzunehmen. Wie viele Propheten des Alten Testaments, aber etwa auch wie im Neuen Testament Johannes der Täufer, kündigt er das göttliche Gericht an, ruft zu Umkehr und Buße.

Mohammed war sich dieser Parallelen vermutlich bewusst. Er sah sich selbst in einer langen Reihe von Propheten, die im Laufe der Jahrhunderte und Jahrtausende von Gott dazu berufen worden waren, das Bekenntnis zu dem einen und einzigen Gott aufrechtzuerhalten und zu erneuern. Hierzu gehören Adam, Noah, Abraham, Isaak, Ismael, Mose und auch Jesus von Nazareth. Die erneute Offenbarung an Mohammed war aus muslimischer Sicht notwendig, weil die Botschaft der vorausgegangenen Propheten im Laufe der Zeit immer wieder verfälscht worden war. Mit Mohammed, »dem Siegel der Propheten«, ist jedoch ein endgültiger und nicht mehr verfälschbarer Abschluss der Prophetenreihe erreicht. Garantiert wird diese endgültige Offenbarung durch den Koran: »Dies Buch, daran ist kein Zweifel, ist eine Rechtleitung für die Gottesfürchtigen …« (Sure 2,2).

Könnten die muslimischen Reitertrupps zur Zeit Mohammeds so ausgesehen haben?

Bilderverbot. Obwohl der Koran im Unterschied zum Alten Testament kein ausdrückliches Bilderverbot kennt, wird es im Islam meist wesentlich ernster genommen als im Judentum und Christentum. Auch im frühen Christentum dauerte es mehrere Jahrhunderte, bis sich bildliche Darstellungen durchsetzten. Ausschlaggebend war schließlich für viele das Argument, wenn Gott in Jesus Christus wirklich Mensch geworden sei, dann gehöre zu dieser Menschlichkeit auch das irdische Bild. Während der Reformationszeit fühlten sich aber zum Beispiel so genannte »Bilderstürmer« unter Berufung auf 2. Mose 20,2–4 wieder verpflichtet, katholische Kirchen zu verwüsten und von bildlichen Darstellungen frei zu machen.

Kalligraphie. Von griechisch *kalós* »schön« und *graphein* »schreiben«; Kunst, Schriftzüge dekorativ zu gestalten.

»Ich rede aber von der Gerechtigkeit vor Gott, die da kommt durch den Glauben an Jesus Christus zu allen, die glauben. Denn es ist hier kein Unterschied: sie sind allesamt Sünder und ermangeln des Ruhmes, den sie bei Gott haben sollten, und werden ohne Verdienst gerecht aus seiner Gnade durch die Erlösung, die durch Christus Jesus geschehen ist.«   *Röm 3,22-24*

Die nebenstehende persische Buchmalerei aus dem 14. Jahrhundert ist in mancherlei Hinsicht ungewöhnlich und sowohl für Muslime als auch für Christen provokant. Mohammed und Jesus reiten nebeneinander, fast gleichberechtigt, Mohammed im Vordergrund auf einem Kamel, Jesus neben ihm auf einem Esel. Mit der linken Hand weist Jesus auf Mohammed als denjenigen, auf den es eigentlich ankommt. Für die meisten Muslime ist diese Darstellung insofern provozierend, weil das auch im Judentum und Christentum bekannte Bilderverbot im Islam meist sehr streng ausgelegt wird. Fast alle Traditionen des Islam verbieten bildliche Darstellungen von Menschen und Lebewesen, insbesondere auch Darstellungen Mohammeds, und zwar mit der Begründung, dass die »Erschaffung« von Lebewesen nur Gott allein zustehe. Die islamische Kunst ist deshalb für ihre herausragende Architektur und durch ornamentale und kalligraphische Ausschmückungen berühmt, nicht aber durch Malerei oder Bildhauerei im westlichen Sinne. Dennoch gibt es, wie unser Bild belegt, muslimische Traditionen, die sich über die enge Auslegung des Bilderverbots hinwegsetzen.

Für Christinnen und Christen mag das Bild insofern irritierend wirken, als Jesus hier mit Mohammed verglichen und, mit einem Turban bekleidet, in die Reihe der islamischen Propheten eingereiht wird. Auch deutet bei genauerem Hinsehen Einiges darauf hin, dass der Künstler Jesus gegenüber Mohammed deutlich zurückstuft: Mohammed reitet im Vordergrund, nur ihm ist die im Islam heilige Farbe Grün vorbehalten. Mohammed reitet ein Kamel, Jesus den weniger wertvollen Esel. Der Wächter, der auf Jesus und Mohammed wartet, trägt keinen Turban, seine Kopfbedeckung könnte ihn als christlichen Mönch ausweisen. Soll er als Christ in den beiden Boten, die ihm entgegenkommen, das wahre Verhältnis der Religionen erkennen?

Nach christlichem Glauben ist Jesus von Nazareth nicht nur ein Prophet wie Mose, Jeremia oder Mohammed, sondern in ihm hat sich Gott selbst offenbart. Auch der Islam bringt Mohammed große Verehrung entgegen, aber er verkündet nicht Mohammed, sondern Allah. Für das Christentum hingegen ist Gott in Jesus von Nazareth tatsächlich Mensch geworden, Jesus Christus *ist* nach dem Neuen Testament Gott, er selbst ist damit der Inhalt und das Zentrum der Botschaft. Nach christlicher Lehre ist der Mensch von sich aus nicht in der Lage, die rechte Haltung zu sich selbst, zu den Mitmenschen, zur Welt und zu Gott zu finden. Er ist, wie christliche Theologen sagen, »Sünder« und bedarf der »Erlösung«. Dem Islam ist diese Sichtweise fremd; er denkt an dieser Stelle wesentlich einfacher: Gott hat dem Menschen durch seine Propheten gesagt, was sie tun und lassen sollen. Es liegt in der Entscheidung des Menschen, den richtigen Weg zu gehen.

Hat man sich diesen – grundlegenden – Unterschied deutlich gemacht, so erstaunt es, wie positiv der Islam von Jesus spricht. Wird der Name Jesu oder auch eines anderen Propheten ausgesprochen, so fügt

man hinzu »Friede sei über ihm«. Der Koran hebt hervor, dass Isa, wie Jesus auf Arabisch heißt, von der Jungfrau Maria geboren wurde. Gott selbst hat Isa geschaffen und ihn dazu bestimmt, den »Kindern Israels«, die vom rechten Glauben abgefallen waren, erneut den einen Gott, von dem schon die alttestamentlichen Propheten sprachen, nahe zu bringen. Er sei gesandt worden, um den Menschen seiner Zeit ein heiliges Buch, das Evangelium des Neuen Testaments, zu bringen, und er habe, um seinen göttlichen Auftrag zu unterstreichen, Wunder wirken können. Nach islamischer Auffassung ist Isa nicht am Kreuz gestorben, was aus muslimischer Sicht einem Scheitern gleichgekommen wäre. Gott habe vielmehr einen anderen Menschen an seiner Stelle sterben lassen. Isa selbst sei in den Himmel enthoben worden. Die islamische Volksfrömmigkeit erzählt, Isa sei an einen anderen, sicheren Ort auf Erden entrückt worden. Sein Grab liege in Kaschmir. Andere glauben, Isa werde am Jüngsten Tag zurückkehren, vom Minarett der Moschee in Damaskus die Christen zum Widerruf der Trinitätslehre – für Muslime ein Rückfall in die Vielgötterei – veranlassen, alle Schweine töten und den Teufel besiegen. Schließlich werde er heiraten, Christen und Muslime versöhnen und dann neben Mohammed in Medina begraben werden.

Persische Miniatur, 87 x 133 mm aus der sog. Edinburgher Abschrift eines astronomischen und kalendergeschichtlichen Werkes, verfasst von dem berühmten muslimischen Universalgelehrten Al-Biruni (973–1048 n.Chr.). Die bei der Abschrift dem Al-Biruni-Text beigefügten Bilder werden auf 1307 n.Chr. datiert. Diese Miniatur illustriert Jesaja 21,6–9: Ein Wächter erwartet Boten, die den Untergang des polytheistischen babylonischen Reiches verkünden: »Gefallen ist Babel, es ist gefallen, und alle Bilder seiner Götter sind zu Boden geschlagen.« Wolke und Dornbusch erinnern an den Auszug Israels aus Ägypten und damit an die dritte monotheistische Religion, das Judentum.

Kalif. Arabisch »Stellvertreter«, »Statthalter«, Führer der *umma,* der gesamten islamischen Gemeinschaft. Erster Kalif war Mohammeds Schwiegersohn Abu Bakr. Ihm folgten Omar, Utman und Ali, Cousin und Schwiegersohn des Propheten. Während diese vier Kalifen im Islam allgemein als »rechtgeleitet« gelten, war der Kalifentitel in den folgenden Jahrhunderten oft umstritten. Zuletzt nahmen die Osmanen, ein aus Anatolien kommendes, turkstämmiges Herrschergeschlecht, den Kalifentitel für sich in Anspruch. 1924 erklärte Mustafa Kemal Atatürk das Kalifat für abgeschafft und alle Wiederbelebungsversuche waren seitdem mehr oder weniger erfolglos.

Am 7,10–13, Jer 37ff

Erfolg und Vielfalt: Propheten müssen nicht scheitern

Zu den verblüffendsten Phänomenen des Islam gehört es, mit welcher Schnelligkeit sich die neue Religion nach dem Tode des Propheten ausbreitete. Ohne hier auf Details eingehen zu können, ist nicht zu übersehen, dass es den Nachfolgern Mohammeds, den so genannten *Kalifen*, gelang, in nur einem Jahrhundert ein Weltreich zu errichten. Während die Propheten des Alten Testaments sich oft mit einer gewissen Erfolglosigkeit und Vergeblichkeit zu Wort meldeten, nicht selten auch selbst für ihre Botschaft bestraft und verfolgt wurden (man denke etwa an Amos oder Jeremia), ist die Wirkung des Propheten Mohammed im Grunde eine Erfolgsgeschichte ohnegleichen.

Das Geheimnis dieses Erfolgs, den Muslime bis heute auch als einen Beweis für die Wahrheit des Islam sehen, lässt sich vermutlich auf verschiedene Faktoren zurückführen: Die bisher zerstrittenen arabischen Stämme wurden durch die neue, zukunftsweisende Botschaft geeinigt und hatten ein gemeinsames Ziel; die benachbarten Reiche Byzanz und Persien hatten sich in gegenseitigen Kriegen erschöpft. So konnten die Araber mit relativ wenigen, beweglichen Truppen ihre Nachbarländer erobern. Dass dabei Blut floss, darf nicht verschwiegen werden. Aber die Bevölkerung der unterworfenen Gebiete begrüßte die muslimischen Eroberer oft auch als Befreier. So erwarteten z.B. die Christen in Damaskus, dass die Herrschaft der Muslime erträglicher sein würde

Byzanz. Um 660 v.Chr. gegründete, einflussreiche Hafenstadt, strategisch günstig zwischen Mittelmeer und Schwarzem Meer gelegen; heutiger Name: Istanbul. Im 4. Jahrhundert n.Chr. machte Konstantin der Große Byzanz zur »oströmischen« Reichshauptstadt, die nun den Namen »Konstantinopel« bekam. Zur Zeit seiner größten Ausdehnung umfasste das byzantinische Reich auch Italien, den Balkan, Nordafrika und Südspanien.
Die Geschichte des byzantinischen Reiches endet 1453 n.Chr. mit der Eroberung Konstantinopels durch die Osmanen.

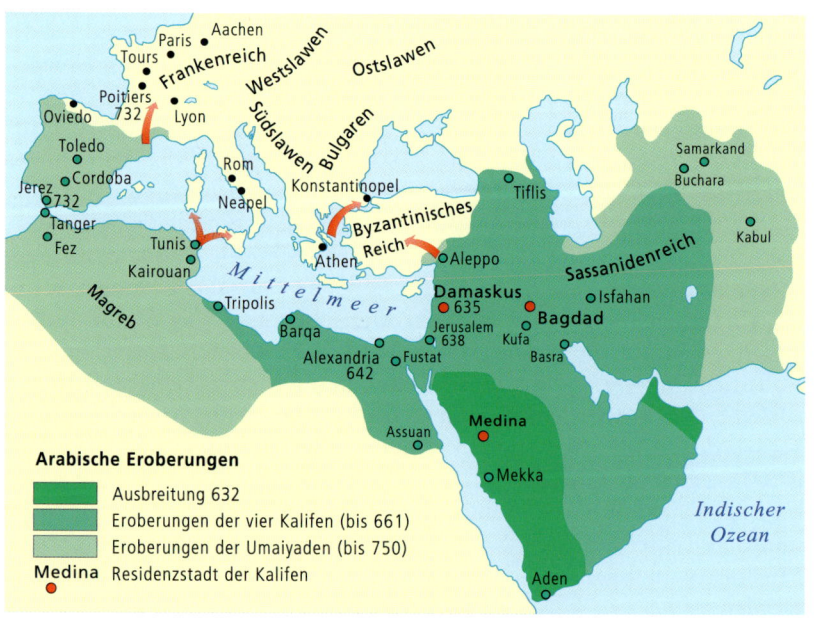

Arabische Eroberungen

- Ausbreitung 632
- Eroberungen der vier Kalifen (bis 661)
- Eroberungen der Umaiyaden (bis 750)
- **Medina** Residenzstadt der Kalifen

als die der byzantinischen Mitchristen und öffneten den arabischen Truppen freiwillig die Stadttore. Ähnlich verhielten sich Christen in Ägypten und Jerusalem. Viele Juden und Christen traten zum Islam über. Sie wurden zu diesem Schritt keineswegs gezwungen. Andere blieben Juden und Christen und konnten sich mit den Muslimen ganz gut arrangieren; als Anhänger einer »Schriftreligion« wurden sie als Schutzbefohlene des Islam betrachtet. Gegen Zahlung von Steuern und unter der Auflage, ihrerseits nicht zu missionieren, wurden ihnen für damalige Verhältnisse relativ große Freiheiten zugestanden.

Spanienreisende können in Cordoba und Granada heute noch sehen, welche kulturelle und intellektuelle Blüte, aber auch welches für die damalige Zeit erstaunliche Nebeneinander von Islam, Judentum und Christentum für mehrere hundert Jahre unter der Herrschaft des Islam möglich war. Während man in Paris und London – von Berlin und Stuttgart ganz zu schweigen – noch in schlammigen Gassen watete, bewegte man sich in Cordoba auf gepflasterten, nachts beleuchteten Straßen, zählte 600 Moscheen, 20 Bibliotheken, Dutzende von Schulen und Hochschulen, Hunderte von öffentlichen Bädern.

Auf der iberischen Halbinsel konnte der Islam seine Vorherrschaft auf Dauer nicht aufrecht erhalten. Ende des 15. Jahrhunderts n.Chr. fielen die letzten muslimischen Bastionen in Andalusien. Dafür breitete sich der Islam, wie die Karte der nächsten Seite zeigt, im Laufe der Jahrhunderte auch in Asien und Afrika weiter aus.

Führt man sich die Verbreitung des Islam vor Augen, so kann es nicht verwundern, dass diese Religion – nicht anders als etwa das Christentum – eine große Vielfalt von religiösen Traditionen und Kulturen aufweist. Spätestens seit dem 8. Jahrhundert hat der Islam die Grenzen der arabischen Welt hinter sich gelassen, ist zu einem multikulturellen,

Oben links: Innenraum der Moschee in Cordoba, erbaut 785–990, mit 850 Säulen aus Marmor, Jaspis und Granit. Oben rechts: Teilansicht der Alhambra (arabisch »die Rote«) in Granada; erbaut im 13. und 14. Jahrhundert als festungsartig angelegter Palast der muslimischen Könige von Granada.

www.ayuncordoba.es
www.granada.org
www.granadatur.com

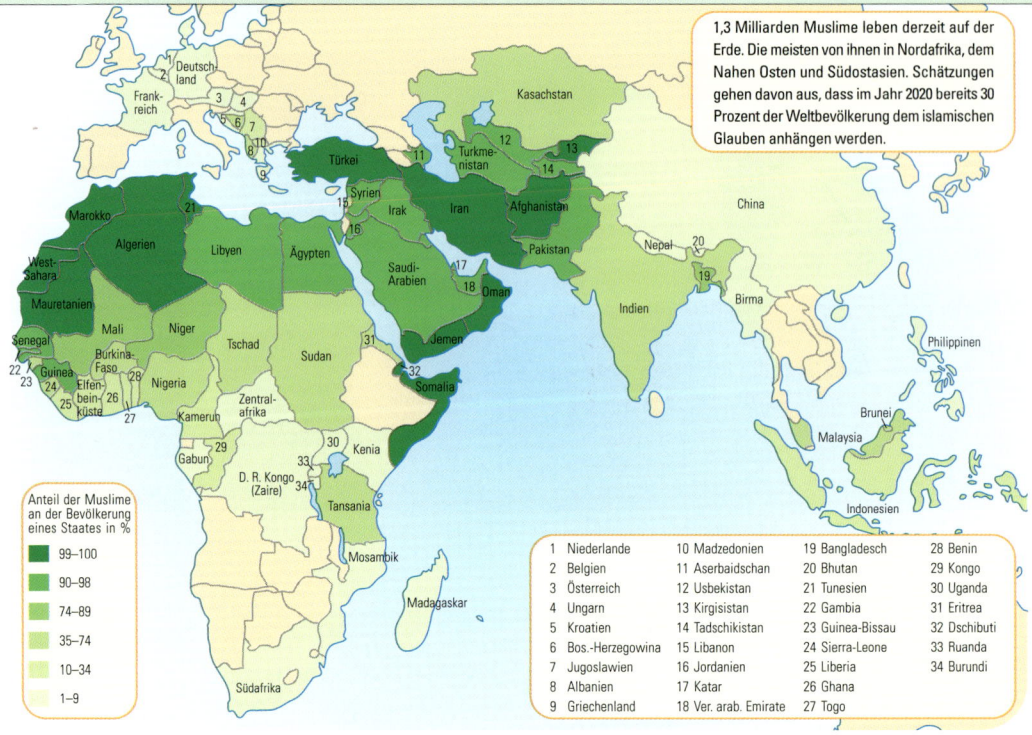

1,3 Milliarden Muslime leben derzeit auf der Erde. Die meisten von ihnen in Nordafrika, dem Nahen Osten und Südostasien. Schätzungen gehen davon aus, dass im Jahr 2020 bereits 30 Prozent der Weltbevölkerung dem islamischen Glauben anhängen werden.

Anteil der Muslime an der Bevölkerung eines Staates in %

- 99–100
- 90–98
- 74–89
- 35–74
- 10–34
- 1–9

1	Niederlande	10	Madzedonien	19	Bangladesch
2	Belgien	11	Aserbaidschan	20	Bhutan
3	Österreich	12	Usbekistan	21	Tunesien
4	Ungarn	13	Kirgisistan	22	Gambia
5	Kroatien	14	Tadschikistan	23	Guinea-Bissau
6	Bos.-Herzegowina	15	Libanon	24	Sierra-Leone
7	Jugoslawien	16	Jordanien	25	Liberia
8	Albanien	17	Katar	26	Ghana
9	Griechenland	18	Ver. arab. Emirate	27	Togo

28	Benin
29	Kongo
30	Uganda
31	Eritrea
32	Dschibuti
33	Ruanda
34	Burundi

nicht an eine bestimmte Volksgruppe gebundenen Phänomen geworden. Zwischen Indonesien, dem bevölkerungsreichsten muslimischen Staat der Erde, und Marokko – ganz zu schweigen etwa von den 6 bis 7 Millionen Muslimen in den USA – haben sich im Laufe der Jahrhunderte vielerlei Spielarten muslimischen Lebens entwickelt.

Schiiten. Leben vor allem im südlichen Irak und im Iran, als Minderheiten in Syrien, im Libanon, im Jemen und in der Türkei.

Kerbela. Stadt im Irak, bei der sunnitische Soldaten 680 n.Chr. unter Schiiten ein Blutbad anrichteten; heute wichtiger schiitischer Wallfahrtsort.

Muslime in Deutschland repräsentieren durch ihre Herkunft gleichsam die gesamte Vielfalt der islamischen Welt … Der Unterschied zwischen Sunniten und Schiiten bezieht sich im Wesentlichen auf die Frage, wie die islamische Gemeinschaft regiert werden soll, bringt aber auch Besonderheiten im schiitischen Ritual und im Festkalender mit sich. Etwa 10 Prozent aller Muslime weltweit sind Schiiten. Die Spaltung in Sunniten und Schiiten geht auf die Frühzeit des Islams zurück: Im Jahre 632 starb der Prophet Muhammed. Weder hatte er einen männlichen Nachkommen hinterlassen noch selbst ausdrücklich seine Nachfolge geregelt. Die junge islamische Gemeinde zog nun mehrere Formen der Gemeindeführung in Erwägung, und es bildeten sich Fraktionen. Eine von ihnen, die Partei (schia) Alis, bleibt der Auffassung treu, die Verwandtschaft mit dem Propheten sei Voraussetzung zur Wahrnehmung der Gemeindeleitung. Sie unterstützte den Schwiegersohn und Cousin des Propheten, Ali, und dessen Söhne Hasan und Husayn, die bei der Schlacht bei Kerbela ermordet wurden. Am Aschuratag wird deren Tod in regelrechten Passionsspielen gedacht. In der schiitischen Theologie spielt das Leiden daher eine besondere heilsfördernde Rolle. Die Leitung der Gemeinde steht nach schiitischer Auffassung stets einem Nachkommen Alis zu, der auch geistliche Kompetenzen ausübt. Allerdings erfuhr die schiitische Gemeinde in sich wiederum viele Teilungen und Abspaltungen, die sich oft auf die Rechtmäßigkeit der Imame bezog …

Die Schiiten haben im Laufe der Geschichte nur selten einen eigenen Staat erlangen können. Sie standen überwiegend in Gegnerschaft zu den sunnitischen Herrschern. Dies hatte zur Folge, dass sie die allgemein im Islam verbreitete Annahme, am Ende der Zeiten werde der Mahdi erscheinen, noch zuspitzten und in ihm die Wiederkunft des entrückten, rechtgeleiteten und wahren Imams erwarten. Alle irdische Macht ist somit nur ein Provisorium, das am Tag der Wiederkunft des Mahdis aufgehoben ist. So üben in der Islamischen Republik Iran die Rechtsgelehrten in seiner Abwesenheit stellvertretend die Regierungsgewalt aus.

Eine Gruppe, die für die Verhältnisse in Deutschland relevant ist, sind die Aleviten. Für die Türkei nimmt man an, dass etwa 20 Prozent der Bevölkerung Aleviten sind, und da die türkischen Migranten den größten Teil der hierzulande lebenden Muslime ausmachen, existiert in Deutschland eine vergleichsweise große alevitische Gemeinschaft.

Die Glaubenslehre und religiöse Praxis der Aleviten unterscheidet sich in solchem Maße von der sunnitischer Muslime, dass diese ihnen nicht selten die Zugehörigkeit zum Islam absprechen. Die Erfahrung von Unterdrückung und Verfolgung lässt die Aleviten wiederum sehr vorsichtig sein in dem, was sie an die Öffentlichkeit dringen lassen. Das Selbstverständnis der Aleviten ist davon bestimmt, dass ein Alevit die Heiligkeit Allahs, Muhammeds und Alis im Herzen trägt und der Gerechtigkeit Allahs treu ist … Die Schöpfung existiert, damit Gott in ihr sein Geheimnis offenbaren kann. Dies hat eine starke Verinnerlichung zur Folge … Zum alevitischen Bekenntnis gehört weiterhin die so genannte Heilige Kraft. Sie wohnt jedem Menschen inne und wird durch Muhammed, Ali und deren Nachkommen übertragen … Zum alevitischen Glauben gehört die Vorstellung einer unsterblichen Seele, einer unsterblichen, alle Lebewesen erfüllenden Energie, die aus einem Leib in einen anderen übergehen kann … Diese Seelenwanderung ist Teil des Strebens nach Vervollkommnung. Gott allein ist vollkommen. Ihm folgen Muhammed und Ali und danach die Imame. Danach kommen die Menschen, die Gott gefunden haben, die Menschen, die dabei sind, die Heilige Kraft zu entdecken und nach Menschwerdung zu streben und am untersten Ende die Menschen, die ihre Herzen und die ihnen innewohnende Heilige Kraft verdunkelt haben. Durch Hilfe von außen können aber auch diese Menschen Heiligkeit gewinnen. Für das Verhältnis der Aleviten zu anderen Religionen bedeutet dies, dass sie auch in ihnen Zugang zum Heil sehen können, denn auch Anhänger anderer Religionen können auf ihren jeweiligen Wegen Gott und die Heilige Kraft erkennen … Schließlich betrachten die Aleviten die Pflichten der Sunna

Aschura. Allgemeiner islamischer Feiertag am zehnten Tag des Monats Muharram, mit dem das islamische Jahr beginnt; für Schiiten der höchste Feiertag im Gedenken an die Schlacht bei Kerbela.

Imam. Arabisch »Muster«, »Vorbild«, »Führer«; im Islam allgemein Vorbeter bei den rituellen Gebeten; im schiitischen Islam Titel, der in vielen Aspekten dem sunnitischen Kalifentitel entspricht; der sunnitische Imam muss Nachfolger Alis sein und gilt als Mittler göttlicher Offenbarung.

Mahdi. Arabisch »Rechtgeleiteter«; in der gesamten islamischen Welt verbreitete Vorstellung von einer Rettergestalt am Ende der Geschichte.

Aleviten. Im 11./12. Jahrhundert n.Chr. entstanden, besonders verbreitet in der Osttürkei; der Name leitet sich von Ali, dem Cousin und Schwiegersohn Mohammeds, ab.

www. alevi.com

Sunna. Arabisch »gewohnte Handlungsweise«; Sammlung der Aussprüche und Handlungen Mohammeds und seiner früheren Gefährten, überliefert in der *hadith*. *Hadith*-Sammlungen stellen neben dem Koran die zweite Quelle islamischen Rechts dar. Sunniten nennt man die 90 Prozent der Muslime umfassende Mehrheitsrichtung des Islam.

Sufismus. Abgeleitet vom arabischen Wort *suf* »Wolle«, das sich auf das wollene Gewand bezieht, das die Sufis früher in Anlehnung an christliche Mönche trugen.

www.sufismus.de

Konvent. Von lateinisch *conventus* »Zusammenkunft«, ursprünglich Versammlung aller Stimmberechtigten eines Klosters, heute oft gleichbedeutend mit »Kloster«.

Scheich. Arabisch, eigentlich »ehrwürdiger Mann«, der Begriff kann allgemein einen Stammesführer, im Sufismus auch einen geistigen Führer meinen.

nicht als bindend. So müssen sie nicht wie Sunniten fünfmal täglich das rituelle Gebet vollziehen und besitzen auch keine Moscheen als Gebetsräume. Statt dessen versammelt man sich zum cem, dem gemeinschaftlichen Gebet … Diese Zusammenkünfte kennen keine Trennung der Geschlechter …

Ein Element, das in der religiösen Wirklichkeit des Islams von nicht zu unterschätzender Bedeutung ist, ist der mystische Islam, der Sufismus … Sufische Gruppierungen haben sich über die gesamte islamische Welt und mit ihr ausgebreitet … Ihre Lebensformen und religiösen Praktiken sind sehr vielfältig. So gehören Musik und Tanz zum Repertoire einiger Gruppen, während andere dies kategorisch ablehnen. Das mystische Gottesgedenken … wird in der einen oder anderen Form jedoch allgemein praktiziert. Gottesnamen … werden, allein oder in Gemeinschaft, laut ausgesprochen oder im Herzen, hundert- und tausendfach wiederholt. Das unablässige Aufmerken auf Gott ist eine Grundkonstante sufischer Lebensweise. Die Gottessehnsucht und -liebe der Sufis ist oft nicht ohne Auswirkungen auf ihr Verhältnis zu Gottes Geschöpfen geblieben. Sufikonvente sind oft auch Anlaufstellen für Menschen in seelischen Nöten, für Arme und Bedürftige. Nicht selten geraten einzelne Scheichs oder fromme Frauen in den Ruf der Heiligkeit und werden auch nach ihrem Tod weiter aufgesucht und verehrt. Beides ist dem orthodoxen Islam fremd, spielt aber im Volksglauben eine große Rolle … Amulette mit Koranversen schützen gegen den bösen Blick, Liebeskummer und Krankheit. In hartnäckigen Fällen wäscht man einen mit Tinte geschriebenen Vers vom Papier und trinkt das Wasser. Dass rechtgläubigen Muslimen dann die Haare zu Berge stehen, versteht sich von selbst …

Thomas Lemmen / Melanie Miehl

Tanzende Derwische (vermutlich von Persisch *darwisch* »Bettler«) in der Tanzhalle des Mevlana-Mausoleums in Konya in der Türkei. Hier starb 1273 der Gründer der Mevlevi Sufi-Bruderschaft, der Poet Mevlana Jalal al-din Rumi. Seine Begräbnisstätte, die Moschee und das angegliederte Sufi-Zentrum ziehen Gläubige aus aller Welt an.

 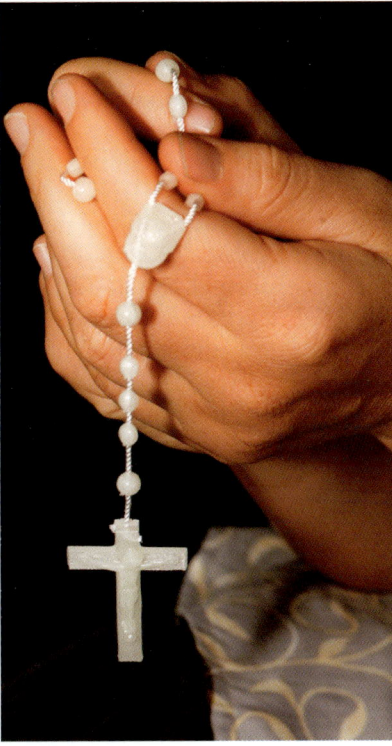

»… im Herzen, hundert- und tausendfach wiederholt …«

Die islamische Gebetskette (arabisch *tasbih*, *misbah* oder *subha* – alles Worte, die vom Verb *sabbaha* »lobpreisen« abgeleitet sind) ist ein Gegenstand, der uns, in abgewandelter Form, auch aus der katholischen Kirche bekannt ist. Er besteht im Islam in der Regel aus 99 Perlen und ist in allen islamischen Ländern verbreitet. Das dazugehörige Gebet besteht aus der 33-fachen Wiederholung der Formel *subhan allah* (Preis sei Gott). Dieser folgt die 33-fache Wiederholung der Formel *la ilaha illa llah* (Es gibt keinen Gott außer Gott) und dem abschließenden 33-fachen *allahu akbar* (Gott ist groß). Solche Gebetsketten dienen als beruhigende Handschmeichler, haben in der muslimischen Volksfrömmigkeit auch einen gewissen Amulettcharakter und werden deshalb z.B. zum Schutz vor Unfällen um die Rückspiegel von Autos geschlungen. Aber sie können auch theologisch interpretiert werden: Die 99 Perlen entsprechen den »schönsten« 99 Namen Allahs (z.B.: der Erbarmer, der Heilige, der Friede, der Allweise, der Allhörende, der Gerechte, der Wohlwollende, der Langmütige, die Wahrheit, der Schöpfer des Lebens, der Schöpfer des Todes, der Gütige, der Rächer, das Licht, der Ewige), die die Größe des einzigen Gottes beschreiben, aber auch deutlich machen, dass der hundertste, der eigentliche Name Gottes, für Menschen ein Geheimnis bleiben muss.

Rosenkranz. Der Begriff bezieht sich eigentlich auf eine katholische, in der Marienverehrung verankerte Gebetsübung, bei der Ave Maria, Vaterunser und andere Gebetstexte in einer bestimmten Reihenfolge gebetet und meditiert werden; »Rosenkranz« meint die Abfolge der Gebete ebenso wie die als Hilfsmittel benutzte Kette aus Perlen, die aus ganz unterschiedlichen Materialien gefertigt sein können. Nach einer Legende aus dem 13. Jahrhundert geht das Wort »Rosenkranz« auf die Vision eines Zisterziensermönchs zurück, der es sich zur Gewohnheit gemacht hatte, eine Marienfigur liebevoll mit einem Kranz aus Rosen zu schmücken. Maria ließ ihn wissen, dass ihr ein »geistlicher« Rosenkranz lieber wäre als ein Kranz aus echten Rosen. Vor diesem Hintergrund ist es wenig angemessen, im Zusammenhang nicht-christlicher Religionen von »Rosenkränzen« zu sprechen.

Die fünf Pflichten des Islam

»Sprich: Er ist der Eine Gott, Allah, der Absolute. Er zeugt nicht und ist nicht gezeugt. Und es gibt keinen, der Ihm gleicht.«   *Sure 112, 1–4*

»Gläubig sind nur die, welche an Allah und Seinem Gesandten glauben – und danach nicht mehr zweifeln – und sich mit Gut und Blut auf Allahs Weg einsetzen. Das sind die Aufrichtigen.«
Sure 49, 15

Sieht man einmal von speziellen Gruppierungen wie den Aleviten ab, so sind und waren sich die Muslime der Welt bei aller Vielfalt schon immer einig, dass es fünf Grundpflichten oder »Säulen« gibt, die die Grundlage des Islam bilden.

Die **erste Pflicht**, die auch die Grundlage für die anderen vier bildet, ist die *schahada*, das »Bekenntnis« zum Islam. Die muslimische Bekenntnisformel lautet, schlicht und einfach: *aschhadu an la illaha illa Allah, wa aschhadu anna Muhammed ar-rasulu Allah* – »Ich bezeuge, dass es keinen Gott außer Allah gibt und dass Mohammed der Gesandte Gottes ist.« Dieser Satz, vor Zeugen und in ehrlicher Absicht gesprochen, genügt, um zum Islam überzutreten. Er fasst das Wesentliche zusammen: Zum einen wird die Einzigartigkeit und Einheit Gottes, der absolute Monotheismus, betont. Zum anderen wird die Sonderstellung Mohammeds und damit gleichzeitig auch die göttliche Wahrheit des ihm offenbarten Korans hervorgehoben. Neugeborenen wird die Schahada ins Ohr geflüstert, Sterbende sollen sie auf den Lippen führen. Überall auf der Welt sprechen Muslime, auch wenn sie die arabische Sprache nicht oder kaum beherrschen, immer wieder dieses Bekenntnis und wissen so, dass sie, ohne dass dazu eine Organisation wie die Kirche notwendig wäre, Teil des einen Islam sind. Nicht selten ist die Schahada auch Gegenstand künstlerischer Bemühungen; es wird versucht, sie in besonders schöner Form zu schreiben.

Vier Variationen der Schahada.

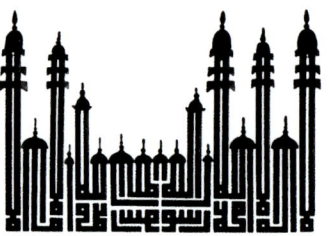

Rituelle Waschung.

»Beobachtet das Gebet und (besonders) das mittlere Gebet (zur Tagesmitte) und steht vor Gott in Ehrfurcht.«
Sure 2, 238

Als **zweite »Säule«** gilt im Islam das rituelle Gebet, arabisch *salat* (wörtlich: »Fürbitte«, »Segenswunsch«). Während das Neue Testament eher das freie, spontane oder das gemeinsam gesprochene Gebet nahe legt – Formen, die der Islam durchaus auch kennt –, folgt das rituelle Gebet möglichst genau zu beachtenden Regeln. Fünfmal am Tag sollen die Gläubigen, wenn irgend möglich, zu genau festgelegten Zeiten dieses Gebet verrichten: vor Sonnenaufgang, mittags, nachmittags, bei Sonnenuntergang und später am Abend. Für Kranke und Reisende gibt es Ausnahmeregelungen. Fünf Gebete scheinen, auf den ersten Blick, den Tag auf unrealistische Weise zu zerstückeln. Der Zeitraum von Sonnenaufgang bis zum Mittag, also in den Stunden, in denen es in orientalischen Ländern am kühlsten ist und in denen man am besten arbeiten kann, wird im Islam bezeichnenderweise aber nicht durch Gebetszeiten unterbrochen.

In den Städten und Dörfern muslimischer Länder ertönt zum rechten Zeitpunkt der Gebetsruf des Muezzin, in jüngster Zeit gelegentlich auch ein Gebetsruf vom Tonband: »Gott ist überaus groß. Ich bezeuge, dass es keinen Gott außer Allah gibt und dass Mohammed der Gesandte Allahs ist. Kommt zum Gebet. Kommt zur Rettung. Gott ist überaus groß. Es gibt keinen Gott außer Allah.«

Die Gläubigen reinigen vor Beginn des Gebets zunächst ihre Körper. Bei der Führung durch eine Moschee werden dem Besucher in der Regel gerne die Waschanlagen gezeigt. Ist kein Wasser zur Hand – was in Wüstenregionen oft der Fall ist –, können Hände und Gesicht, eher

    Mt 6,5-13

Stundengebet. In katholischen und orthodoxen Klöstern das für bestimmte Stunden vorgeschriebene Gebet, das zu acht verschiedenen Tageszeiten stattfindet. In der katholischen Tradition gliedert sich der Tag von der *Matutin* und den *Laudes* am Morgen, über *Prim*, *Terz*, *Sext* und *Non* bis hin zu *Vesper* und *Komplet* am Abend.

Muezzin. Von arabisch *muadhdhin* »Gebetsrufer«.

Istiqlal-Moschee, Jakarta
(Indonesien) von innen und außen.

Rechte Seite:
Lehrplakat zu den Gebetshaltungen.

نقول "الله اكبر" وتسجد ثم تقول
سبحان ربي الأعلى، ثلاث مرات.

SAY "ALLAH-U-AKBAR" THEN
MAKE SUJJOUD THEN SAY
"SUBHAN RABBYA AL-AALA"
THREE TIMES.

تقوم من الركوع قائلاً
"سمع الله لمن حمده".

STAND UP AND SAY
"SAMEA ALLAH LEMN
HAMEDAH".

نقول "الله اكبر" وتركع ثم تقول
سبحان ربي العظيم، ثلاث مرات.

SAY "ALLAH-U-AKBAR" THEN
BOW TO ALLAH AND SAY
"SUBHAN RABBYA ALAZEEM"
THREE TIMES.

تقرأ الفاتحة ثم سورة قصيرة
من القرآن

READ THE FATEHA THEN
A SMALL VERSION
FROM THE HOLY QUR'AN.

تستقبل القبلة ثم تنوي الصلاة
وتقول . الله اكبر

STAND TO MAKKAH DIRECTION
HAVE THE INTENTION TO
PRAYER. THEN SAY
"ALLAH-U-AKBAR".

عدد ركعات كل صلاة

الصبح، ركعتان. الظهر، أربع ركعات.
العصر، أربع ركعات. المغرب، ثلاث ركعات
العشاء، أربع ركعات

NUMBER OF RAKAAH
FOR EACH PRAYER :
AL-SOBAH : TWO RAKAAH.
AL-ZOHR : FOUR RAKAAH.
AL-A'SR : FOUR RAKAAH.
AL-MAGRIB : THREE RAKAAH.
AL-ESHA : FOUR RAKAAH.

تلتفت إلى اليسار وتقول
"السلام عليكم".

LOOK TO THE LEFT
AND SAY "ASSALAMU-
ALYKOUM".

تلتفت إلى اليمين وتقول
"السلام عليكم".

LOOK TO THE RIGHT
AND SAY "ASSALAMU-
ALYKOUM".

تقول . الله اكبر . ثم
تجلس معتدلاً

SAY
"ALLAH-U-AKBAR"
AND SIT DOWN.

تقول "الله اكبر" وتقف للركعة الثانية
وتقرأ الفاتحة وسورة قصيرة ثم تكمل الركعة

SAY "ALLAH-U-AKBAR" AND
STAND UP TO PRAY THE
SECOND RAKAAH. THEN READ
THE FATEHA AND A SMALL VERSION
FROM THE HOLY QUR'AN THEN
COMPLETE THE SECOND RAKAAH.

تقول "الله اكبر" وتسجد مرة ثانية
ثم تقول، سبحان ربي الأعلى، ثلاث مرات

SAY "ALLAH-U-AKBAR" AND
MAKE SUJJOUD AGAIN THEN
SAY "SUBHAN RABBYA
AL-AALA" THREE TIMES.

تقول . الله اكبر . ثم
تجلس معتدلاً

SAY
"ALLAH-U-AKBAR"
AND SIT DOWN.

symbolisch, auch mit feinem sauberen Sand gereinigt werden. Dem Wunsch nach Reinheit entsprechend ist es auch üblich, in Moscheen die Schuhe auszuziehen.

Die *salat* selbst besteht aus einer Abfolge von Verbeugungen, wobei jede Verbeugung wiederum eine Reihe von ganz bestimmten, symbolischen Bewegungsabläufen umfasst, ausgeführt in der Richtung nach Mekka. Parallel zu den Körperbewegungen werden in arabischer Sprache Koransuren und andere festgelegte liturgische Formeln gesprochen. Inhalt ist der Lobpreis Allahs. »Islam« lässt sich unter anderem auch mit »Hingabe« übersetzen. Ein »Muslim« wäre dann jemand, der sich ganz, mit Leib und Seele, Gott hingibt. Gefordert ist große Ernsthaftigkeit und eine Gebetshaltung, die aus dem Herzen kommt, nicht etwa der nur äußerliche Vollzug eines Rituals.

Das rituelle Gebet findet idealer Weise gemeinsam in einer Moschee statt. Außer beim Mittagsgebet am Freitag, bei dem auch noch eine Predigt gehalten wird, kann es aber auch einzeln an jedem beliebigen Ort vollzogen werden. Ein Gebetsteppich oder eine Gebetsmatte ersetzt die Moschee. Die in Kalendern genau festgelegten Gebetszeiten verbinden den Einzelnen mit allen andern Muslimen der Welt. Wer mehr über die Berechnung der Gebetszeiten, aber auch den genauen Ablauf der *salat* wissen will, findet heute auf muslimischen Internetseiten genaue, gut aufbereitete Auskünfte und Veranschaulichungen.

Das Wort »Moschee« leitet sich von dem arabischen Wort »maschjid« ab, was soviel bedeutet wie »Ort, an dem man zum Gebet niederfällt«. Das Urbild aller Moscheen ist nicht etwa ein Tempel oder ein Heiligtum, sondern der Innenhof des Wohnhauses Mohammeds in Medina. Hier soll Mohammed von einem erhöhten Stuhl zu seinen Anhängern gesprochen haben. Die Moschee ist dementsprechend kein besonders geweihter Ort, er kann auch als Ort zum Ausruhen, als Treffpunkt oder als Unterrichtsraum genutzt werden. Im Allgemeinen ist auch Nicht-Muslimen das Betreten von Moscheen erlaubt. Bei aller Vielfalt der Architekturen, die sich beim Moscheebau ähnlich wie beim Kirchenbau im Laufe der Zeit entwickelt hat, ist allen Moscheen Folgendes gemeinsam: eine große, nicht bestuhlte Gebetsfläche; eine Gebetsnische, *mihrab* genannt, die nach Mekka weist und an die Gegenwart des Propheten erinnert; eine Lehrkanzel, arabisch *minbar*, von der am Freitag vor dem Mittagsgebet in der Landessprache eine Predigt gehalten wird. Zu einer Moschee gehört heute ein Turm oder mehrere Türme, *Minarett* genannt. Die ersten Moscheen kannten diese Minarette nicht; möglicherweise haben sie sich erst in Anlehnung an christliche Kirchtürme entwickelt.

Wenn im Fernsehen Bilder von Freitagsgebeten gesendet werden, fällt uns vielleicht auf, dass wir nur männliche Beter sehen. Frauen

www.islam.de
www.ansary.da
(Vgl. auch die weiterführenden Links.)

Freitag. Anders als der christliche Sonntag oder gar der jüdische Sabbat ist der Freitag für Muslime kein Feiertag im strengen Sinn. Zwar sollen zur Zeit des Mittagsgebets alle Geschäfte ruhen, davor und danach darf aber durchaus gearbeitet werden. Dennoch ist der Freitag für Muslime ein besonderer Wochentag, was man oft schon daran erkennt, dass Muslime sich am Freitag besonders festlich kleiden.

Rechte Seite:
Gebet des zweijährigen Hag in einer Moschee in Dili (Ost-Timor).

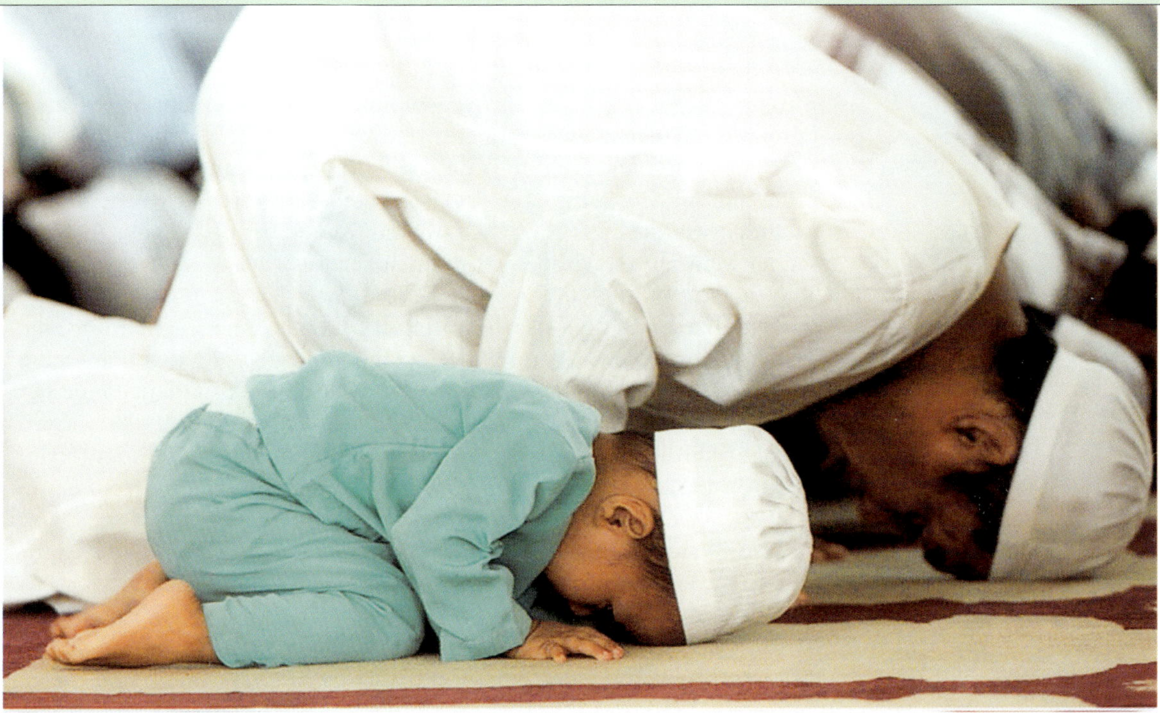

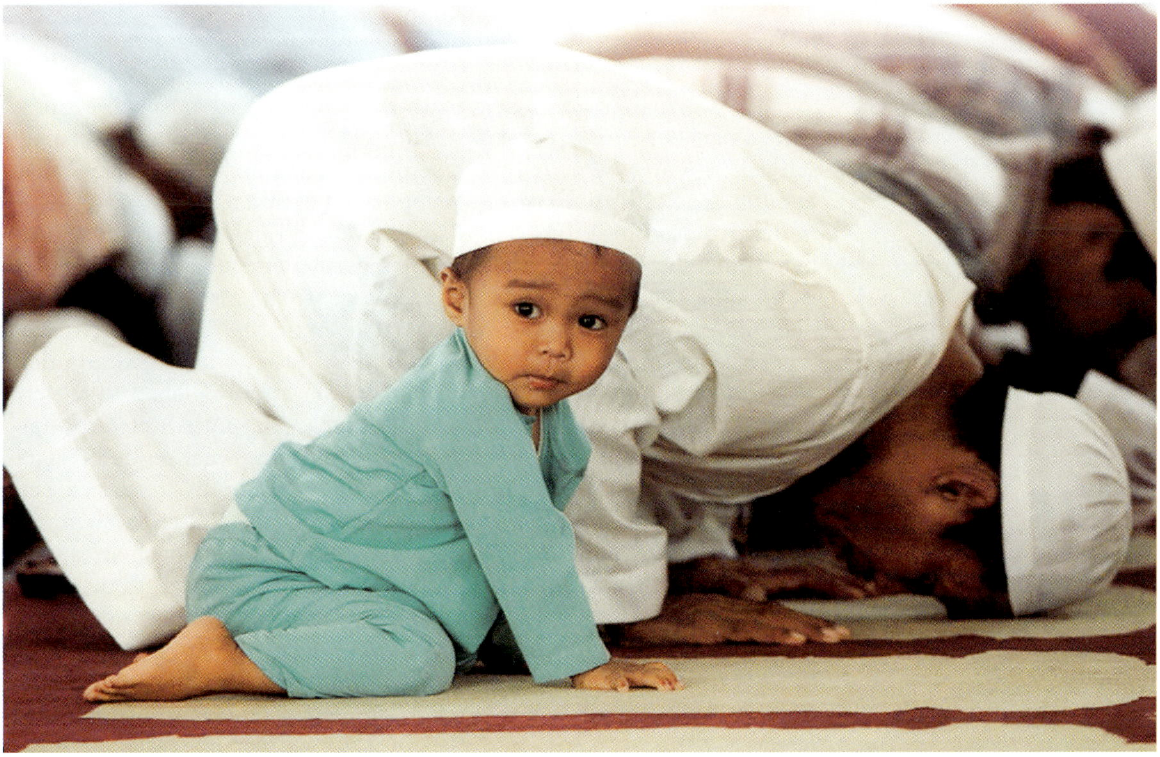

verrichten bis zum heutigen Tag ihre rituellen Gebete zu Hause oder müssen auf einer speziellen Frauenempore oder in einem Seitenraum beten. Als Erklärung wird angeführt, die Geschlechter sollten sich – gerade auch angesichts der geforderten Körperbewegungen – in der Moschee nicht gegenseitig ablenken. Gelegentlich wird zu Recht darauf hingewiesen, dass aus ähnlichen Gründen auch in christlichen Kirchen früher Männer und Frauen getrennt saßen.

Die **dritte »Säule«** des Islam ist das Fasten, eine Einrichtung, die alle Religionen kennen und die in früheren, weniger wohlhabenden Zeiten natürlich nicht als Diätprogramm, sondern als Chance zu einer religiösen und spirituellen Erneuerung verstanden wurde. Wer fastet, durchbricht den Alltagstrott, lässt das Gewohnte hinter sich und kann dadurch paradoxerweise den Verzicht als Befreiung und Neubeginn erleben. In der katholischen Kirche gelten heute noch die Zeit von Aschermittwoch bis Gründonnerstag und die Adventszeit als Fastenzeiten, in den evangelischen Kirchen wird die Passionszeit als Fastenzeit empfohlen.

Im Islam gibt es einen speziellen Fastenmonat, den *ramadan*. Da der islamische Kalender ein Mondkalender ist, verschiebt sich dieser Monat im Laufe der Jahre ständig und kann sowohl in die kalte Jahreszeit als auch, was eine wesentlich größere Herausforderung bedeutet, in den Hochsommer mit seinen heißen und langen Tagen fallen.

»Im Monat Ramadan, dem neunten Monat des islamischen Mondjahres, darf der Muslim von der Morgendämmerung, wenn man einen schwarzen von einem weißen Faden unterscheiden kann, bis zur Vollendung des Sonnenuntergangs nichts essen, trinken, überhaupt nichts in den Körper einführen, darf also auch keine Injektion oder Einläufe bekommen; er darf sich nicht an Wohlgeruch erfreuen, und natürlich ist auch Sex verboten. Wenn das Fasten gebrochen ist, also nach Sonnenuntergang, kann er oder sie normal leben …

Ich habe immer meine Freunde in der Türkei oder Pakistan oder Indien bewundert, wie sie auch im Ramadan ihre täglichen Pflichten nie vernachlässigten, wenn das Tempo auch gelegentlich etwas langsamer war oder man gegen Ende des Monats eine wachsende Nervosität spürte. Aber wenn alle fasten, ist es einfacher als für die in der Diaspora lebenden Muslime, und das gemeinsame Fastenbrechen am Abend, die fröhlichen Unterhaltungen in der Nacht machen es den Menschen doch etwas leichter … Sobald die Sonne untergegangen ist – und das wird auf Tabellen in den Zeitungen festgestellt und wurde früher mit einem Kanonenschuss angekündigt –, bricht man das Fasten, vorzugsweise mit einer ungeraden Anzahl von Datteln, und trinkt Wasser, dann verrichtet man das Abendgebet, und dann kommt das festliche Essen. Ein solches Fastenbrechen ist immer etwas Schönes.

www.7-wochen-ohne.de

»O ihr, die ihr glaubt! Euch ist das Fasten vorgeschrieben, wie es den Menschen vor euch vorgeschrieben war; vielleicht werdet ihr gottesfürchtig. Es geht um abgezählte Tage; wenn einer unter euch aber krank oder auf Reisen ist, der faste die gleiche Anzahl von Tagen. Und die, die es nur mit größter Schwierigkeit können, sollen zum Ausgleich einen Armen speisen … Es ist der Monat Ramadan, in welchem der Koran als Rechtleitung für die Menschen und als Beweis dieser Rechtleitung und als Maßstab herabgesandt wurde … Allah wünscht, es euch leicht und nicht schwer zu machen und dass ihr die Zahl der Tage erfüllt und Allah dafür preist, dass er euch geleitet hat …«
Sure 2, 183–185

Man lädt Freunde und Verwandte ein; es werden leckere Speisen angeboten, die oft schon eine Weile vor dem eigentlichen Mahl aufgetragen werden, denn, wie man in der Türkei glaubt, das Mahl lobt Gott,
während es auf dem Tisch steht und der Mensch sich immer noch des
Essens enthält … Sie wären erstaunt, wenn Sie als Nicht-Muslim im
Ramadan zu einer Familie kommen, die, wie es mir oft passiert ist, Ihnen mitten am Tag strahlend einen heißen Tee anbietet oder ein köst-
liches Mahl, während sie selbst dasitzen und sich freuen, dass es dem
Gast schmeckt; denn die Freude des Gastes erhöht noch das Verdienst
des Fastenden …
  Früher wurden die Nächte im Ramadan mit Vergnügungen ver-
bracht; Reisebeschreibungen aus Kairo oder Damaskus geben uns ein
Bild vom bunten Treiben auf den Straßen. Das hat jetzt nachgelassen.
Aber natürlich ist die Freude groß, wenn das Fest des Fastenbrechens
… naht; man zieht neue Kleider an, und nach dem feierlichen Mor-
gengebet … besucht man sich, beschenkt sich und verteilt Süßigkeiten.
Daher nennt man in der Türkei das Fest auch … Zuckerfest, das ist wie
bei uns Weihnachten. Es gibt aber auch die Auflage, eine bestimmte
Almosensteuer am Ende des Monats Ramadan zu zahlen.«
Annemarie Schimmel

Fastenbrechen in Kairo:
Armenspeisung am Abend des
ersten Fastentages.

»Habt Acht auf eure Fröm-
migkeit, dass ihr die nicht übt
vor den Leuten, um von ihnen
gesehen zu werden; ihr habt
sonst keinen Lohn bei eurem
Vater im Himmel. Wenn du
nun Almosen gibst, sollst du
es nicht vor dir ausposaunen
lassen, wie es die Heuchler
tun … Wenn du aber Almosen
gibst, so lass deine linke Hand
nicht wissen, was die rechte
tut …«   *Matthäus 6,1–3*

Zu den bemerkenswertesten und eindrucksvollsten der fünf Glaubens-
pflichten der Muslime gehört sicherlich die des Almosengebens. Der Koran
und viele andere autoritative Texte des Islam verpflichten die Gläubigen,
Arme und Bedürftige nach den materiellen Möglichkeiten zu unterstützen.
Muslime nehmen diese Verpflichtung sehr ernst und folgen ihr ohne jeden or-
ganisatorischen Zwang. In der Mehrzahl der islamischen Staaten erspart sich
die Administration offizielle Organisationen, die die entsprechenden Gelder
einziehen. Stattdessen gibt es in den großen Städten der islamischen Welt
quasi »Geschäftsbeziehungen« zwischen mehr oder weniger wohlhabenden
Muslimen und bestimmten Bedürftigen. Die Armen erhalten immer wieder
regelmäßig einen kleinen Geldbetrag oder eine Sachspende von »ihren«
Wohltätern. In diesem Kontext übernimmt der Bettler durchaus einmal die
Initiative und erinnert seinen Gönner daran, dass er das ihm zustehende
Almosen noch nicht erhalten hat. In der Regel wird es ihm dann unverzüglich
übergeben …

Die Bewertung des Almosens als einer religiösen Pflicht hat im übrigen auch
dazu geführt, dass die soziale Stellung der Bettler in der traditionellen islamischen Gesellschaft sehr viel stärker ist als in anderen Regionen oder modernen Gesellschaftsstrukturen. Es ist üblich, dass sich der Spender bei einem
Bettler bedankt, wenn er ihm eine Gabe überreicht. Er gibt dem Gebenden
schließlich die Möglichkeit, eine religiöse Pflicht zu erfüllen.

Freundliche Gaben sind aber nicht nur gegenüber »professionellen« Bettlern
richtig und üblich, sondern auch gegenüber Menschen, die durch besondere
Umstände in wirtschaftliche Schwierigkeiten geraten sind. In diesen Fällen ist
allerdings Rücksicht auf das Ansehen und die Empfindlichkeit des Bedachten
zu nehmen. Jede taktlose Aktion ist zu vermeiden, um den Stolz des Betrof-
fenen nicht zu verletzen. Der Gebende bemüht sich in einem solchen Fall,
seine Hilfe so anonym wie möglich zu übermitteln. Zahlreiche Möglichkeiten
sind denkbar. Das Geschenk kann heimlich und im Schutz der Dunkelheit
bei dem Bedürftigen niedergelegt werden, oder ein Bote wird eingeschaltet,
der die Identität des Gebers nicht verrät. Der Spender darf auch behaupten,
dass es sich bei der Gabe um die Rückzahlung einer alten Schuld handelt.
Es gehört zu den Besonderheiten des sozialen Umgangs in islamischen Gesellschaften, dass bei einer anonymen Übergabe alle Beteiligten natürlich
insgeheim wissen, wer der Geber und wer der Beschenkte sind. Zentrales
Moment bleibt jedoch, dass die in Not befindliche Person oder Familie nicht
in der Öffentlichkeit bloßgestellt wird. Im Übrigen kann der Geber davon
ausgehen, dass der Bedachte sich ebenso verhält, falls sich das Glück einmal
wenden sollte.

Peter Heine

Große Moschee mit Kaaba bei
Nacht.

Küssen des Schwarzen Steins.

»Wären sie doch nur mit dem zufrieden, was ihnen Allah und Sein Gesandter gibt, und sprächen: Allah genügt uns. Fürwahr, Allah wird uns aus Seinem Überfluss geben und ebenfalls sein Gesandter. Siehe, zu Allah beten wir in Inbrunst. Die *zakat* ist nur für die Armen und Bedürftigen und die, welche sich um die Verwaltung der *zakat* bemühen, und die, deren Herzen gewonnen werden sollen, und für die Gefangenen und die Schuldner und die Sache Allahs und die Reisenden. Das ist eine Vorschrift von Allah. Siehe, Allah ist wissend und weise.«   *Sure 9, 59–60*

»Und vollzieht die Pilgerfahrt ... um Allahs willen ... Die Zeit der Pilgerfahrt sind die bekannten Monate. Wer in ihnen die Pilgerfahrt unternimmt, der enthalte sich sexueller Beziehungen und unterlasse jede Art von Unrecht und Streit während der Pilgerfahrt. Und was ihr an Gutem tut, Allah weiß es ...«   *Sure 2, 196–197*

www.saudinf.com (»hajj«)

Die Almosensteuer, arabisch *zakat* (von arabisch *zaka* = »rein, gerecht sein«), ist die **vierte »Säule«** des Islam. Es handelt sich dabei nicht nur um ein freiwilliges Almosen für Arme und Bedürftige, das der Islam natürlich auch dringend empfiehlt. Es geht vielmehr um eine regelrechte Steuer, die aber nicht identisch ist mit den Steuern, die der Staat von seinen Bürgerinnen und Bürgern erhebt. Die *zakat* ist eine religiöse Verpflichtung, die bei etwa 2,5 Prozent des Jahreseinkommens liegt und bei dessen Berechnung auch Grundbesitz und angespartes Geld miteinbezogen werden. Muslimische Verbände in Deutschland diskutieren im Zusammenhang mit der Frage, ob sie als Körperschaften des öffentlichen Rechts anerkannt werden können, die Frage, ob die *zakat* als eine Art Kirchensteuer, die der Staat für die Religionsgemeinschaften einzieht, betrachtet werden kann oder ob dadurch der spezifisch religiöse, auf freiwilliger Zustimmung beruhende Charakter der *zakat* verfälscht wird.

Als **fünfte »Säule«** und Höhepunkt im Leben eines Muslimen ist schließlich der *hadsch* zu nennen, die Pilgerfahrt nach Mekka. Jeder Gläubige, der körperlich und finanziell dazu in der Lage ist, sollte sie einmal im Leben durchführen, wenn möglich während eines besonderen Pilgermonats, der wie der Ramadan entsprechend dem Mondkalender in verschiedene Jahreszeiten fallen kann. Frauen müssen ihre Pilgerreise aus Gründen des Schutzes in Begleitung eines männlichen Verwandten antreten. Seit Flugreisen den *hadsch* erleichtern, stehen die saudi-arabischen Behörden in diesem Pilgermonat vor erheblichen logistischen Problemen. Mehrere Millionen Muslime aus aller Welt machen sich auf nach Mekka, um sich den komplizierten Riten des *hadsch* zu unterziehen. Muslime, die am *hadsch* teilgenommen haben, dürfen die Ehrenbezeichnung *hadschi* bzw. *hadscha* tragen.

Nach der unter Umständen sehr langen und anstrengenden Reise legt der Gläubige vor dem Betreten des heiligen Bezirks, den Nicht-Muslime nicht betreten dürfen, ein spezielles Pilgergewand an: Männer tragen zwei weiße ungenähte Tücher und Sandalen; Frauen sollen ebenfalls ein weißes Gewand und eine Kopfbedeckung, aber keinen Schleier, tragen. Reiche wie Arme, einflussreiche wie sozial weniger angesehene Menschen treten gleichberechtigt und ohne Privilegien vor Gott, so wie es nach muslimischer Lehre auch beim Gericht des Jüngsten Tag sein wird.

Zu den zentralen Bestandteilen des *hadsch* gehört das siebenmalige Umschreiten der Kaaba im Uhrzeigersinn, das Berühren des schwarzen Meteoriten, ein siebenmaliges Hin- und Herlaufen zwischen zwei acht Kilometer von Mekka entfernten Hügeln, das daran erinnern soll, wie Hagar nach Wasser für Ismael suchte, ein Tag intensiven Gebets am 15 Kilometer entfernten Berg Arafat sowie die symbolische Steinigung des Satans. Am Schluss steht ein großes Opferfest, bei dem jeder, dem das möglich ist, ein Schaf oder eine Ziege schlachtet – Erinnerung an

Haareschneiden während des Hadsch.

die Juden, Christen und Muslimen gemeinsame Erzählung von der nicht notwendig gewordenen Opferung des eigenen Sohnes durch den Stammvater Abraham. Während die jüdische und christliche Überlieferung, aber auch frühe muslimische Kommentare berichten, dass es sich bei diesem Sohn um Isaak gehandelt hat, gehen die meisten Muslime heute ganz selbstverständlich davon aus, dass damals das Leben ihres Vorfahren, nämlich Ismael, auf dem Spiel stand.

Abschließend lassen sich die männlichen Pilger die Haare scheren, Frauen schneiden sich in der Regel nur eine Locke ab. Vor Antritt der Heimreise begibt man sich noch einmal nach Mekka zu weiteren Umrundungen der Kaaba.

Air Travel Center Frankfurt Pilger-Hajj-Informationen

Fehler im Bezug auf tawaf (Umrundungen der Kabah)
- Die tawaf an einer anderen Stelle als der des Schwarzen Steines zu beginnen, obwohl es obligatorisch ist, dies vom Schwarzen Stein aus anzufangen.
- Die tawaf in schnellen, kurzen Schritten zu verrichten, obwohl man nur während der ersten drei Umrundungen schnell geht.
- Stets danach bestrebt zu sein, den Schwarzen Stein zu küssen und dabei Leute zu schlagen und zu stoßen. Einen nachfolgenden Moslem grundlos zu gefährden, zu stoßen oder zu schlagen, ist nicht gestattet.
- Die vier Ecken oder die Wände der Kaaba zu berühren oder mit den Händen darüber zu streichen. Der Prophet (Friede sei mit ihm) berührte keinen anderen Teil der Kaaba, außer den Schwarzen Stein und die Yemeni-Ecke.

Fehler im Bezug auf den Berg Arafat
- Es ist nicht erlaubt, den Berg Arafat zu verlassen, bevor die Sonne untergeht, da der Gesandte Allahs (Friede sei mit ihm) auf Arafat verweilte, bis die Sonne untergegangen war.
- Sich durch Menschenmengen zu kämpfen, um den Arafat zu besteigen, ist nicht gestattet, da dies andere verletzen könnte. Das gesamte Gelände ist ein Ort des Verweilens und weder der Aufstieg auf den Berg noch das Gebet dort zu verrichten, ist legal.
- Schmutz oder Steine von der genannten Stelle zu sammeln, ist eine Praxis, die nicht von der scharia des Allmächtigen unterstützt wird.

Fehler im Bezug auf die Moschee des Propheten
- Bei dem Besuch des Grabes des Propheten (Friede sei mit ihm) mit den Händen die Wände zu berühren, über die Eisenstäbe zu streichen oder Fäden an die Gitter zu knoten und andere Handlungen dieser Art, die man verrichtet, um Segnungen zu erhalten, sind Neuerungen. Gesegnet wird, wer den von Allah durch Mohammed (Friede sei mit ihm) verkündeten Weg beschreitet und nicht der, der Neuerungen durchführt.

Wir bitten Allah den Allmächtigen, die Bedingungen für die Moslems zu verbessern, ihnen Verständnis für die Religion zu geben und uns von allen Fehlern und Abweichungen fernzuhalten. Wahrlich, Er ist der Hörende und der Antwortende.

Linke Seite:
Beispiel einer Werbeanzeige für Pilgerreisen nach Mekka und Medina.

Hinweise eines Reisebüros für Pilgerreisende.
www.hajj.de

Mekka ist überall

Tübingen, sagte mir neulich eine auswärtige Theologin, »Tübingen ist ja noch immer das Mekka der Theologie«. Der Satz hatte etwas Irritierendes. Nicht so sehr wegen des »noch immer«, in dem ein ahnungsvoll unsicheres »vielleicht bald nicht mehr« mitschwang, sondern wegen der Verknüpfung von Mekka, einem Inbegriff des Islam, und christlicher Theologie …

Ein Blick ins Internet zeigt: Mekka ist überall. Jede Stadt ist mal Mekka gewesen. Heiligenhafen für Hochseeangler, Göttingen für die Mathematiker, Leipzig für die Modellbauer, Chemnitz für die intelligente Datenanalyse, Mittenwald für die Geigenbauer, Einbeck für die Schachspieler, Luckenwalde für die Skater … München ist übrigens nicht als Mekka des Bieres verzeichnet, sondern als Mekka der Software-Piraten, Stuttgart ist das Mekka der Werbewirtschaft, Las Vegas überraschender Weise nicht das Mekka der Zocker, sondern der Sicherheitsexperten …

Nun mag es für das eigentliche Mekka schmeichelhaft sein, die Metapher für etwas Unübertreffliches abzugeben, Ziel und Zentrum aller Pilger. Erstaunlich ist aber schon, welche profane Verbindung der religiöse Ort in der Umgangssprache eingeht, ohne dass jemand befürchten würde, religiöse Gefühle zu berühren. Niemandem würde es einfallen, etwa Reutlingen als Santiago der Mutschel zu bezeichnen oder den Londoner High Court als Vatikan der Verleumdungskläger oder Essen als das Wittenberg der Automobil-Enthusiasten. Mit Mekka aber kann man das anscheinend machen. Stempel-Mekka, Wracktaucher-Mekka, Snowboarder-Mekka. Freiburg durfte sich einmal Mekka des schwulen Volleyballs nennen, und Zürich war sowieso lange Zeit das Mekka der »Drögeler« (Drogenkonsumenten) …

Ulrike Pfeil

Mutschel. Mürbes Weißbrotgebäck, um das am so genannten »Mutscheltag« (Donnerstag nach Dreikönige) in Reutlinger Gaststätten gewürfelt wird.

www.kath.de (»Santiago«)
www.vatican.va
www.kirchentag.de

Auch andere Religionen kannten und kennen Wallfahrten. In vielen Gegenden Europas gibt es zu bestimmten Tagen des Jahres nach wie vor eindrucksvolle Pilgerwanderungen zu besonders bedeutsamen Kirchen und Kapellen. Für den alten Pilgerweg nach Santiago de Compostela interessieren sich aus mehr oder weniger religiösen Gründen jedes Jahr viele Tausend Fernstreckenwanderer. Der österliche Segen des Papstes auf dem überfüllten Petersplatz in Rom ist für zahlreiche katholische Christinnen und Christen immer noch ein Erlebnis. Im Protestantismus hat man gelegentlich, Augen zwinkernd, die alle zwei Jahre stattfindenden Fahrten zu Evangelischen Kirchentagen in verschiedenen deutschen Großstädten mit Wallfahrten verglichen. Und Psychologen und Soziologen überlegen, ob der alte Brauch des Pilgerns in westlichen Gesellschaften nicht sogar in einer bestimmten Form des Reisens seine Erneuerung gefunden hat.

In unserem Alltag sind wir einem dichten Netz von Zwängen und Verpflichtungen unterworfen. Wir vergeuden wertvolle Lebenszeit damit, das zu tun, was andere von uns wollen und erwarten ... Viele Menschen können den Gedanken nicht mehr ertragen, die Kontrolle über ihr Leben verloren zu haben. Damit dieser Gedanke nicht in ihr Bewusstsein dringt, übertönen und überspielen sie ihn im Alltag, wenn sie mit sich alleine sind. Mit Radio, Fernsehen, Telefon, Computer werden jene Momente gefüllt, in denen die Gefahr besteht, dass man zum Nachdenken kommen könnte. Das Reisen kann einerseits ein Mittel sein, diese Selbstbetäubung auch in der »Freizeit« fortzusetzen und die Konfrontation mit dem Selbst zu vermeiden. Andererseits könnte es tatsächlich den ersehnten Abstand, den Urlaub vom Alltags-Ich bringen – die Gelegenheit herauszufinden, was im Leben schief läuft, zu kurz kommt, anders gemacht werden sollte.

Wenn Veränderungen in unserem Leben anstehen, versuchen wir alles, um sie hinauszuschieben oder zu vermeiden. Und unsere Mitmenschen bestärken uns in dieser Verweigerung – denn sie müssten sich ja mit der veränderten Persönlichkeit auseinandersetzen. Jeder weiß, wie schwer es ist, eine Diät durchzuhalten, sich das Rauchen abzugewöhnen oder regelmäßig Sport zu treiben. Wer es schafft, ist eine Bedrohung für all die anderen, die es noch nicht einmal versuchen. Deshalb sind Verhaltensänderungsprogramme am erfolgreichsten in Umgebungen weit weg von unserem Alltag. In der Abgeschiedenheit einer Fastenklinik oder eines Kurortes gelingt das, was unter den Bedingungen zu Hause regelmäßig scheitert: eine nachhaltige Neuprogrammierung ...

Eine bewusst geplante und für die psychischen Bedürfnisse maßgeschneiderte Reise kann eine transformierende, eine persönlichkeitsändernde Erfahrung sein, eine Form der Selbsterziehung oder Selbsttherapie. Drei wichtige Bedürfnisse des Menschen lassen sich auf bewussten Reisen besonders gut befriedigen:

• Unsere angeborene intellektuelle Neugier wird stimuliert: Ich reise, also denke ich. Fremde Kulturen, Landschaften, Städte und Menschen fordern den bequem gewordenen Geist heraus. Wir wollen sie begreifen und uns etwas Neues, Bereicherndes aneignen: Wir lernen ein paar Wörter oder Sätze einer fremden Sprache, gewinnen Einsichten in kulturelle, ökologische oder politische Zusammenhänge, die wir sonst nur aus zweiter Hand durchs Fernsehen erhalten. Welt- und Menschenbilder werden komplexer (und damit angemessener), die Dimensionen werden zurechtgerückt, das Gewicht der eigenen Probleme erscheint plötzlich geringer.

• Auf Reisen ist es besonders gut möglich, das eigene Gefühlsleben zu erforschen und zu korrigieren: Im Alltag haben wir unsere Gefühle meist gut unter Kontrolle – oft zu gut. Eine Reise »labilisiert« uns. Wir werden sensibler und empfänglicher für unterdrückte oder abgespaltene Gefühle. Das wird besonders wichtig, wenn wir die Gefühle in einer kritischen Übergangsphase, vor einem neuen Lebensabschnitt sortieren müssen. Krisen, dramatische

Veränderungen wie Berufsbeginn oder -wechsel, Trennungen, Umzüge: Auf Reisen können wir buchstäblich Abstand gewinnen und besser als zu Hause ergründen, was mit uns geschieht, was wir wollen.

• Physische Herausforderungen fördern die Persönlichkeitsentwicklung, weil sie uns eine Selbsterfahrung ermöglichen, die im Alltag meist zu kurz kommt. Wir testen die Grenzen unserer körperlichen und psychischen Belastbarkeit, wir entdecken dabei neue und ungeahnte Fähigkeiten – unser Selbstbewusstsein wird gestärkt. Die körperliche Anstrengung einer beschwerlichen Wanderung, das Erdulden von Schmerzen und Unbequemlichkeit, Hitze oder Kälte, Hunger und Durst sind selbstinszenierte, quasitherapeutische Erfahrungen …

Heiko Ernst

Der Koran – die heilige Schrift

Eine vollständige deutsche Übersetzung des Koran findet sich unter: www.islam.de oder www.ansary.de

Die Koranzitate dieses Kapitels folgen, wenn nicht anders vermerkt, der Übersetzung von Max Henning in der Überarbeitung von Murad Wilfried Hofmann (Kreuzlingen/München 2001). Die Übersetzung von Max Henning, einem Pseudonym, hinter dem sich vermutlich der Königsberger Islamwissenschaftler August Müller verbirgt, erschien erstmals 1901. Sie wird allgemein, auch unter Muslimen, als eine gelungene Übersetzung anerkannt. Murad Wilfried Hofmann war deutscher Botschafter in Algerien und Marokko und trat 1980 vom Christentum zum Islam über.

Führt man sich die fünf Grundpflichten des Islam noch einmal vor Augen, dann scheint der Unterschied zur christlichen Religion auf den ersten Blick gar nicht so groß zu sein: Ein Glaubensbekenntnis, dessen ersten Teil Christinnen und Christen problemlos mitsprechen könnten, eine Gebetspraxis, die auf Körperlichkeit und gemeinsames Tun Wert legt, ein konsequent umgesetztes Modell des Fastens, ein beeindruckendes soziales Engagement, die Institution einer Pilgerfahrt, die ihresgleichen sucht. Da die meisten Menschen bei uns viel zu wenig über den Islam wissen und ihn aus gegebenem Anlass immer wieder schnell zum Feindbild machen, ist es gut, sich die Gemeinsamkeiten zwischen Islam, Christentum und auch Judentum immer wieder bewusst zu machen. Aber dies darf nicht zu der unrealistischen Einschätzung führen, es gäbe gar keine grundlegenden Unterschiede zwischen muslimischem und christlichem Glauben. Das Gegenteil ist der Fall, und dies lässt sich an keinem Phänomen deutlicher zeigen als am Koran.

Zunächst ist man vielleicht versucht zu sagen, der Koran sei für Muslime das, was für Christen die Bibel ist, eben deren heilige Schrift. Diese Aussage ist nicht völlig falsch, stimmt in vielerlei Hinsicht dann aber wiederum auch nicht. Schon der rein äußerliche Umgang mit dem Koran signalisiert große Unterschiede: Während die Bibel in vielen unserer Haushalte ungenutzt im Wohnzimmerregal steht und von Schülerinnen und Schülern im Religionsunterricht oft recht gedankenlos angemalt und zerfleddert wird, behandeln Muslime der ganzen Welt den Koran mit größter Ehrfurcht. Im Bücherregal steht der Koran an erhöhter, besonderer Stelle. Nicht-Muslime können ihre Gastgeber möglicherweise in Verlegenheit bringen, wenn sie den Koran ohne Erlaubnis berühren. Vor der Berührung des Koran nehmen fromme

Muslime nämlich rituelle Waschungen vor. Streng genommen darf ein Exemplar des Koran auch nicht verkauft, sondern – eventuell gegen ein entsprechendes Gegengeschenk – nur verschenkt werden.

Anders als bei der christlichen Bibel, bei der man sich schon immer um Übersetzungen in möglichst viele Sprachen bemüht hat, gilt beim Koran nur die Fassung der Ursprache als vollwertiger Koran. Lange Zeit wurden Übersetzungen von islamischen Theologen verhindert. Auch Muslime, die die arabische Sprache nicht beherrschen, lernen die wichtigsten Teile des Koran in der Originalsprache auswendig. Immer wieder wird betont, gerade auch der Klang sei wichtig, bei Übersetzungen gehe Wesentliches verloren. Zahlreiche Muslime können den gesamten Koran in arabischer Sprache ohne schriftliche Vorlage, nur gestützt auf ihr Gedächtnis, rezitieren und sie dürfen dafür den Ehrentitel *hafiz* (»Bewahrer«) führen.

Im Koran hat sich nach muslimischer Auffassung Gott direkt zu erkennen gegeben. Dem Koran vergleichbar wäre im Christentum deshalb sicherlich eher Jesus Christus als die Bibel. Auch für Christinnen und Christen ist die Bibel ein heiliges Buch, aber für die meisten Christen doch nur deshalb, weil in ihr – durchaus vielfältig und nicht immer ohne inhaltliche Spannungen – von verschiedenen Menschen Jesus Christus und seine Vorgeschichte bezeugt werden.

Nach muslimischer Überzeugung wurde der Koran dem Propheten Mohammed vom Engel Gabriel in arabischer Sprache offenbart, und zwar in einem Zeitraum von insgesamt 23 Jahren. Entsprechend dem Offenbarungsort wird zwischen mekkanischen und medinischen Offenbarungen unterschieden. Da der Prophet selbst des Schreibens und Lesens nicht kundig gewesen sein soll, wurden die einzelnen Offenbarungsabschnitte von Sekretären aufgezeichnet, nach seinem Tod zusammengetragen und unter dem Kalifen Utman in der Mitte des 7. Jahrhunderts in eine verbindliche Form gebracht.

Der Koran ist in 114 Abschnitte oder Suren gegliedert, und zwar nicht chronologisch, sondern nach dem Prinzip der Länge. Die längeren Suren stehen, mit Ausnahme der ersten, am Anfang.

Sicherlich ist auch die Bibel für heutige Menschen nicht immer leicht zu lesen. Doch sie enthält immerhin längere erzählerische Abschnitte, Briefe, in sich abgerundete Lyrik, und wer sich eine Bibel mit entsprechenden Anmerkungen und Erklärungen besorgt, kommt auch ohne Hilfe von Fachleuten doch relativ weit. Eine solche »einfache Lektüre« des Koran ist nicht möglich. Das heilige Buch des Islam ist stilistisch und inhaltlich äußerst vielfältig und verwirrend: Drohreden, Gebete, rituelle Anweisungen, Erzählungen, Gleichnisse und Gesetzestexte werden in einer auf den ersten Blick nicht erkennbaren Systematik präsentiert. Oft werden die Themen und Stoffe nicht ausführlich entfaltet, sondern nur kurz angedeutet und zitiert, offensichtlich schon Bekanntes vorausgesetzt.

»Jungfrauengeburt« des Koran. Islamwissenschaftler betonen, dass die Überlieferung, Mohammed habe nicht lesen und schreiben gekonnt, im Islam etwas Positives zum Ausdruck bringt. Ähnlich wie bei der von Jesus Christus, aber auch von anderen berühmten Menschen berichteten Jungfrauengeburt soll die göttliche Herkunft hervorgehoben werden.

»Im Namen Allahs, des Erbarmers, des Barmherzigen! Es gibt keine Gottheit außer ihm, dem Lebendigen, dem Ewigen. Er hat auf dich das Buch in Wahrheit herabgesandt, bestätigend, was ihm vorausging. Und Er sandte hinab die Thora und das Evangelium schon zuvor als eine Rechtleitung für die Menschen ...«   *Sure 3, 1–4*

Doppelseite aus einer indischen Koranausgabe des 17./18. Jahrhunderts.

Anfang der zweiten Sure, des Koran. Arabisch wird von rechts nach links gelesen. Dies ist deshalb der Beginn der zweiten Sure, nach einem in ihr enthaltenen Schlüsselbegriff surat al-baqara, »die Kuh«, genannt. Auf der Seite gegenüber findet man die erste Sure.

Beide hier abgebildete Suren beginnen mit der basmala (auch: bismallah), der Formel »Im Namen Gottes des Erbarmers, des Barmherzigen«. Alle Suren, ausgenommen die neunte, beginnen mit diesen Worten.

Das Ende jedes Verses wird durch eine vergoldete Rosette markiert.

Der Koran hat 114 Suren (Kapitel). Hier und an der gleichen Stelle auf der gegenüberliegenden Seite wird die Anzahl der Verse jeder Sure angegeben. Die Suren des Koran sind der Länge nach angeordnet, beginnend mit den längeren Suren. Der zweiten Sure, die 286 Verse hat, ist – außer der Reihe – noch eine erste mit sieben Versen vorangestellt.

Name der Sure: surat al-fatiha, »die Öffnende«. Außerdem ist der Offenbarungsort (Mekka oder Medina) angegeben, in diesem Fall Mekka.

Das arabische Alphabet besitzt keine Buchstaben für Vokale. Deshalb werden für ungeübte Leser hier die Vokalzeichen (schwarze Häkchen und Punkte über und unter den Buchstaben) als Hilfe angegeben. Da es wichtig ist, den Koran laut vorzutragen, sind auch rote Zeichen für die richtige Atmung am Ende eines Verses hinzugefügt.

»Allah löscht aus und bestätigt, was Er will, und bei ihm ist die Quelle der Offenbarungen.«   *Sure 13, 39*

Trotz dieser Schwierigkeiten, mit denen sich auch Muslime konfrontiert sehen, ist der Koran für sie Gottes unmittelbares und unveränderliches Wort. Er ist das Abbild eines schon vor allen Zeiten existierenden, unerschaffenen Urbuches, so ewig wie Gott selbst. Auch die jüdische und christliche Bibel, auf die sich im Koran zahlreiche Anspielungen finden, sind nach islamischer Auffassung von diesem himmlischen Urbuch abzuleiten. Als Angehörige einer Religion des Buches genießen Juden und Christen deshalb im Islam ein relativ hohes Ansehen, obwohl aus muslimischer Sicht feststeht, dass das Alte und das Neue Testament die ursprüngliche Botschaft verfälscht und damit das Kommen eines Propheten wie Mohammed notwendig gemacht haben.

Der besondere und nicht mit der Bibel vergleichbare Status des Koran ist nun insofern von großer Bedeutung, als der Islam unmittelbar aus dem Koran sehr konkrete und gerade auch für Nicht-Muslime nur sehr schwer nachvollziehbare Anweisungen für die Gestaltung des Alltags und vor allem auch der Rechtspflege ableitet. Das auf dem Koran gründende Rechtssystem bezeichnet man als *scharia* (wörtlich: »Weg zur Tränke«). Manche Gesetze und auf ihnen gründende Urteile sind für unser Rechtsverständnis sehr streng und hart. Deshalb ist das Wort *scharia* in westlichen Medien oft zum Reizwort geworden.

Da die Aussagen des Koran oft keineswegs eindeutig erscheinen, der Koran nach muslimischer Lehre aber Gottes unmittelbares, widerspruchsfreies und absolut verbindliches Wort ist, hat sich in der Geschichte des Islam eine reiche und sehr vielfältige Tradition der Koranauslegung entwickelt. Der Islam kennt keine zentrale Autorität wie etwa den Papst, dementsprechend wird über die einzelnen Auslegungen oft höchst kontrovers diskutiert, stets aber mit dem gemeinsamen Ziel, dem Anspruch des Koran gerecht zu werden. Bei diesem Bemühen, den Koran sachgerecht auszulegen, folgen die Korangelehrten bestimmten Regeln: Es gilt z.B., dass jüngere, dem Propheten später zuteil gewordene Offenbarungen ältere Offenbarungen korrigieren bzw. auf den neuesten und dann verbindlichen Stand bringen. So wird etwa in der 16., aus Mekka stammenden Sure in Vers 67 der Genuss von Wein durchaus noch positiv gesehen: »(Wir geben euch …) von den Früchten der Palmen und Rebstöcke, von denen ihr berauschende Getränke und gesunde Speise bekommt.« Sure 2, 219, in Medina offenbart, ist in der Beurteilung schon skeptischer. Sure 4, 43 mahnt dann, nicht betrunken zum Gebet zu kommen: »O ihr, die ihr glaubt! Nähert euch nicht angetrunken dem Gebet, bis ihr wisst, was ihr sagt …« Sure 5, 90, am Ende der medinischen Zeit entstanden, ist dann eindeutig: »Siehe, Berauschendes, Glücksspiele … und Lospfeile sind ein Greuel, Satans Werk. Meidet sie, auf dass es euch wohl ergehe.« Eine weitere Auslegungsregel ist die der Analogie, z.B.: Wenn der Koran Wein wegen seiner berauschenden Folgen verbietet, dann meint er damit entsprechend auch Bier, Whisky und Cognac.

Völlig undenkbar ist für die ganz überwiegende Mehrzahl aller Muslime bis heute eine historisch-kritische Erforschung des Koran. Diese nüchterne, ohne Glaubensvoraussetzungen arbeitende Methode geht an heilige Texte genauso wie an jeden anderen historischen Text heran und fragt nach ihrer historischen Abfassungssituation und der ursprünglichen Aussageabsicht. Eine solch wissenschaftliche Vorgehensweise würde für Muslime den göttlichen Charakter des Koran in Frage stellen. Auch das Christentum hatte mit der historisch-kritischen Methode lange Zeit erhebliche Schwierigkeiten. Letztlich hat sie sich in den vergangenen zwei Jahrhunderten aber doch weitgehend durchgesetzt und geholfen, historisch bedingte Aussagen der Bibel von ihrem eigentlichen, auf heutige Verhältnisse zu beziehenden Aussagekern zu unterscheiden. Unterlässt man diese Unterscheidung, gerät man auch bei der Lektüre der Bibel in merkwürdige Schwierigkeiten. Im folgenden Leserbrief wendet sich ein amerikanischer Bürger ironisch-humorvoll an die US-Radio-Moderatorin Dr. Laura, die in ihrer Sendung behauptet hatte, Homosexualität sei schon allein deshalb verwerflich, weil sie nach 3. Mose 18,22 als »Gräuel« bezeichnet wird. Zur Diskussion steht hier die historisch-kritische Auslegung des Alten Testaments; für das Neue Testament ließen sich durchaus ähnliche Beispiele finden:

1. Kor 11,3–16
1. Kor 14,34f
1. Tim 2,8–15
Röm 1,18–32

»Liebe Dr. Laura,

vielen Dank, dass Sie sich so aufopfernd bemühen, den Menschen die Gesetze Gottes näher zu bringen. Ich habe einiges durch Ihre Sendung gelernt und versuche, das Wissen mit anderen zu teilen. Ich benötige allerdings ein paar Ratschläge von Ihnen im Hinblick auf einige der speziellen Gesetze und wie sie zu befolgen sind.

Wenn ich am Altar einen Stier als Brandopfer darbiete, weiß ich, dass dies für den Herrn einen lieblichen Geruch erzeugt (3. Mose 1,1–9). Das Problem sind meine Nachbarn. Sie behaupten, der Geruch sei nicht lieblich für sie. Soll ich sie niederstrecken?

Ich würde gerne meine Tochter in die Sklaverei verkaufen, wie in 2. Mose 21,7 erlaubt. Was wäre heutzutage ein angemessener Preis für sie?

3. Mose 25,44 stellt fest, dass ich Sklaven besitzen darf, sowohl männliche als auch weibliche, wenn ich sie von benachbarten Nationen erwerbe. Einer meiner Freunde meinte, das würde auf Mexikaner zutreffen, aber nicht auf Kanadier. Können Sie das klären? Warum darf ich keine Kanadier besitzen?

In 3. Mose 21,20 wird dargelegt, dass ich mich dem Altar Gottes nicht nähern darf, wenn meine Augen von einer Krankheit befallen sind. Ich muss zugeben, dass ich eine Lesebrille trage. Muss meine Sehkraft perfekt sein oder gibt es hier ein wenig Spielraum?

Mein Onkel hat einen Bauernhof. Er verstößt gegen 3. Mose 19,19, weil er zwei verschiedene Saaten auf ein und demselben Feld anpflanzt. Darüber hinaus trägt seine Frau Kleider, die aus zwei verschiedenen Stoffen gemacht sind (Baumwolle/Polyester). Er flucht und lästert außerdem recht oft. Ist es wirklich notwendig, das komplette Dorf zusammenzuholen, um sie zu steinigen (3. Mose 24,10–16)? Genügt es nicht, wenn wir sie in einer kleinen, familiären Zeremonie verbrennen, wie man es ja auch mit Leuten macht, die mit ihren Schwiegermüttern schlafen? (3. Mose 20,14)

Ich weiß, dass Sie sich mit diesen Dingen ausführlich beschäftigt haben, daher bin ich auch zuversichtlich, dass Sie uns behilflich sein können. Und vielen Dank nochmals dafür, dass Sie uns daran erinnern, dass Gottes Wort ewig und unveränderlich ist.

Ihr ergebener Jünger und bewundernder Fan
Jake«

Kleiner und Großer Dschihad?

Die muslimische Scheu, den Koran zu kritisch und zu liberal zu interpretieren, liegt im Wesen und in der Tradition des Islam begründet. Sie ist Ausdruck eines großen und beeindruckenden Respekts vor der göttlichen Offenbarung, und Nicht-Muslime hätten im Grunde zunächst einmal keine Berechtigung, sich in die Glaubensinhalte einer anderen Religion einzumischen. Dennoch stellt sich – gerade auch in einer durch moderne Verkehrs- und Kommunikationsmittel und internationale Wirtschaftsverflechtungen näher zusammengerückten Welt – immer wieder die Frage, wie sich der Islam zu den Grundwerten der westlichen Gesellschaften verhält. Problematisch erscheinen in diesem Zusammenhang unter anderem das Verhältnis des Islam zu den Menschenrechten, speziell auch zu den Rechten von Frauen, sowie die im Islam angestrebte Beziehung zwischen Gesellschaft, Staat und Religion.

Was die Einhaltung der ja Allgemeingültigkeit beanspruchenden Menschenrechte anbelangt, wird man sich zunächst daran erinnern müssen, dass vieles, was heute am Islam kritisiert wird, in früheren Jahrhunderten auch im christlichen Kulturkreis gang und gäbe war und immer wieder auch mit der Bibel begründet wurde. Beispiele, die jeder kennt, sind das grausame Zusammenwirken von staatlicher und kirchlicher Obrigkeit bei der Folterung und Ermordung von vielen Tausend so genannter Hexen und Ketzer oder der Missbrauch des christlichen Missionsgedankens bei der Kolonialisierung und Unterdrückung

»Die Unzüchtige und den Unzüchtigen, peitscht jeden von beiden mit hundert Hieben aus. Und euch soll kein Mitleid erfassen angesichts dieser Anordnung Allahs, so ihr an Allah glaubt und an den Jüngsten Tag. Und eine Anzahl Gläubige soll Zeuge ihrer Strafe sein … Diejenigen, welche anständige Frauen verleumden, dann aber nicht vier (Augen-)Zeugen beibringen, die peitscht mit achtzig Hieben aus. Und nehmt ihr Zeugnis nie mehr an; denn es sind Verworfene.«

Sure 24, 2.4

nicht-europäischer Kulturen. In westlichen Ländern sind wir froh, solche Ungerechtigkeiten und Grausamkeiten hinter uns gelassen zu haben, doch es hat Jahrhunderte gedauert, bis es so weit war.

Auch standen viele islamische Länder in den vergangenen Jahrzehnten im Schatten der weltpolitischen Entwicklungen, die Bevölkerungen vieler muslimischer Staaten leidet unter großer Armut. Ist es vor diesem Hintergrund nicht verständlich, dass viele Muslime der Übermacht der westlichen Kultur etwas Eigenes, Bewährtes und deshalb einen eher traditionell geprägten Islam entgegensetzen wollen?

Bei einigen Phänomenen, die uns aus westlicher Sicht inakzeptabel erscheinen, wäre es gut, wenn wir besser informiert wären. So tragen z.B. zahlreiche, wenn auch keineswegs alle muslimische Frauen das Kopftuch durchaus freiwillig und selbstbewusst und beschreiben dies als einen Gewinn an Freiheit. Die 19-jährige Atiya, die in Pakistan geboren wurde und heute in London lebt, schreibt:

›Mach doch das Kopftuch ab, warum versteckst du dich, du hast doch so schöne schwarze Augen‹, sagen manchmal die Leute auf der Straße zu mir. Das finde ich blöd. Warum fragen sie nicht einfach: ›Was bedeutet es für dich, dein Gesicht zu verhüllen?‹

Ich bin froh, verschleiert zu sein. Mit elf Jahren war ich sehr schüchtern. Da habe ich meine Eltern gebeten, Kopftuch und Mantel tragen zu dürfen. Seitdem fühle ich mich selbstbewusster und geschützter vor den Blicken der Männer …

Meine größte Angst ist, in meiner Religion nicht akzeptiert zu werden. Es macht mich wahnsinnig, dass der Islam in der Öffentlichkeit immer so schlecht dargestellt wird. Neulich haben sie mich in meiner Klasse gefragt, wie ich das denn fände, wenn mein Mann mehrere Frauen hat. Das ist doch Blödsinn. – Vielehen sind im Islam die absolute Ausnahme, und ohne die Erlaubnis der ersten Frau geht's sowieso nicht. Am schlimmsten war es, als das Buch und später der Film ›Nicht ohne meine Tochter‹ herauskamen. Alle dachten, ja, das ist der Islam: Der Mann schlägt seine Frau. Dabei ist die Situation im Islam nicht schlecht: Die Aufgaben zwischen Männern und Frauen sind einfach nur unterschiedlich verteilt – eben traditionell. Ich finde das nicht schlimm. Für mich ist es sowieso das Wichtigste, später meinem Glauben zu dienen, und das kann ich auch, wenn ich die Kinder erziehe oder ehrenamtlich arbeite …«

Was die junge Muslima als Verteilung unterschiedlicher Aufgaben zwischen Männern und Frauen und traditionelle Lebensform beschreibt, werden andere muslimische Frauen vermutlich eher als Ungleichbehandlung empfinden. Bei der Beschreibung des Ritualgebets und der Pilgerfahrt nach Mekka wurde bereits deutlich, dass in religiöser Hinsicht im Islam – uralten orientalischen Mustern folgend

Zwei Frauen in Kabul/ Afghanistan, die eine noch mit der traditionellen *burka*, dem Schleier, die andere hat die *burka* bereits gelüftet; nach dem Fall des Talibanregimes hat die afghanische Nordallianz Frauen erlaubt, wieder außerhalb des Hauses zu arbeiten und die bisher in der Öffentlichkeit strikt vorgeschriebene *burka* durch ein einfaches Kopftuch zu ersetzen.

»Nicht ohne meine Tochter«. Erfolgreiche Verfilmung eines gleichnamigen autobiographischen Romans. Die Amerikanerin Betty Mahmoody fliegt mit ihrer vierjährigen Tochter und ihrem persischen Ehemann in den Iran, um die Familie ihres Mannes kennen zu lernen. Dabei erlebt sie, wie sich ihr Mann zunehmend zum islamischen Fundamentalismus hingezogen fühlt. Eine Rückkehr in die USA wäre für die Amerikanerin nur ohne ihre Tochter möglich …

Schirin Ebadei, Rechtsanwältin und Menschenrechtsaktivistin aus dem Iran, wurde 2003 mit dem Friedensnobelpreis ausgezeichnet; anlässlich ihrer ersten Pressekonferenz in Teheran hielt sie als Symbol der Gerechtigkeit eine Waage in der Hand und sagte: »Der Nobelpreis hat zwei Dimensionen. Eine ist die Anerkennung des Kampfes muslimischer Frauen im Orient, und die andere ist die Rechtfertigung meiner Arbeit und die Notwendigkeit, diese weiterzuführen.« Sie fügte hinzu, sie werde im Einklang mit den Gesetzen des Iran handeln. Den Islam bezeichnet sie als eine »Religion des Friedens«.

– der Mann im Vordergrund steht. Und es gibt Stellen im Koran, die emanzipierte, selbstbewusste Frauen des 21. Jahrhunderts wohl keinesfalls als göttliche Offenbarung akzeptieren können:

»Die Männer stehen für die Frauen in Verantwortung ein, mit Rücksicht darauf wie Allah den einen von ihnen mit mehr Vorzügen ausgestattet hat, und weil sie von ihrem Vermögen (für die Frauen) ausgeben. Die rechtschaffenen Frauen sind demütig und ergeben und sorgsam in der von Allah gebotenen Wahrung der Intimsphäre. Diejenigen aber, deren Widerspenstigkeit ihr fürchtet, warnt sie, meidet sie in den Schlafgemächern und schlagt sie. Und wenn sie euch gehorchen, unternehmt nichts weiter gegen sie; siehe, Allah ist erhaben und groß.«

Sure 4, 34

Ein Beispiel dafür, dass Informationen helfen können, die Dinge nicht zu einfach und von vorneherein negativ zu sehen, wäre etwa die Art, in der Muslime – und Juden – Tiere schlachten. Beim so genannten »Schächten« wird dem Schaf oder Rind ohne Betäubung mit einem einzigen Schnitt die Luft- und Speiseröhre durchgetrennt. Durch den schnellen Blutdruckabfall wird das Tier sofort bewusstlos, es verblutet innerhalb kurzer Zeit. Das deutsche Tierschutzgesetz verlangt, dass Tiere vor dem Schlachten betäubt werden, zum Beispiel durch Elektroschocks. Deutsche Muslime mussten deshalb vor dem Verfassungsgericht eine Ausnahmegenehmigung erstreiten, unter anderem gestützt auf Gutachten, in denen argumentiert wird, Schächten sei für die Tiere, zumal wenn es von speziell ausgebildetem und überwachtem Personal durchgeführt wird, die schmerzlosere Todesart.

Missverständlich und gefährlich ist es sicherlich auch, wenn die Medien immer wieder unkommentiert berichten, ein »islamistischer« Terrorist habe seinen Mordanschlag als Maßnahme des vom Koran befohlenen *dschihad* verstanden. Terrorismus ist nicht an bestimmte Religionen gebunden und in der Regel eher eine Auswirkung bestimmter politischer und biographischer Umstände. Muslime in aller Welt protestieren deshalb zu Recht, wenn menschenverachtende Attentate mit den Lehren des Islam begründet werden. Religionen bringen zum Ausdruck, was Menschen existentiell wichtig ist. Dabei enthalten sie alle ein sehr starkes positives, aber gleichzeitig auch ein sehr gefährliches Potenzial. Sie können dazu dienen, die noch nicht entfalteten Talente des Menschen zu fördern, sie können aber auch dazu missbraucht werden, eigene Schwächen und Probleme religiös zu verbrämen. Die Verwendung des Begriffs *dschihad* ist hierfür ein gutes Beispiel. Das Wort wird im Deutschen meist mit »Heiliger Krieg« übersetzt. Dies kann *dschihad* unter Umständen meinen, die eigentliche und ursprüngliche Bedeutung ist jedoch ganz anderer Art:

»Nach einer islamischen Überlieferung kamen die Gefährten Mohammeds triumphierend aus einer Schlacht zurück, als der Prophet zu ihnen sagte: ›Gut, diese Schlacht ist gewonnen. Das war aber nur der Kleine Dschihad, nun beginnt der Große Dschihad.‹

Dschihad bedeutet ›Anstrengung‹ und ›Kampf‹. Mit dem ›Großen Dschihad‹ ist Selbstüberwindung gemeint, frei könnte man den Begriff als ›Kampf gegen den inneren Schweinehund‹ übersetzen. Der ›Große Dschihad‹ wird auch Dschihad bi-n-nafs genannt, was soviel bedeutet wie Selbstläuterung. Also ist Dschihad zunächst ein ethisches Prinzip, eine Art moralische Aufrichtung.

Die meisten Muslime verstehen unter Dschihad den Einsatz für eine gute Sache. Jede Anstrengung wird als Dschihad bezeichnet, vor allem wenn damit Entbehrungen verbunden sind, wie etwa beim Universitätsstudium.

Wer einen Dschihad ausübt, heißt Mudjahid (Mudschahid, Mujahid, Modjahed). Das Gegenstück zu den Mudjahedin, die keine Mühe scheuen, sind die ›Qaidin‹ (die zu Hause Sitzenbleibenden), also die Drückeberger.

Wenn Dschihad Kampf mit der Waffe bedeutet, handelt es sich um den ›Kleinen Dschihad‹. Voraussetzung für diesen Dschihad ist, dass Gläubige (das schließt Juden und Christen ein) an der Ausübung ihrer Religion gehindert werden. Also darf nicht jeder Krieg, nicht einmal jeder Verteidigungskrieg, als Dschihad bezeichnet werden.

Ein Beispiel: Als die Engländer Indien besetzten, erhob sich eine große Debatte darüber, ob der Widerstand gegen die Fremdherrscher zum Dschihad erklärt werden solle. Die Entscheidung fiel gegen diesen Vorschlag aus, weil die Briten die Religionsausübung nicht behinderten. Die Muslime durften ja weiter zur Moschee gehen, im Ramadan fasten und als Pilger gen Mekka ziehen …

Überall in der Welt sind Muslime schnell aufgebracht, wenn Nichtmuslime den Begriff Dschihad als ›Heiligen Krieg‹ übersetzen. Sofort beginnen sie mit der Erläuterung des Unterschiedes zwischen ›Kleinem Dschihad‹ und ›Großem Dschihad‹. Auf keinen Fall wollen sie den Islam als eine militante Religion verstanden wissen, vielmehr sei der Islam die Religion des Friedens. Das Wort ›islam‹ ist gewissermaßen identisch mit dem Wort für Frieden, ›salam‹, und der muslimische Gruß lautet ›Friede sei mit Euch‹ (salam alaikum).

In den siebziger Jahren geschah dann etwas, das die meisten Muslime noch nicht recht begriffen haben. Es entstand eine neue ›Schule‹, die eine andere Sicht des Islam propagierte. In Ägypten verfasste ein blinder Student an der altehrwürdigen Azhar, einer der berühmtesten theologischen Hochschulen des Islam, eine zweitausend Seiten umfassende Dissertation über Dschihad. Darin behauptete Omar Abdel Rahman, die Überlieferung vom ›Kleinen‹ und ›Großen Dschihad‹ sei erfunden, der Prophet habe so etwas nie gesagt. Dschihad bedeute

Dissertation. Lateinisch »Erörterung«; wissenschaftliche Abhandlung zur Erlangung eines Doktortitels.

Mohammed Anwar as-Sadat. Von 1970 bis 1981 ägyptischer Staatspräsident, setzte sich für Frieden in Nahost ein und erkannte den Staat Israel an. Am 6. Oktober 1981 wurde er deshalb von islamischen Fundamentalisten ermordet.

Rechte Seite: Terroristischer Angriff auf die beiden Hochhaustürme des New Yorker World Trade Centers am 11. September 2001.

nur eines, nämlich zur Waffe zu greifen und die Ungläubigen aufzufordern, den Glauben anzunehmen oder sich zu ergeben und muslimischer Herrschaft unterzuordnen. Alle anderen Interpretationen des Dschihads seien nichts als Apologetik und seien aus der Furcht vor übermächtigen Kolonialmächten geboren. Das Gerede von der Selbstläuterung als ›Großem Dschihad‹ sei verwerflich, damit mache man sich nur lächerlich.

Der Doktorand fügte seinen eigenwilligen Erläuterungen die historisch unhaltbare Behauptung hinzu, der Islam habe sich stets nur mit der Waffe durchgesetzt. Ohne Waffengewalt hätte der Islam sich in weiten Teilen der Welt nicht verbreitet. Auch in Zukunft werde der Islam sich nur mit Waffengewalt behaupten können.

Diese Sicht wurde von Jüngern des blinden Religionsgelehrten schnell aufgegriffen. Einer von ihnen, Abdes Salam Farag, schrieb ein Büchlein, das man nachträglich als die Bibel der Sadat-Mörder bezeichnet hat. Der Titel lautet ›Die abwesende Glaubenspflicht‹, könnte aber auch mit ›Der verlorengegangene Glaubenspfeiler‹ übersetzt werden. Dazu muss man wissen, dass der Islam nach einem Ausspruch des Propheten auf fünf Glaubenspfeilern beruht: dem Glaubensbekenntnis, dem rituellen Gebet, der Armensteuer, dem Fasten und der Pilgerfahrt.

Farags Darstellung erweckt den Eindruck, als hätte es ursprünglich noch einen sechsten Pfeiler gegeben, den Dschihad. Die an Minderwertigkeitsgefühlen leidenden Muslime hätten diese Säule jedoch aufgegeben, um sich nichtmuslimischen Mächten anzubiedern.«
Khalid Duran

Für die weitere Entwicklung des Islam ist es von entscheidender Bedeutung, ob sich die Stimmen gemäßigter Muslime oder die radikaler, anti-westlicher Fanatiker durchsetzen. In diesem Zusammenhang könnte gerade auch die Meinung der in Europa lebenden Muslime ein wichtiger Faktor werden. Vielleicht könnte sich unter den Lebensbedingungen demokratischer Gesellschaften mit der Zeit ein europäischer Islam entwickeln, der akzeptiert, dass in modernen Gesellschaften der Staat seinen Bürgerinnen und Bürgern nicht vorschreiben darf, was sie glauben sollen oder nicht.

Traditionelle islamische Lehre ist, dass Religion, Staat und Gesellschaft ein und dasselbe sind, dass es gerade diese Verbindung ist, die das Wesen und die Stärke des Islam ausmacht und dass es diese Erkenntnis über die ganze Welt auszubreiten gilt.

Zwar darf niemand mit Gewalt zur Annahme des Islam gezwungen werden; wer aber Muslim ist, muss es nach islamischer Lehre für immer bleiben. Andere Religionen, speziell auch das Christentum, können sich in islamischen Ländern meist nicht entfalten, werden allenfalls geduldet.

Artikel 3 GG
(1) Alle Menschen sind vor dem Gesetz gleich.
(2) Männer und Frauen sind gleichberechtigt. Der Staat fördert die tatsächliche Durchsetzung der Gleichberechtigung von Frauen und Männern und wirkt auf die Beseitigung bestehender Nachteile hin.
(3) Niemand darf wegen seines Geschlechtes, seiner Abstammung, seiner Rasse, seiner Sprache, seiner Heimat und Herkunft, seines Glaubens, seiner religiösen oder politischen Anschauungen benachteiligt oder bevorzugt werden. Niemand darf wegen seiner Behinderung benachteiligt werden.

Artikel 4 GG
(1) Die Freiheit des Glaubens, des Gewissens und die Freiheit des religiösen und weltanschaulichen Bekenntnisses sind unverletzlich.
(2) Die ungestörte Religionsausübung wird gewährleistet.

Rechte Seite:
Minarett der Yavus-Sultan-Selim-Moschee und Kirchturm der katholischen Liebfrauenkirche in Mannheim.

Unsere – mühsam errungene – Rechtsordnung lebt hingegen davon, dass jede und jeder von uns seine eigene religiöse Überzeugung vertreten und leben darf. Die gesellschaftliche Meinungsbildung soll sich frei entwickeln. Der Staat selbst stellt und garantiert dafür den Rahmen, ergreift aber selbst nicht Partei. In diesem Rahmen wäre Platz für Angehörige der verschiedensten Weltanschauungen und damit auch für einen offenen und selbstkritischen Islam. Ein solcher Islam könnte die Werte des Koran und die Vitalität muslimischer Lebensart bewahren. Er könnte auch bemüht sein, den Islam durch Argumente und überzeugende Lebensbeispiele auszubreiten. Er müsste aber bereit sein, auf jede Form der Gewalt und auf eine Islamisierung unserer Rechtsordnung zu verzichten. Der Weg dorthin könnte für viele Muslime lang und schwierig sein, letztlich gibt es dazu jedoch, zumindest aus westlicher Perspektive, keine Alternative. Die Grundsatzerklärung, die der Zentralrat der Muslime in Deutschland unter dem Eindruck des 11. September 2001 herausgab, setzt deutliche Akzente in diese Richtung:

> Der Islam ist keine neue Erscheinung in Deutschland, vor allem ist er keine vorübergehende Erscheinung. Mehr als 3,2 Millionen Muslime leben in Deutschland, viele von ihnen schon in der dritten und vierten Generation. Die meisten Muslime identifizieren sich mit der deutschen Gesellschaft und werden für immer in Deutschland bleiben. Nicht nur für die 500.000 Muslime, die einen deutschen Pass tragen, ist Deutschland Heimat geworden …
>
> Als große Minderheit in diesem Land haben die Muslime die Pflicht, sich in diese Gesellschaft zu integrieren, sich zu öffnen und über ihre Glaubensbekenntnisse und -praxis in Dialog zu treten. Die Mehrheitsgesellschaft hat Anrecht darauf zu erfahren, wie die Muslime zu den Fundamenten dieses Rechtsstaates, zu seinem Grundgesetz, zu Demokratie, Pluralismus und Menschenrechten stehen …
>
> Muslime dürfen sich in jedem beliebigen Land aufhalten, solange sie ihren religiösen Hauptpflichten nachkommen können. Das islamische Recht verpflichtet Muslime in der Diaspora, sich grundsätzlich an die lokale Rechtsordnung zu halten. In diesem Sinne gelten Visumserteilung, Aufenthaltsgenehmigung und Einbürgerung als Verträge, die von der muslimischem Minderheit einzuhalten sind.
>
> Ob deutsche Staatsbürger oder nicht, bejahen die im Zentralrat vertretenen Muslime daher die vom Grundgesetz garantierte gewaltenteilige, rechtsstaatliche und demokratische Grundordnung der Bundesrepublik Deutschland, einschließlich des Parteienpluralismus, des aktiven und passiven Wahlrechts der Frau sowie der Religionsfreiheit. Daher akzeptieren sie auch das Recht, die Religion zu wechseln, eine andere oder gar keine Religion zu haben. Der Koran untersagt jede Gewaltausübung und jeden Zwang in Angelegenheiten des Glaubens.

Artikel 7 GG

(3) Der Religionsunterricht ist in den öffentlichen Schulen ... ordentliches Lehrfach. Unbeschadet des staatlichen Aufsichtsrechtes wird der Religionsunterricht in Übereinstimmung mit den Grundsätzen der Religionsgemeinschaften erteilt ...

Artikel 140 GG / Artikel 137 WRW

(1) Es besteht keine Staatskirche.

(5) Die Religionsgesellschaften bleiben Körperschaften des öffentlichen Rechts, soweit sie solche bisher waren. Anderen Religionsgesellschaften sind auf ihren Antrag gleiche Rechte zu gewähren, wenn sie durch ihre Verfassung und die Zahl ihrer Mitglieder die Gewähr der Dauer bieten ...

Wir zielen nicht auf Herstellung eines klerikalen »Gottesstaates« ab. Vielmehr begrüßen wir das System der Bundesrepublik Deutschland, in dem Staat und Religion harmonisch aufeinander bezogen sind.

Zwischen den im Koran verankerten, von Gott gewährten Individualrechten und dem Kernbestand der westlichen Menschenrechtserklärung besteht kein Widerspruch. Der beabsichtigte Schutz des Individuums vor dem Missbrauch staatlicher Gewalt wird auch von uns unterstützt ...

Der Zentralrat fühlt sich der gesamten Gesellschaft verpflichtet und ist bemüht, in Zusammenarbeit mit allen anderen gesellschaftlichen Gruppierungen einen wesentlichen Beitrag zu Toleranz und Ethik sowie zum Umwelt- und Tierschutz zu leisten. Er verurteilt Menschenrechtsverletzungen überall in der Welt ...

Darüber hinaus sieht der Zentralrat seine Aufgabe darin, den in Deutschland lebenden Muslimen in Kooperation mit allen anderen islamischen Institutionen eine würdige muslimische Lebensweise im Rahmen des Grundgesetzes und des geltenden Rechtes zu ermöglichen. Dazu gehören u.a.:

- Einführung eines deutschsprachigen islamischen Religionsunterrichts
- Einrichtung von Lehrstühlen zur akademischen Ausbildung islamischer Religionslehrer und Vorbeter (Imame)
- Genehmigung und Bau innerstädtischer Moscheen
- Erlaubnis des lautsprecherverstärkten Gebetsrufs, Respektierung islamischer Bekleidungsvorschriften in Schulen und Behörden
- Beteiligung von Muslimen an den Aufsichtsgremien der Medien
- Vollzug des Urteils des Bundesverfassungsgerichts zum Schächten
- Beschäftigung muslimischer Militärbetreuer
- Muslimische Betreuung in medizinischen und sozialen Einrichtungen
- Staatlicher Schutz der ... islamischen Feiertage
- Einrichtung muslimischer Friedhöfe und Grabfelder

Aus der Grundsatzerklärung des Zentralrates der Muslime in Deutschland zur Beziehung der Muslime zum Staat und zur Gesellschaft vom 3. Februar 2002

Christentum

Vorherige Seite:
Arnulf Rainer,
Christusbild 1981/83,
Malerei auf Foto auf Holzplatte.

Katechismus. Von griechisch *katechismós* »Unterricht«, »Lehre«; christliches Lehrbuch, oft in Frage- und Antwortform, das in der Regel vor allem auch die Bedeutung der altkirchlichen Glaubensbekenntnisse, der Zehn Gebote und des Vaterunsers erläutert. Katechismen hatten nicht zuletzt für die Ausbreitung und Geschichte der Reformation eine große Bedeutung.

Rechte Seite:
Vgl. zu den einzelnen Bildern die
Seiten 24, 47, 79, 88, 98, 161,
175, 211

Tradition – Religion – Kirche

Abiturientinnen und Abiturienten haben am Ende ihrer Schulzeit fast eintausend Stunden Religionsunterricht hinter sich gebracht. In einer Untersuchung wurden vor einigen Jahren ein paar hundert von ihnen befragt, was sie seit dem ersten Schuljahr nun eigentlich gelernt hätten und was sie in der verbleibenden Schulzeit noch besprechen wollten. Die Antworten fielen von Klasse zu Klasse sehr unterschiedlich aus; auffällig war unter anderem jedoch, dass sich Oberstufenschülerinnen und -schüler in letzter Zeit immer häufiger einen »Grundkurs Christentum« wünschen. Nach all den Jahren Religionsunterricht, nach hitzigen Diskussionen über persönliche und politisch-aktuelle Fragen, nach intensiver Lektüre biblischer Texte, nach sorgfältiger Beschäftigung mit anderen Religionen und Weltanschauungen, nach zahlreichen Exkursen in die Kultur- und Geistesgeschichte ist vielen Schülerinnen und Schülern dennoch unklar, woran nun eigentlich Christinnen und Christen glauben und ob sie sich eigentlich selbst als Christin oder Christ verstehen sollen. Insbesondere wenn die Elternhäuser kirchlichem und religiösem Leben distanziert gegenüberstehen, können auch fast eintausend Stunden Religionsunterricht nicht den Orientierungsrahmen schaffen, der in Mitteleuropa über viele Jahrhunderte einmal selbstverständlich war.

Im Heimatdorf der Bäuerin Hilde Michel stand die Kirche nicht nur äußerlich im Mittelpunkt des Ortes. Auch den allgemein geltenden Vorstellungen nach fühlte man sich dort ganz selbstverständlich als evangelisch. In ihrem Elternhaus wurde abends am Kinderbett gebetet; auch vor den Mahlzeiten sprach der Vater ein Tischgebet. Die Mutter ging alle 14 Tage zum Gottesdienst, der Vater durchschnittlich einmal im Monat. Im Religionsunterricht der Volksschule sowie im Konfirmandenunterricht musste Hilde eine ganze Anzahl von Gesangbuchversen, die meisten Stücke des Katechismus und einen Teil der in der Lutherbibel fett gedruckten biblischen Kernstücke auswendig lernen. Die evangelische Gedankenwelt wurde auf diese Weise ganz selbstverständlich zu ihrem eigenen religiösen Vorstellungs- und Ausdrucksrahmen. Dieser Rahmen wurde immer wieder bestätigt und gefestigt durch das, was die Menschen ringsum glaubten und wie sie sich verhielten. Selbst wenn ihr die evangelische Welt- und Lebensanschauung nicht einleuchtend gewesen wäre, hätte Hilde kaum die Möglichkeit eines anderen religiösen Rahmens gehabt; denn ihr fehlten sowohl die Kenntnisse einer anderen Weltanschauung als auch die Instrumente, mit ihnen umzugehen. Sie war, ohne selbst gefragt worden zu sein, in die evangelisch-lutherische Religiosität nicht nur hineingewachsen, sondern die in ihrem Heimatgebiet herrschende Religion war ihre eigene, sozusagen ein Stück von ihr geworden.

Karl-Wilhelm Dahm

Rechte Seite: »Sonntag«, Illustration aus einem französischen Katechismus, 19. Jahrhundert.

Turmspitze der Frankfurter Matthäuskirche, inmitten von Hochhaustürmen fast nicht mehr erkennbar.

Säkularisierung. Im engeren Sinn zunächst die Aufhebung der geistlichen Fürstentümer in Deutschland unter Napoleon. Im Allgemeinen bezeichnet der Begriff heute die Loslösung einer Gesellschaft und ihrer Ordnungen von der Bindung an das Christentum oder eine andere Religion.

Was in Hilde Michels Leben noch selbstverständlich erscheint, wird in dem nebenstehenden Bild aus einem französischen Katechismus des 19. Jahrhunderts bereits zum Problem. Zwar befindet sich die Kirche noch im Mittelpunkt des Dorfes, sogar deutlich herausgehoben. Auch gibt es durchaus noch eine beachtliche Anzahl von Menschen, die sich – es ist Sonntag – auf den Weg zum Gottesdienst machen. Doch im Vordergrund raucht, einem Höllenschlund gleich, eine Fabrik, Symbol der Industrialisierung und für die Gestalter des Bildes ganz offensichtlich ein Schandfleck in einer ansonsten idyllischen Umgebung. Die Fabrik hält die Arbeiter vom Gottesdienstbesuch ab, links gegenüber sitzen in einem Straßencafé Menschen, die wohl auch nicht vorhaben, sich vom Caféhausstuhl zur Kirchenbank zu begeben. Die Darstellung hat etwas Vorwurfsvolles, die neue Zeit erscheint bedrohlich, die über Jahrhunderte scheinbar so bewährte Ordnung droht ins Wanken zu geraten.

Die nebenstehende Fotografie aus Frankfurt am Main dokumentiert eine Situation, in der die Säkularisierung deutlich fortgeschritten ist: Die Matthäuskirche, im 19. Jahrhundert erbaut, 1944 im Krieg zerstört, wurde in den Fünfzigerjahren wieder aufgebaut. Die Nachkriegsentwicklung machte Frankfurt zum führenden Wirtschafts- und Bankenzentrum Europas, und mit dem Wirtschaftsboom kamen die immer gewagter in den Himmel wachsenden Bürohochhäuser. Die Matthäuskirche erschien in dieser Umgebung als eine geradezu rührende Erinnerung an vergangene Zeiten. Als bekanntes Fotomotiv schien sie zu belegen, dass der Rhythmus des Lebens nicht mehr vom Christentum, sondern von den Notwendigkeiten der Wirtschaft bestimmt wird. Anfang des Jahres 2002 hat die evangelische Kirche die Matthäuskirche für 35 Millionen Euro zum Verkauf und zum Abbruch freigegeben.

Nun geht es sicherlich nicht allen Kirchen wie der Matthäuskirche in Frankfurt. Europa ist nach wie vor voll von höchst sehenswerten Kirchengebäuden, von altehrwürdigen Kathedralen ebenso wie von kleinen, oft aber nur auf den ersten Blick unbedeutenden Dorfkirchen. Auch stehen diese Kirchen keineswegs immer alle leer. An vielen Orten gibt es auch heute noch gut besuchte Gottesdienste; bei Kirchenkonzerten, bei manchen Beerdigungsgottesdiensten, bei Osternachtsfeiern oder am Heiligen Abend muss man sich sogar rechtzeitig aufmachen, um einen guten Platz zu bekommen. Aber die prägende Kraft der Kirchen, wie sie in Deutschland noch nach dem Zweiten Weltkrieg deutlich zu spüren war, hat deutlich nachgelassen. Seit dem Beitritt der DDR zur Bundesrepublik Deutschland ist noch deutlicher geworden, was auch vorher schon galt: Es ist in Deutschland nicht mehr selbstverständlich, Christin oder Christ zu sein, und auch in politischen und moralischen Fragen lässt eine immer größer werdende Mehrheit der Bevölkerung sich ungern von kirchlichen Funktionären belehren. All das bedeutet nicht, dass das Ende des Christentums gekommen sei.

2003 gehörten 33 Prozent der bundesdeutschen Bevölkerung der römisch-katholischen Kirche und etwa ebenso viele der evangelischen Kirche an. Etwa 28 Prozent bezeichneten sich als konfessionslos. Die verbleibenden 6 Prozent waren anderen christlichen und nicht-christlichen Religionen zuzuordnen. 1970 waren in der – damals noch von der DDR getrennten – Bundesrepublik 93 Prozent der Bevölkerung Mitglieder der großen Kirchen.

»Ihr sollt nicht meinen, dass ich gekommen bin, Frieden zu bringen auf die Erde. Ich bin nicht gekommen, Frieden zu bringen, sondern das Schwert. Denn ich bin gekommen, den Menschen zu entzweien mit seinem Vater und die Tochter mit ihrer Mutter und die Schwiegertochter mit ihrer Schwiegermutter … Wer Vater oder Mutter mehr liebt als mich, der ist meiner nicht wert; und wer Sohn oder Tochter mehr liebt als mich, der ist meiner nicht wert. Und wer nicht sein Kreuz auf sich nimmt und folgt mir nach, der ist meiner nicht wert. Wer sein Leben findet, der wird's verlieren; und wer sein Leben verliert um meinetwillen, der wird's finden.«   *Mt 10,34–39*

Viele Menschen bezeichnen sich durchaus als religiös oder zumindest als an religiösen Fragen interessiert. Der Anteil derer, die sich den großen Kirchen eng verbunden fühlen, geht jedoch spürbar zurück.

Vermutlich ist die eingetretene Entwicklung aus der Sicht des christlichen Glaubens gar nicht nur negativ zu sehen: Die Zusammenarbeit von christlichen Kirchen und staatlicher Obrigkeit hatte in den vergangenen Jahrhunderten zum Teil auch sehr bedenkliche Folgen. Pfarrer predigten im 19. Jahrhundert, der ausgebeutete Arbeiter solle sich in sein gottgewolltes Schicksal fügen. Junge Soldaten beiderseits des Rheins hörten im Ersten Weltkrieg von ihren Geistlichen, Gott wolle, dass Deutsche Franzosen beziehungsweise Franzosen Deutsche erschießen. Auch der Anspruch der großen Kirchen, die richtige und für alle gültige Moral zu kennen, gab dem Leben vieler nicht nur Halt und Orientierung, sondern verführte viele Menschen auch zu Unaufrichtigkeit, Heuchelei und Lüge. Insofern könnte man es sogar in gewisser Weise als einen Gewinn ansehen, wenn wir heute nicht mehr, wie Hilde Michel, ohne nachzudenken in die christliche Religion hineinwachsen. Wer Christin oder Christ sein will, darf und muss das heute selbst entscheiden. Man kann sich zum christlichen Glauben bekennen, aber man kann sich auch dagegen entscheiden. Vermutlich passt ein solcher mündiger Glaube besser zu dem, was Jesus Christus vor 2000 Jahren verkündete, als ein gedankenloses sich Anschließen an einen vorherrschenden, womöglich mit handfesten materiellen Vorteilen verbundenen Trend.

Nun sollte man diese Freiheit der Wahl allerdings nicht dahingehend missverstehen, als sei Religion nur etwas für das Innenleben des Einzelnen, kurz: Privatsache. Viele Menschen äußern im Zusammenhang mit Themen der Religion den Satz: »Das muss jeder für sich selbst wissen.« Dieser Satz ist in seiner Banalität natürlich richtig. Niemand darf in weltanschaulichen Fragen zu einer bestimmten Sicht der Wirklichkeit gezwungen werden. Wenn Religion aber das meint, was uns existenziell wichtig ist, dann sollten wir über das, was uns wichtig ist und damit unser Leben und auch das Leben anderer Menschen bestimmt, auch sprechen, einander zuhören, uns austauschen, uns verständigen und miteinander streiten. Menschliches Zusammenleben ist auf Gemeinsamkeiten angewiesen, und es tut keiner Gesellschaft gut, wenn jede und jeder meint, nur für sich allein leben zu können. Der Satz »Das muss jeder für sich selbst wissen!« formuliert nicht nur die berechtigte Forderung nach einem eigenen, von niemand verordneten Glauben, sondern kann auch ein Ausdruck von Trägheit und Desinteresse sein und so viel bedeuten wie »Lass mich in Ruhe. Ich habe keine Lust, meine Position zu begründen. Was du denkst und glaubst, ist mir eigentlich völlig egal.«

Und ein weiterer, verbreiteter Fehlschluss wäre als solcher zu entlarven: Die Tatsache, dass jeder für sich selbst entscheiden soll und

»Denn wer da bittet, der empfängt; und wer da sucht, der findet; und wer da anklopft, dem wird aufgetan.«
Matthäus 7,8

muss, woran sie oder er glaubt, kann nicht bedeuten, dass sich jede und jeder ohne weiteres auf beliebige Art und Weise eine eigene Religion zusammenbasteln kann. Wir können uns nicht einfach eine eigene Sprache erfinden und wir können uns auch nicht erst einen Überblick über hundert Sprachen verschaffen, um uns dann zu entscheiden, welche wir lernen und sprechen wollen. So, wie wir zunächst einmal in einer oder vielleicht zwei Sprachtraditionen aufwachsen, so steht jede und jeder von uns, ob er will oder nicht, auch in einer bestimmten religiösen oder weltanschaulichen Tradition. Dies zu betonen ist wichtig, weil die Versuchung groß ist, in religiösen Dingen zu verfahren wie in einem Supermarkt beim Einkauf: ein wenig von diesem, ein bisschen von jenem.

»Das 13. Sternzeichen«, Postkartenmotiv.

Der alte Schulfreund, der zu Besuch gekommen war, bewunderte die Wohnung, blieb am Lese-Sofa stehen, nahm ein Buch, das dort lag, in die Hand und las laut den Titel: »Reinkarnation. Beweise aus Indien für das Leben nach dem Tod«, legte das Buch wieder hin und fragte spitz: »Ich dachte, du warst mal mit mir in der katholischen Jugend?« Der Hausherr nahm die Bemerkung sehr ernst auf: »Weißt du, ich trage eine Schweizer Uhr, ich habe italienische Schuhe an, eine englische Jacke und amerikanische Hemden, mein Computer ist aus Japan und mein Auto zufällig aus Deutschland. Soll ich da meine Glaubensüberzeugungen alle nur und ausschließlich aus Rom beziehen?« – »Vielleicht nicht aus Rom«, wandte sein Jugendfreund ein, »aber aus Jerusalem, direkt aus der biblischen Quelle also, das wäre doch auch ein Vorschlag!« – »Genügt mir nicht, ich nehme die Meditation aus Japan, den Gedanken der Wiedergeburt, wie du siehst, aus dem Hinduismus, und die Liebe zur Natur von den Indianern. Immer vom Feinsten, ohne dass ich unsere gute alte Bibel irgendwie als provinziell empfinde. Aber meine Wahlfreiheit geht mir, entschuldige, über alles.«

Eike Christian Hirsch

Atheist. Von griechisch *átheos* »ohne Gott«, »gottleugnend«. Atheisten nannte man in der griechisch sprechenden Antike diejenigen Menschen, die sich weigerten, die offiziellen Gottheiten des Staatskultes anzubeten. In diesem Sinne waren auch die ersten Christinnen und Christen Atheisten. Atheismus als grundsätzliche Leugnung der Existenz jedes göttlichen Wesens ist ein relativ junges, neuzeitliches Phänomen.

Agnostiker. Von griechisch *ágnostos* »unbekannt«, »unerkennbar«; nach einer Begriffsprägung des 19. Jahrhunderts ist ein Agnostiker ein Mensch, der die Frage, ob es Gott gibt oder nicht, für grundsätzlich nicht entscheidbar hält.

Gotische Kathedrale von Amiens, Frankreich

Nicht, dass dieser Wunsch nach freier Auswahl moralisch bedenklich wäre, nur funktioniert der Mensch in aller Regel nicht so. Vermutlich folgt der weltläufige Gastgeber in dieser kleinen Geschichte beim Arrangement seiner weltanschaulichen Bausteine einem Bauplan, der stärker festgelegt ist, als ihm bewusst ist.

In religiösen und weltanschaulichen Dingen sind die ersten zehn, fünfzehn Lebensjahre in besonderer Weise prägend. Sie schaffen eine Ausgangslage, die wir als Kinder und Jugendliche nur in sehr begrenztem Maße beeinflussen können. Auch wer als Atheist oder Agnostiker erzogen wird, kann diese Voraussetzungen nicht einfach verleugnen. Das weltanschauliche Grundmuster, mit dem man uns erzogen hat, wurde nicht von uns gewählt. Die Tradition, in der wir aufgewachsen sind, können wir variieren; wir können uns von ihr distanzieren und bleiben ihr dadurch doch immer noch verhaftet; wir können dazulernen; wir können sie in unserem Leben zu weiteren, aber sicherlich nicht beliebig vielen anderen Traditionen in Beziehung setzen. Die Vorstellung aber, dass der oder die Einzelne allein, völlig frei und souverän über religiöse und kulturelle Traditionen verfügen könne, ist sicherlich eine Illusion.

Über die biographischen, eher familiär bedingten Prägungen des Einzelnen hinaus gibt es auch Traditionsmuster, mit denen wir durch Schule, Bücher, Musik, Kunst, kulturelle Einrichtungen und Massenmedien konfrontiert werden. Wir wachsen schon immer in bestimmten kulturellen Zusammenhängen auf – in Mitteleuropa ist das für die meisten Menschen, auch für den Kirchen fern stehende, immer noch der christlich-abendländische Kontext. So können wir die uns umgebende Wirklichkeit zwar vielfältig, aber doch nicht willkürlich interpretieren. Ich habe zum Beispiel im Kapitel über den Hinduismus zu zeigen versucht, dass es eine typisch abendländische Art der Wahrnehmung von Zeit gibt – linear, nicht zyklisch. Oder im Kapitel über den Buddhismus wurde deutlich, wie sehr auch Nicht-Christen in Europa dem jüdisch-christlichen Glauben an die einzigartige Bedeutung und unveräußerliche personale Würde des Individuums verschrieben sind. Wir können uns nicht in beliebig viele andere Kulturen und Kontexte versetzen und wir sollten uns das auch eingestehen und uns dieser Tatsache nicht zu entziehen versuchen.

Ein bewusster und verantwortlicher Umgang mit den eigenen kulturellen Traditionen wird gerade auch beim Aufbau einer gemeinsamen europäischen Identität ein Faktor von größter Bedeutung sein. Er setzt aber Kenntnisse voraus, deren Vermittlung den schulischen Einrichtungen ganz offensichtlich nicht immer gelingt. Die folgende, hoffentlich nicht ganz repräsentative Schilderung eines geplagten Religionslehrers aus Norddeutschland lässt Zweifel aufkommen, ob der Religionsunterricht, aber auch die anderen Schulfächer ihrem Bildungsauftrag immer in ausreichender Weise nachkommen:

»Allein die Sprache: die Schüler lesen Colgate statt Golgatha, Orts- und Personennamen wie Gethsemane, Kapernaum, Hesekiel kann man in den abenteuerlichsten Betonungen hören, ich hörte ›Aufdembahnhof‹ statt Offenbarung, sie verstehen das Luther-Deutsch nicht, können schon die alten Schrifttypen nicht lesen, sie haben gar keine Bibel … Vor einiger Zeit schleppten sie wenigstens noch die Uralt-Ausgabe, die durch die Großmutter auf sie gekommen ist, in einer Plastiktüte mit in den Unterricht, wenn ich darauf bestand, heute ist die Bibel ein fremdes Buch. Jakob, Joseph, Lea, Rahel sind Namen, die sie allenfalls aus ihrem Freundeskreis kennen, jedenfalls sonst noch nie gehört haben. Zu David fällt ihnen immerhin der Davidsstern ein; sie können nicht sagen, was ›Römer 8‹ als pure Bezeichnung überhaupt bedeutet, zum Barmherzigen Samariter fällt ihnen vielleicht der ASB ein, wo sie eine Zivildienststelle in Aussicht haben. ›Bergpredigt‹ löst nicht eine einzige Assoziation über den tumben Wortlaut hinaus aus. Mit dem Begriff ›Sünde‹ assoziieren sie immerhin Park- und Alkoholsünder … Mit theologischen Spitzenbegriffen wie Kreuz, Ebenbild Gottes, Rechtfertigung können Schüler zunächst nichts verbinden – die traditionelle christliche Sprache und damit auch die Vorstellungswelt verschwinden aus dem Bewusstsein. Einziges Relikt bleibt der Satz: vor Gott sind alle Menschen gleich, ein Satz, der dann auch in allen denkbaren Argumentationszusammenhängen banal auftaucht. Es erübrigt sich fast schon der Hinweis, dass die Schüler kaum die symbolische Bedeutung der Inneneinrichtung einer Kirche erfassen, natürlich kennen sie keinen Choral, der Begriff Liturgie ist Fremdwort.«

Wilfried Bergau

Und woran glauben Christinnen und Christen?

Ein Kapitel über das Christentum wird in diesem Buch nicht so aussehen können wie die Kapitel über die anderen großen Religionen der Welt. Der Grund dafür liegt darin, dass die meisten von uns trotz der Jeremiade des eben zu Wort gekommenen Religionslehrers paradoxerweise im Grund doch schon zu viel über den christlichen Glauben wissen. Wenn dies nicht der Fall wäre, hätten Sie als Leserin oder Leser dieses Buch vermutlich schon längst aus der Hand gelegt, denn in allen Kapiteln wurde bei Vergleichen mit der christlichen Religion ein bestimmtes Grundwissen vorausgesetzt.

Würde Ihnen nun auf den wenigen zur Verfügung stehenden Seiten, ähnlich wie bei den anderen Religionen, noch einmal die Biographie Jesu und der Aufbau und die Entstehung der Bibel aufgezeigt, Ihnen anschließend einen kurzer Überblick über die Geschichte des Christentums gegeben und würde am Schluss noch auf ein paar christliche

Choral. Seit dem Mittelalter Bezeichnung für den im Chor der Kirche einstimmig vorgetragenen Gesang; in den evangelischen Kirchen das von der Gemeinde gesungene Kirchenlied. »Chor« nannte man im Mittelalter den Bauteil um den Hauptaltar einer Kirche; er war durch Stufen und eine »Chorschranke« vom Gemeinderaum abgetrennt.

»Wer nicht von dreitausend Jahren
Sich weiß Rechenschaft zu geben,
Bleib im Dunkeln unerfahren,
Mag von Tag zu Tage leben.«

*Johann Wolfgang von Goethe
Westöstlicher Diwan,
Buch des Unmuts.*

Jeremiade. »Klagelied«, in Anlehnung an das alttestamentliche Buch »Klagelieder Jeremias«.

www.dbk.de
www.ekd.de
www.orthodoxie.net

Pfingstbewegung. Sammelbezeichnung für eine Ende des 19. Jahrhunderts entstandene Bewegung von lose miteinander verbundenen Gemeinden und Kirchen; sie heben die Bedeutung der in Apg 2 beschriebenen Erfahrung des Heiligen Geistes für das eigene Leben besonders hervor. Zu den »Charismen« oder Gnadengaben des Heiligen Geistes, die in den Pfingstgemeinden eine besondere Rolle spielen, werden u.a. die Fähigkeit des »Zungenredens« (vgl. hierzu 1. Kor 14), der Krankenheilung und der prophetischen Rede gerechnet.

www.bfp.de

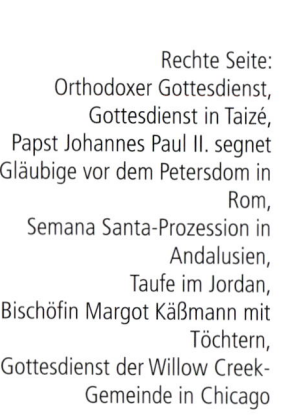

Rechte Seite:
Orthodoxer Gottesdienst,
Gottesdienst in Taizé,
Papst Johannes Paul II. segnet
Gläubige vor dem Petersdom in
Rom,
Semana Santa-Prozession in
Andalusien,
Taufe im Jordan,
Bischöfin Margot Käßmann mit
Töchtern,
Gottesdienst der Willow Creek-
Gemeinde in Chicago

Feste und damit zusammenhängende Glaubensfragen eingegangen – wären Sie zu Recht enttäuscht. All das wissen Sie, oder Sie können zumindest herausfinden, wo man es nachlesen kann.

Stattdessen soll die Thematik zugespitzt werden: Woran glauben eigentlich Christinnen und Christen? Die Frage ist unter anderem deshalb nicht ganz leicht zu beantworten, weil das Christentum eine sehr vielfältige Religion mit vielen Untergruppierungen ist. Die etwa zwei Milliarden Christinnen und Christen bilden die größte der Weltreligionen. Weltweit gesehen gewinnt das Christentum nach wie vor ständig neue Anhängerinnen und Anhänger. Die zuvor beschriebene Krise des Christentums ist weitgehend ein regionales, vor allem europäisches Phänomen. Wem das christliche Gemeindeleben seiner Umgebung nicht sehr attraktiv erscheint, für den ist es wichtig zu wissen: Christentum ist weder identisch mit der Kirchengemeinde, der man vielleicht zufällig angehört, noch mit einer deutschen Landeskirche oder Diözese.

Für eine grobe Orientierung wäre in der weltweiten Christenheit zumindest zu unterscheiden zwischen der römisch-katholischen Kirche (die etwa eine Milliarde Mitglieder zählt), den evangelischen Kirchen (mit etwa 600 Millionen Mitgliedern), den vielfältigen orthodoxen Kirchen (mit etwa 200 Millionen Mitgliedern) und dem sich in aller Welt rasch ausbreitenden und gar nicht so leicht zu erfassenden charismatischen Christentum der Pfingstbewegung.

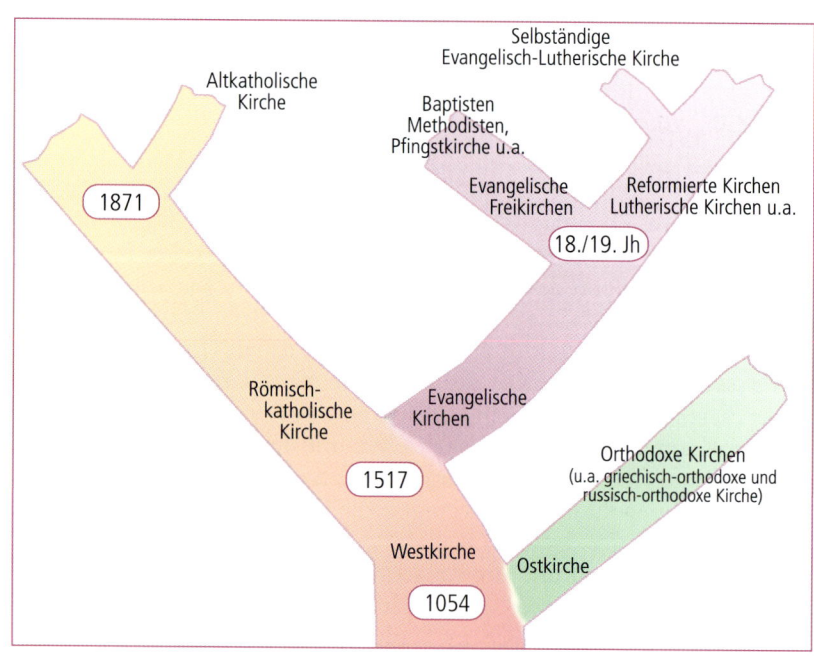

Den heutigen gewachsenen »Kirchendschungel« zu durchschauen, bedarf es … ausgiebiger Studien. Einige Schneisen sind dennoch zu erkennen und zu benennen: Während sich in den ersten Jahrhunderten des Christentums alle Christen auf gemeinsame Glaubenssätze (Dogmen) verständigten, spaltete sich die Christenheit 1054 zum ersten Mal in zwei große Konfessionen (lateinisch confessio »Bekenntnis«): in die westliche katholische Kirche (Zentrum: Rom) und die östliche orthodoxe Kirche (Zentrum: Konstantinopel). Mit der Abspaltung der protestantischen Kirchen in der Folge der Reformation bilden sich im 16. Jahrhundert neue Konfessionen (Reformierte, Lutheraner), die ihren Glauben in eigenen Katechismen zusammenfassen. In der Folge spalten sich immer wieder neue kleine Kirchen von den Großkirchen ab …

www.wcc-coe.org

Fast alle orthodoxen und protestantischen Kirchen haben sich im 20. Jahrhundert in einem längeren Findungsprozess im Ökumenischen Rat der Kirchen (World Council of Churches, 1948 gegründet, Sitz in Genf) zusammengeschlossen. Der römisch-katholischen Kirche erscheint es wegen ihres Kirchenverständnisses unmöglich, daran mitzuwirken. In Deutschland arbeitet sie aber mit den anderen Konfessionen zusammen in der »Arbeitsgemeinschaft christlicher Kirchen« (ACK).

www.oekumene-ack.de

www.emk.de
www.baptisten.org

Die Bezeichnung Freikirchen ist v.a. in Deutschland gebräuchlich für diejenigen Konfessionen, die erstens die Kirchenmitgliedschaft von der persönlichen bewussten Entscheidung eines Gläubigen abhängig machen und zweitens vom Staat gänzlich unabhängig sind – im Gegensatz zu den beiden großen Volkskirchen, die die Zugehörigkeit durch die Säuglingstaufe dokumentieren und sich über ein staatlich unterstütztes Kirchensteuersystem finanzieren.

www.mormonen.de
www.jehovaszeugen.de
www.nak.org

Das Wesensmerkmal von Kirchen ist, dass sie ihren Glauben in der Bibel und der christlichen Tradition begründen. (Christliche) Sekten hingegen fügen der Bibel eigene Offenbarungen hinzu, die den Rang Heiliger Schriften einnehmen. Die bekanntesten christlichen Sekten sind die Mormonen, die Zeugen Jehovas und die Neuapostolische Kirche.

Uwe Birnstein

Und woran glauben nun Christinnen und Christen? »Gibt es nicht – ähnlich wie im Islam – so etwas wie die fünf Säulen des christlichen Glaubens?« fragte vor einiger Zeit eine Schülerin und brachte mich auf eine Idee: Wir machten die Schwierigkeiten, die wir mit der Frage hatten, selbst zum Thema, und zwar in Form einer spielerischen Übung, die ich inzwischen mit verschiedenen Gruppen von jungen Erwachsenen, aber auch mit angehenden Religionslehrerinnen und Religionslehrern ausprobiert habe.

Ausgangspunkt ist die Tatsache, dass im Religionsunterricht überwiegend getaufte Christinnen und Christen sitzen, vollwertige Mitglieder einer christlichen Kirche. Im 1. Petrusbrief heißt es: »Seid allezeit bereit zur Verantwortung vor jedermann, der von euch Rechenschaft fordert über die Hoffnung, die in euch ist« (1. Petr 3,15). Eine klare Aufforderung! Jede Christin und jeder Christ ist nicht nur berechtigt, sondern sogar verpflichtet, über den christlichen Glauben Auskunft geben zu können. Und auch für die Nicht-Getauften gilt: Als gebildete Bürgerinnen und Bürger eines christlich geprägten Europa sollten wir alle in der Lage sein, in ein paar verständlichen Sätzen zu sagen, was den Kern des christlichen Glaubens ausmacht.

Aus diesen Überlegungen entstand die folgende Aufgabe, die Sie bei Gelegenheit vielleicht auch einmal selbst in Gruppen zu vier oder fünf Personen ausprobieren können:

Sie leben in einer Ostberliner Plattenbausiedlung mit einem Anteil von drei Prozent getauften Christinnen und Christen. Die Gottesdienste Ihrer Kirchengemeinde finden in einer angemieteten Vier-Zimmer-Wohnung statt.

Zu Ihnen kommt eine »atheistische« Gruppe von angehenden Lehrerinnen und Lehrern aus Potsdam, die in der Schule im Fach »Lebensgestaltung – Ethik – Religionskunde« die Weltreligionen Judentum, Islam, Hinduismus und Buddhismus durchgenommen hat. Die jungen Frauen und Männer haben natürlich schon das eine oder andere über das Christentum gelesen und möchten jetzt von Ihnen aus erster Hand wissen, woran eigentlich Christinnen und Christen glauben …

Die Besuchergruppe bringt nur 60 Minuten Zeit mit und will auch Fragen stellen. Das heißt, Sie haben höchstens 10 bis 15 Minuten Zeit, um vorzustellen, woran Ihrer Meinung nach Christinnen und Christen glauben.

Was sagen Sie in 10 bis 15 Minuten? Welche Form halten Sie für angemessen?

Lebensgestaltung – Ethik – Religionskunde (LER). Verfassungsrechtlich umstrittenes, nur im Bundesland Brandenburg eingerichtetes Schulfach »für alle«, in dem Elemente des Ethikunterrichts und des Religionsunterrichts in nichtkonfessionell gebundener Weise miteinander verbunden werden. Es besteht die Möglichkeit, sich aus LER ab- und im konfessionellen Religionsunterricht anzumelden.

Diese Übung setzt nach meinen Erfahrungen eine große Gruppendynamik frei: Alle beschriebenen Schwierigkeiten sind mit einem Male mit Händen zu greifen, abenteuerliche Vorstellungen vom Christentum mischen sich mit sehr ernst zu nehmenden, tatsächlich weiterführenden Antwortversuchen. Erzähl- und Präsentationstalente kommen zur Entfaltung, aber es wird auch deutlich, wie wenig Erfahrung europäische Christinnen und Christen damit haben, den Inhalt ihres Glaubens sachlich und authentisch vorzustellen. Schnell stellen sich für Außenstehende nichts sagende Leerformeln und Klischees ein. Das Christentum wird zur Karikatur. Oft ergeben sich aber auch auf überraschende Weise konsensfähige »Lösungen« und »Zwischenlösungen«, mit denen man ganz zufrieden sein kann …

Christinnen und Christen aller Kirchen beten in ihren Gottesdiensten heute noch das im 2. Jahrhundert nach Christus entstandene Apostolische Glaubensbekenntnis, das der Tradition nach auf die Apostel zurückgehen soll:

Apostel. Von griechisch *apóstolos* »Gesandter«; im Urchristentum gebildeter, spezifisch christlicher Begriff, der in erster Linie den engsten Jüngerkreis Jesu betrifft, dann aber auch auf andere urchristliche Missionare, z.B. Paulus, übertragen wurde.

> Ich glaube an Gott,
> den Vater, den Allmächtigen,
> den Schöpfer des Himmels und der Erde.
>
> Und an Jesus Christus,
> seinen eingeborenen Sohn, unsern Herrn,
> empfangen durch den Heiligen Geist,
> geboren von der Jungfrau Maria,
> gelitten unter Pontius Pilatus,
> gekreuzigt, gestorben und begraben,
> hinabgestiegen in das Reich des Todes,
> am dritten Tage auferstanden von den Toten,
> aufgefahren in den Himmel;
> er sitzt zur Rechten Gottes,
> des allmächtigen Vaters;
> von dort wird er kommen,
> zu richten die Lebenden und die Toten.
>
> Ich glaube an den Heiligen Geist,
> die heilige christliche Kirche,
> Gemeinschaft der Heiligen,
> Vergebung der Sünden,
> Auferstehung der Toten
> und das ewige Leben.
> Amen.

Dieser heute fast zweitausend Jahre alte Text ist aus einem römischen Taufbekenntnis entstanden. Menschen, die Christen werden wollten, fassten in diesen wenigen Sätzen zusammen, was ihnen am christlichen Glauben wichtig war.

Wie könnte solch ein Bekenntnis heute lauten? Aus der Arbeit mit Abiturientinnen und Abiturienten ist die folgende Thesenreihe entstanden, ein eher nüchterner Text, ohne besonderen rhetorischen Aufwand und ohne besondere Mittel der Veranschaulichung. Der Versuch ist angreifbar, verkürzend, vorläufig, lädt ausdrücklich zur Diskussion, zur Ergänzung und Verbesserung, zum Gegenversuch ein. Im Übrigen: Wir hatten uns »fünf Säulen« des christlichen Glaubens vorgenommen. Am Ende waren es dann doch wieder acht …

1. Für Christinnen und Christen ist nicht nur das wirklich, was man anfassen und auf den ersten Blick sehen, was man erforschen, eindeutig beweisen und messen kann. Die **Wirklichkeit** hat für Christinnen und Christen – wie auch für alle anderen religiösen Menschen – ein Geheimnis, eine innere Logik, die es zu entdecken und zu erfahren gilt.

2. Für Juden, Christen und Muslime hat alle Wirklichkeit einen Ursprung, einen Grund und ein Ziel. Dieser Ursprung, dieser Grund und dieses Ziel ist für sie Gott, und zwar ein Gott, an den sie sich wenden, dem sie sich anvertrauen, zu dem sie sprechen und beten können. An diesem Gott – für sie der eine und einzige Gott – orientieren sich Juden, Christen und Muslime; auch in Krisen, in denen das Leben ohne jeglichen Sinn und Perspektive erscheint, versuchen sie an ihm festzuhalten.

3. Wer dieser Gott genau ist, bleibt für Menschen bis zum Ende aller Zeiten in seiner ganzen Tragweite verborgen. Gott ist Gott, und Menschen sind Menschen. Christinnen und Christen glauben jedoch, dass Gott in Jesus von Nazareth bereits wesentliche Züge seiner selbst gezeigt hat, ja dass er selbst in Jesus von Nazareth Mensch geworden ist. Jesus von Nazareth ist damit für Angehörige des Christentums der im Judentum so lange erwartete Messias oder Christus, weshalb sie selbst sich auch Christinnen und Christen nennen.

4. Leben, Tod und Auferstehung Jesu sind im Neuen Testament beschrieben. Für Christinnen und Christen wird in diesem Buch – das sie stets auch vor dem Hintergrund des Alten oder Ersten Testaments lesen – sichtbar, wie Gott sich gelungenes Leben vorstellt. Sie setzen sich deshalb in und außerhalb von Gottesdiensten immer wieder mit den Texten des Neuen Testaments auseinander. Dabei finden sie je nach Lebenssituation immer wieder neue, für sie persönlich wichtige Anregungen und Herausforderungen:

- dass für Gott der Einzelfall und gerade auch das Unscheinbare Priorität hat (vgl. z.B. Lk 15,1–10)
- dass Gott Menschen wichtiger sind als Institutionen (vgl. z.B. Mk 2,23–28)
- dass vom Herzen kommende Frömmigkeit Gott lieber ist als das bloße Befolgen von religiösen Vorschriften (vgl. z.B. Lk 18,9–14)
- dass Gott vor allem auch auf Seiten der Schwachen und der Außenseiter steht (vgl. z.B. Joh 8,1–11; Lk 19,1–10)
- dass das Reich Gottes nicht nur etwas Jenseitiges, sondern schon jetzt mitten unter uns ist (Lk 17,20f)
- dass Gottesliebe und Nächstenliebe zusammengehören (Mt 22,34–40) und dass selbst unsere Feinde einen Anspruch darauf haben, geliebt zu werden (vgl. Mt 5,43–48)
- dass wir das Leben mit Zuversicht angehen können (vgl. Mt 6,25–34)
- dass christlicher Glaube etwas anderes sein sollte als unverbindliche Frömmelei (Mt 10,34–39)
- – und vieles andere mehr.

Paulus geboren in Tarsus zu Beginn des 1. Jahrhunderts n.Chr.; wuchs in einer jüdischen Familie auf und trug zunächst den Namen *Saul*, erbte von seinem Vater das römische Bürgerrecht; er schloss sich den Pharisäern an und bekämpfte zunächst leidenschaftlich die christlichen Gemeinden. Apg 9,1–9 berichtet von einer Vision vor Damaskus. Paulus bekehrt sich zum Christentum und wird zu dem Missionar des frühen Christentums, dem es gelingt, auch Nicht-Juden für die neue Religion zu gewinnen, und damit den Schritt von einer jüdischen Sekte zur Weltreligion einzuleiten. Aus der Feder des Paulus stammen wichtige Briefe des Neuen Testaments (1. Thess, Gal, 1. Kor, 2. Kor, Röm, Phil, Phlm). Wegen Aufruhrs wurde er Anfang der sechziger Jahre in Jerusalem verhaftet, als römischer Bürger nach Rom überführt und dort vermutlich unter Nero als Märtyrer hingerichtet.

»Einer trage des andern Last, so werdet ihr das Gesetz Christi erfüllen.«

Galater 6,2

5. Besonders wichtig ist für den christlichen Glauben das, was Paulus die »Torheit« vom »gekreuzigten Christus« nennt (vgl. 1. Kor 1,18–31). Dass Gott in Jesus Mensch geworden ist, bedeutet in einer Radikalität, die in der Geschichte der Religionen einmalig ist, dass Gott selbst am Kreuz gefoltert und hingerichtet wurde. Gott hat sich menschlichem Leid und Elend in all seiner Grausamkeit nicht nur zugewandt, sondern hat es sich selbst zu eigen gemacht – bis heute für viele eine irritierende und provozierende Behauptung; sie bringt Vorstellungen, die man normalerweise mit dem Wort »Gott« verbindet, einigermaßen durcheinander. Was anderen wie eine »Torheit« oder ein »Ärgernis« erscheint, sehen Christinnen und Christen mit Paulus als »Gottes Kraft« und »Gottes Weisheit«.

6. Nach christlichem Glauben sind Folter und Hinrichtung nicht das tragische Ende der Biographie Jesu. Alle Schriften des Neuen Testaments berichten, Jesus sei von den Toten auferweckt worden und habe damit als Erster vorweggenommen, was am Ende aller Tage allen Toten bevorstehen wird. »Auferstehung« bedeutet nach christlicher Auffassung nicht die Wiederbelebung eines Leichnams, auch nicht Reinkarnation, sondern eine völlig andere, alle menschlichen Vorstellungen sprengende Qualität des Lebens. »Auferstehung« steht für ungebrochene Gemeinschaft mit Gott, vollkommenes Leben, das Menschen auf Erden allenfalls erahnen, aber nie finden oder gar herstellen können. Das Reich Gottes ist mit Jesus von Nazareth zwar angebrochen, ist bis zum Ende der Geschichte aber noch nicht volle, ungebrochene Wirklichkeit …

7. Jesus Christus ist für Christinnen und Christen nicht nur eine historische Persönlichkeit wie Seneca oder Karl der Große. Christus will die in ihm geschehene Versöhnung zwischen Gott und Welt weitergeben und ist nach christlichem Glauben in Gestalt des »Heiligen Geistes« auch heute noch gegenwärtig. Diese Gegenwart wird sehr unterschiedlich erfahren: in Taufe und Abendmahl, im Gebet, im Gottesdienst, in der Meditation, in der Musik, in der Auseinandersetzung mit der Bibel, in der Natur, im sozialen Engagement, in der Begegnung mit anderen Menschen … Wichtig ist, dass Christentum auf Dauer nicht allein gelebt werden kann; es braucht möglicherweise nicht unbedingt etablierte Großkirchen oder aufwändige Kirchenverwaltungen, aber doch Gemeinschaften, seien sie auch noch so klein: »… wo zwei oder drei versammelt sind in meinem Namen, da bin ich mitten unter ihnen« (Mt 18,20).

8. Die vielen **Teilkirchen der einen Kirche Christi** haben im Laufe der Geschichte unterschiedliche Aspekte des christlichen Glaubens hervorgehoben, die ihnen, meist aus einer bestimmten his-

torischen Situation heraus, besonders wichtig geworden sind. Für den Protestantismus, dem der Verfasser dieses Buches angehört, sind das u.a.:

- die Einsicht, dass Kritik und Erneuerung der christlichen Kirche eine ständige und bleibende Aufgabe sind (lateinisch *ecclesia semper reformanda*)
- die intensive Beschäftigung mit der Bibel und die immer wieder neue Orientierung an ihr
- eine besondere Betonung der im Neuen Testament belegten »Rechtfertigung allein aus Glauben«: Gott wendet sich den Menschen in Christus ohne Vorbedingung und ohne nach besonderen Leistungen und »Werken« zu fragen zu und erwartet lediglich, dass Menschen diese Zuwendung annehmen
- ein Hervorheben der individuellen Glaubenserfahrung und der individuellen Gewissensentscheidung
- das Prinzip des »allgemeinen Priestertums aller Gläubigen«, das auf mündige und selbstbewusste Christinnen und Christen setzt, das Pfarrern besondere Weihen aller Art abspricht und ihre besondere Stellung in der Gemeinde nur durch ihre besondere Aufgabe und Funktion bestimmt sieht.

Protestantismus. Der Begriff leitet sich von dem Wort *Protestation*, »Einspruch«, ab. Am 19. April 1529 »protestierten« die 19 evangelischen Reichsstände auf dem Reichstag in Speyer gegen die Anwendung des Mehrheitsprinzips in Glaubensfragen. Die katholische Mehrheit hatte beschlossen, Zwangsmaßnahmen gegen Martin Luther und seine Anhänger einzuleiten.

Gottesdienstschilder vor einem McDonald's-Restaurant.

Die Wahrheit und der Weg zur Wahrheit

Zum Schluss bleibt die Frage, wie sich das Christentum zu den anderen Religionen verhält – zu den in diesem Buch vorgestellten, aber auch zu anderen, in diesem Buch leider nicht zur Darstellung gekommenen. So konnte im hier gesteckten Rahmen z.B. nicht auf neue religiöse Bewegungen eingegangen werden, die allerdings meist auch nur das Grundmuster einer großen Religion mit ein paar weiteren, der Religionswissenschaft wohlvertrauten Elementen kombinieren. Von den Vertretern der großen Religionen werden sie dann oft allzu schnell als »Sekten« diffamiert.

Das Christentum vertritt sicherlich nicht eine Position der Beliebigkeit. »Such dir aus, was dir am besten gefällt!«, »Entscheide selbst, was du gut findest!« oder »Probiere aus, was dir gut tut!« mögen Slogans sein, die der Werbewelt des 21. Jahrhunderts entgegenkommen. Die »Slogans« der ersten Christenheit lauteten eindeutig anders. Zum Beispiel: »In keinem anderen ist das Heil (als in Jesus Christus), auch ist kein anderer Name unter dem Himmel den Menschen gegeben, durch den wir sollen selig werden« (Apg 4,12). Oder: »Mir ist gegeben alle Gewalt im Himmel und auf Erden. Darum gehet hin und machet zu Jüngern alle Völker: Taufet sie auf den Namen des Vaters und des Sohnes und des heiligen Geistes und lehret sie halten alles, was ich euch befohlen habe. Und siehe, ich bin bei euch alle Tage bis an der Welt Ende« (Mt 28,18–20). Oder: »Ich bin der Weg und die Wahrheit und das Leben; niemand kommt zum Vater denn durch mich« (Joh 14,6).

Nun klingen sicherlich nicht alle Kapitel des Neuen Testaments so kompromisslos. An vielen Stellen wird berichtet, dass Gott gerade die

Sekte. Von lateinisch *sequi* »folgen«; in der lateinischen Bibelübersetzung der Vulgata ist *secta* an einigen Stellen des Neuen Testaments die Übersetzung von griechisch *hairesis* im Sinne von »Irrlehre«, »Abspaltung«. Der Begriff ist also eindeutig negativ besetzt, keine religiöse Gruppe bezeichnet sich selbst als »Sekte«. Neutraler, aber auch umständlicher wäre etwa der Ausdruck »religiöse Gruppierung«.

www.relinfo.ch
www.ezw-berlin.de

Buddhisten, Christen, Hindus, Juden und Muslime bei der Abschlussfeier des »Tages der Weltreligionen« auf der Expo 2000 in Hannover.

Rechte Seite:
Niki de Saint-Phalle, Le temple idéal.

Sünderinnen und Sünder liebt. Paulus kann sogar schreiben, dass der Gott Jesu Christi den »Gottlosen« »gerecht macht« (Röm 4,5). Aber das Problem bleibt. Wie sollen Christinnen und Christen mit dem nicht zu übersehenden missionarischen Anspruch des Neuen Testaments umgehen?

»Mission« kommt von dem lateinischen Wort *missio*, das so viel bedeutet wie »Sendung«. Sich »gesandt« fühlen, wenn man von einer Sache überzeugt und begeistert ist – vor allem, wenn man meint, dass es eine gute Sache für alle Menschen ist –, das wäre an und für sich nichts Negatives. Eigentlich dürfen wir von anderen Menschen sogar erwarten, dass sie uns an ihren Einsichten teilhaben lassen. Es ist für das Zusammenleben gerade auch moderner Gesellschaften von zentraler Bedeutung, dass Meinungen und Positionen zu erkennen sind und dass unterschiedliche Argumente und Sichtweisen in engagierter Weise miteinander in Beziehung gesetzt werden.

Doch wurde gerade auch christliche Mission in vergangenen Jahrhunderten nicht immer so menschenfreundlich und kommunikativ definiert. Es wurde auch mit dem Schwert missioniert, Kolonialismus und Mission gingen häufig Hand in Hand, von einem freien Austausch von Standpunkten und Perspektiven konnte oft keineswegs die Rede sein. Nach dieser für den christlichen Glauben wenig schmeichelhaften Vorgeschichte ist der Begriff der Mission erst wieder zu rehabilitieren.

Die »Sendung« der Christinnen und Christen besteht darin, das Evangelium Jesu Christi nicht für sich zu behalten. In Wort und Tat sollen sie weitergeben, was ihnen selbst gegeben wurde. Weil Gott sich ihnen als Liebe offenbart hat, sollen auch sie andere lieben. Weil Gott nicht auf seiner Göttlichkeit beharrt hat, sondern Mensch geworden ist, sollen auch Christinnen und Christen sich nicht in der festen Burg ihres privaten Glaubens einigeln, sondern sich anderen Menschen, Fremden, Nicht-Christen zuwenden. Wenn Gott für sich selbst daran Gefallen hat, in einem andersartigen Medium, im Nicht-Göttlichen zu sich selbst zu kommen, dann sollen auch Christinnen und Christen diese Figur wiederholen, am Fremden und Andersartigen ihre Freude finden. Für Christinnen und Christen, so könnte man sagen, schließen sich christliche Identität und Verständigung mit Andersdenkenden nicht aus. Genauer: Sie gewinnen ihre christliche Identität geradezu *durch* Verständigung mit anderen. Doch was heißt das konkret für die Begegnung von Christen und Nicht-Christen?

Viele Jahrhunderte konnte man an unserem Thema mehr oder weniger vorbeileben. Kontakte mit anderen Religionen waren für die meisten Menschen mehr oder weniger selten, punktuell, ohne Herausforderung. Die Frage, ob das Christentum oder die anderen Religionen Recht haben, stellte sich den allerwenigsten, eher schon, ob diese oder jene Art des Christentums die rechte sei. In multikulturellen Gesellschaften, die durch Medien, Internet, Telefon, günstige Flugmöglichkeiten, aber auch Einwanderer und Flüchtlinge mit fast allen Ländern der Welt vernetzt sind, kann es jedoch höchst irritierend wirken, wenn die Position einer einzelnen Religion zu lauten scheint: »*Ich* bin der Weg und die Wahrheit und das Leben …«

Insbesondere die protestantische Variante des Christentums tat sich im 20. Jahrhundert lange sehr schwer mit einem Dialog zwischen den Religionen. Karl Barth, einer der führenden Theologen des letzten Jahrhunderts, hatte als junger Pfarrer die These vertreten, Religion, einschließlich bestimmter Erscheinungsformen des Christentums, sei generell Unglaube, ein Versuch des Menschen, sich selbst zu erlösen. Der recht verstandene christliche Glaube sei gar keine Religion, sondern etwas völlig Anderes, Offenbarung, ein unverdientes Geschenk, das dem Menschen allein von Gott, und zwar dem Gott Jesu Christi, zu Teil werde. So beeindruckend diese Argumentationsfigur war, eine

Karl Barth (1886–1968). Schweizer Theologe, Mitbegründer der so genannten »Dialektischen Theologie«; Professor an den Universitäten Göttingen, Münster und Bonn; als Gegner des Nationalsozialismus 1934 aus Deutschland ausgewiesen; Fortsetzung der Lehrtätigkeit in Basel. Berühmteste Publikationen: *Der Römerbrief (1919)* und das vielbändige, nicht fertig gestellte Monumentalwerk *Kirchliche Dogmatik (1932ff)*.

Zweites Vatikanisches Konzil. Papst Paul VI. und die Konzilsväter beim Auszug aus dem Petersdom in Rom.

Vatikanische Konzile. Im Vatikan abgehaltene, mehrere Jahre dauernde Grundsatzberatungen von katholischen Bischöfen und anderen hohen Würdenträgern. Das Erste Vatikanische Konzil tagte von 1869–1870 unter Papst Pius IX. und definierte u.a. die Unfehlbarkeit des Papstes. Das Zweite Vatikanische Konzil fand von 1962–1965 unter Papst Johannes XXIII. und Paul VI. statt. Ziel war ein allgemeines *aggiornamento* (ital. »Verheutigung«), eine umfassende Neubestimmung der kirchlichen Lehre und des kirchlichen Lebens im Hinblick auf die Lebensbedingungen der Moderne.

Miniatur von Ilona Klautke, Interkultureller Markt; die Künstlerin schreibt zu ihrem Bild: »Mein Traum – der interkulturelle Marktplatz. Kirche und Moschee stehen sich gegenüber, dazu kommt in dunklen Rottönen das Rathaus, demokratisches Zentrum der Gleichberechtigung und dem gegenüber in hellen Rottönen der Bazar, das Einkaufszentrum, in dessen Angebot sich die Vielfalt der verschiedenen Kulturen findet, und schließlich gibt es da in der Mitte den Brunnen, das Wasser des Lebens für alle. Aber der Einzelne soll nicht vergessen sein: Die Tore des Marktplatzes sind offen, jeder kann in seine eigene Identität gehen und in ihr leben. Wahrlich ein Traum! – Aber ist es von Gott nicht so gedacht?«

besondere Einladung zum interreligiösen Dialog konnten Vertreter anderer Religionen darin wohl kaum erkennen und auch protestantische Theologen kamen im Laufe der letzten Jahrzehnte zunehmend zu der Einsicht, dass derartige Zuspitzungen der Wahrnehmungs- und Kommunikationsfähigkeit des christlichen Glaubens nicht gerade förderlich sind. Wer so unvermittelt behauptet, er selbst wisse, wo die Wahrheit liege, mag zwar subjektiv das Gefühl haben, das Unverständnis der anderen sei geradezu ein Beleg für die Richtigkeit seiner Thesen. Im Endeffekt wird er sich aber unter heutigen Lebensbedingungen mit einer solchen Position isolieren und als Gesprächspartner nicht mehr ernst genommen werden. Christinnen und Christen, die einfach behaupten, sie allein wüssten Weg und Wahrheit, dürfen sich nicht wundern, wenn Vertreterinnen und Vertreter anderer Religionen mit demselben Pathos auf Passagen ihrer heiligen Schriften deuten und dasselbe für ihre Religion in Anspruch nehmen. Im Zeitalter von Bombenanschlägen und Terrorattentaten ein wenig zukunftsträchtiges Szenario.

Die katholische Tradition zeigte sich im Dialog mit anderen Positionen nicht selten als wesentlich flexibler. Hier galt schon seit alters her der Ansatz, dass Gott auch außerhalb der Welt des rechten Glaubens, also auch in anderen Religionen, in Form von unscheinbaren, aber entfaltungsfähigen Samen am Werk sei. Dieser Grundansatz wurde während des Zweiten Vatikanischen Konzils aufgenommen und als offizielle Position Roms festgehalten:

> Von den ältesten Zeiten bis zu unseren Tagen findet sich bei den verschiedenen Völkern eine gewisse Wahrnehmung jener verborgenen Macht, die dem Lauf der Welt und den Ereignissen des menschlichen Lebens gegenwärtig ist, und nicht selten findet sich auch die Anerkenntnis einer höchsten Gottheit und sogar eines Vaters … Die katholische Kirche lehnt nichts von alledem ab, was in diesen Religionen wahr und heilig ist. Mit aufrichtigem Ernst betrachtet sie jene Handlungs- und Lebensweisen, jene Vorschriften und Lehren, die zwar in manchem von dem abweichen, was sie selber für wahr hält und lehrt, doch nicht selten einen Strahl jener Wahrheit erkennen lassen, die alle Menschen erleuchtet … Deshalb mahnt sie ihre Söhne, dass sie mit Klugheit und Liebe, durch Gespräch und Zusammenarbeit mit den Bekennern anderer Religionen … jene geistlichen und sittlichen Güter …, die sich bei ihnen finden, anerkennen, wahren und fördern.

Obwohl diese Position sich in der Praxis als deutlich dialogfähiger erwies als die des jungen Karl Barth (der sich übrigens im Alter wesentlich differenzierter ausdrückte), hat auch der katholische Ansatz für Angehörige anderer Religionen etwas zunehmend Störendes: Er klingt so (und ist vermutlich auch so gemeint), als wisse die katholische Kirche am besten, was »wahr und heilig« ist, stehe sozusagen im vollen

Gotthold Ephraim Lessing (1729–1781). Pfarrerssohn, studierte Theologie, Philosophie und Medizin; erfolgreicher und angesehener Theater- und Literaturkritiker; Dramaturg am neu gegründeten Deutschen Nationaltheater in Hamburg, dann Bibliothekar an der herzoglichen Bibliothek in Wolfenbüttel. Lessing gilt als führender Dramatiker und Literaturtheoretiker der Aufklärung. Besonders bekannt ist Lessings Schauspiel *Nathan der Weise*, ein eindrücklicher Appell zur weltanschaulichen Toleranz, nicht zuletzt zwischen Christen, Juden und Muslimen. Mittelpunkt des *Nathan* bildet die sog. *Ringparabel* (3. Aufzug, 7. Auftritt), ein Text, der laut zu lesen sich lohnt: vgl. www.gutenberg2000.de

»Jedem von euch gaben Wir ein Gesetz und einen Weg. Wenn Allah gewollt hätte, hätte er euch zu einer einzigen Gemeinde gemacht. Doch Er will euch in dem prüfen, was Er euch gegeben hat. Wetteifert darum im Guten. Zu Allah ist euere Heimkehr allzumal, und Er wird euch dann darüber aufklären, worüber ihr uneins seid.«
Sure 5,48

Licht der göttlichen Wahrheit. Für die anderen Religionen bleibt dann ein »Strahl jener Wahrheit, die alle Menschen erleuchtet«. Das wirkt auf Nicht-Christen recht vereinnahmend, möglicherweise arrogant und anmaßend, jedenfalls nicht wie der Auftakt zu einem ergebnisoffenen Gespräch.

Eine dritte Möglichkeit, die von Theologinnen und Theologen aller Konfessionen inzwischen diskutiert wird und möglicherweise einen Ausweg aus den geschilderten Schwierigkeiten bietet, wäre darin zu sehen, dass man sich bewusst macht, dass das Neue Testament zwar mit einem absoluten Wahrheitsanspruch auftritt, die volle Wahrheit aber Christus und nicht etwa den Christinnen und Christen zuerkannt wird. Christus ist nach Überzeugung des Neuen Testaments »der Weg und die Wahrheit und das Leben«, und nicht etwa eine christliche Kirche oder eine bestimmte Schule der christlichen Theologie. Auch befindet sich die Christenheit und mit ihr der ganze Globus auf einem Weg in eine noch offene Zukunft, die volle Wahrheit und das wahre Leben stehen nach christlicher Auffassung am Ende der Geschichte und gehören allein Gott. Vor über 200 Jahren formulierte Gotthold Ephraim Lessing im Streit mit einem rechthaberischen und wenig toleranten Hamburger Pastor diese bis heute grundlegende Einsicht folgendermaßen:

»Nicht die Wahrheit, in deren Besitz irgendein Mensch ist oder zu sein vermeinet, sondern die aufrichtige Mühe, die er angewandt hat, hinter die Wahrheit zu kommen, macht den Wert des Menschen. Denn nicht durch den Besitz, sondern durch die Nachforschung der Wahrheit erweitern sich seine Kräfte … Der Besitz macht ruhig, träge, stolz.

Wenn Gott in seiner Rechten alle Wahrheit, und in seiner Linken den einzigen immer regen Trieb nach Wahrheit, obschon mit dem Zusatze, mich immer und ewig zu irren, verschlossen hielte, und spräche zu mir: wähle! Ich fiele ihm mit Demut in seine Linke, und sagte: Vater, gib! Die reine Wahrheit ist ja doch nur für dich allein!«
Gotthold Ephraim Lessing

Kann man diese Differenzierung zwischen der Wahrheit selbst und dem Weg zur Wahrheit akzeptieren, dann ist es für Christinnen und Christen möglich, ihre Sicht Christi, so wie er sich ihnen offenbart hat, als ihre persönliche, für sie einzigartige Erkenntnis der Wahrheit zu beschreiben. Es wäre wichtig und sinnvoll, dass sie diese Erkenntnis anderen mitteilen (möglichst in einer Sprache, die diese verstehen), dass sie an ihrem Wahrheitsanspruch festhalten und ihn in einen Dialog mit anderen einbringen. Da die Offenbarung der vollen, reinen Wahrheit für alle Menschen aber noch aussteht und der Wiederkunft Christi vorbehalten bleibt, würde es offen bleiben und offen bleiben müssen, ob der Gott Jesu Christi am Ende aller Zeiten auch einen Weg gefunden hat, die anderen Religionen in den Heils- und Offenbarungsplan mit einzubeziehen.

Auch Paulus scheint einen solchen Ausgang der Geschichte nicht auszuschließen. So schreibt er im 1. Korintherbrief etwa: »Wir sehen jetzt durch einen Spiegel ein dunkles Bild; dann aber von Angesicht zu Angesicht. Jetzt erkenne ich stückweise; dann aber werde ich erkennen, wie ich erkannt bin« (1. Kor 13,12). Und am Ende, so schreibt er zwei Kapitel weiter, werde dann Gott sein »alles in allem« (1. Kor 15,28).

Man darf sich einen Dialog zwischen Religionen und Kulturen dabei nicht allzu theoretisch vorstellen. Große Tagungen, Dialogveranstaltungen, gemeinsame Publikationen sind wichtig; entscheidend wird für die Menschen des 21. Jahrhunderts jedoch sein, ob es gelingt, die erkannten Aspekte der Wahrheit auch mit Leben zu erfüllen und – christlich gesprochen – von der Liebe Gottes nicht zu reden, sondern sie auch umzusetzen, zu praktizieren.

Jungen halten am 5. März 2002 in Kalkutta neben einer Statue Mahatma Gandhis Symbole des Islam, des Christentums und des Hinduismus. Sie sind Teilnehmer einer Demonstration gegen Gewalt zwischen Hindus und Muslimen im indischen Bundesstaat Gujarat.

Das Haus mit den vielen Wohnungen

Die Zukunft, die weitere Entwicklung und der Ausgang der Geschichte, auch der Religionsgeschichte, sind offen. Christinnen und Christen glauben, dass sie am Ende dem gekreuzigten und auferstandenen Jesus Christus gegenübertreten werden. »Ich bin der Weg und die Wahrheit und das Leben« – dieser Satz des Johannesevangeliums wurde schon angeführt. Vielleicht lohnt es sich, ihn am Ende dieses Buches noch einmal im Kontext zu lesen:

»Euer Herz erschrecke nicht! Glaubt an Gott und glaubt an mich! In meines Vaters Hause sind viele Wohnungen. Wenn's nicht so wäre, hätte ich dann zu euch gesagt: Ich gehe hin, euch die Stätte zu bereiten? Und wenn ich hingehe, euch die Stätte zu bereiten, will ich wieder kommen und euch zu mir nehmen, damit ihr seid, wo ich bin. Und wo ich hingehe, den Weg wisst ihr. Spricht zu ihm Thomas: Herr, wir wissen nicht, wo du hingehst; wie können wir den Weg wissen? Jesus spricht zu ihm: Ich bin der Weg und die Wahrheit und das Leben; niemand kommt zum Vater denn durch mich. Wenn ihr mich erkannt habt, so werdet ihr auch meinen Vater erkennen. Von nun an kennt ihr ihn und habt ihn gesehen.« (Joh 14,1–7)

Der Textabschnitt ist aus verschiedenen Gründen bemerkenswert:

Zum einen spricht hier, anders als in den anderen drei Evangelien und obwohl Passion und Auferstehung Jesu erst noch bevorstehen, ganz offensichtlich schon Jesus, der Christus, der, der mit dem Vater eins ist und die Geheimnisse aller Wirklichkeiten kennt.

Deshalb kann es, zweitens, auch nicht verwundern, dass gerade Thomas, der Zweifler und Realist unter den Jüngern, sich hier zunächst einmal unverständig zeigt. Vielleicht ähnelt er in seiner Skepsis vielen

Vater unser im Himmel!
Geheiligt werde dein Name.
Dein Reich komme.
Dein Wille geschehe
    wie im Himmel
    so auf Erden.
Unser tägliches Brot
    gib uns heute.
Und vergib uns
    unsere Schuld,
wie auch wir vergeben
unsern Schuldigern.
Und führe uns nicht
    in Versuchung,
sondern erlöse uns
    von dem Bösen.
Denn dein ist das Reich
und die Kraft
und die Herrlichkeit
    in Ewigkeit.
Amen.

Mt 6,9–13

von uns Menschen des 21. Jahrhunderts, und es ist gut zu wissen, dass er auch noch zweifeln darf, als er mit den unmittelbaren Zeugen der Auferstehung konfrontiert ist:

»Thomas aber, der Zwilling genannt wird, einer der Zwölf, war nicht bei ihnen, als Jesus kam. Da sagten die andern Jünger zu ihm: Wir haben den Herrn gesehen. Er aber sprach zu ihnen: Wenn ich nicht in seinen Händen die Nägelmale sehe und meinen Finger in die Nägelmale lege und meine Hand in seine Seite lege, kann ich's nicht glauben. Und nach acht Tagen waren seine Jünger abermals drinnen versammelt, und Thomas war bei ihnen. Kommt Jesus, als die Türen verschlossen waren, und tritt mitten unter sie und spricht: Friede sei mit euch! Danach spricht er zu Thomas: Reiche deinen Finger her und sieh meine Hände und reiche deine Hand her und lege sie in meine Seite, und sei nicht ungläubig, sondern gläubig! Thomas antwortete und sprach zu ihm: Mein Herr und mein Gott!« (Joh 20,24–28)

Drittens aber fällt in den Versen aus dem 14. Kapitel des Johannesevangeliums das Bild von den vielen Wohnungen auf. Es ist tröstlich gemeint: »Euer Herz erschrecke nicht!« Mir gefällt es, dass es auch im Himmel viele Wohnungen – ein schönes, großes Zimmer für jede und jeden würde vielleicht auch genügen! – geben wird. Eine Wohnung für Thomas, der den Auferstandenen berühren darf, weil es für ihn wichtig ist. Eine Wohnung für Maria aus Magdala, der der Auferstandene als Gärtner erscheint und die ihn ausdrücklich nicht berühren darf, vielleicht weil sie in Versuchung war, ihn auf allzu menschliche Weise zu lieben (vgl. Joh 20,11–18). Und eine Wohnung für Petrus den Fischer, dem der Auferstandene – für den Verfasser des Johannesevangeliums fast logisch – im Zusammenhang mit einem üppigen Fischfang begegnet (vgl. Joh 21,1–14).

Bleibt die Frage, ob es in Jesu Vaters Haus auch Wohnungen für Angehörige anderer Religionen geben wird. Diese Frage kann kein Mensch beantworten. Der Verfasser des Johannesevangeliums dachte vermutlich eher an ein Haus für die Jüngerinnen und Jünger Christi. Warum sollte es aber nicht möglich sein, dass Christus auch Wohnungen für Juden, Muslime, Hindus und Buddhisten, für Anhänger von Traditionellen Religionen, für Sokrates und Seneca, ja vielleicht sogar für Atheisten und Angehörige von »Sekten« vorgesehen hat? Warum können der Weg, die Wahrheit und das wahre Leben nicht auch Vielfalt, Werte und Offenheit bedeuten? Warum sollten wir im Himmel nur unseresgleichen treffen?

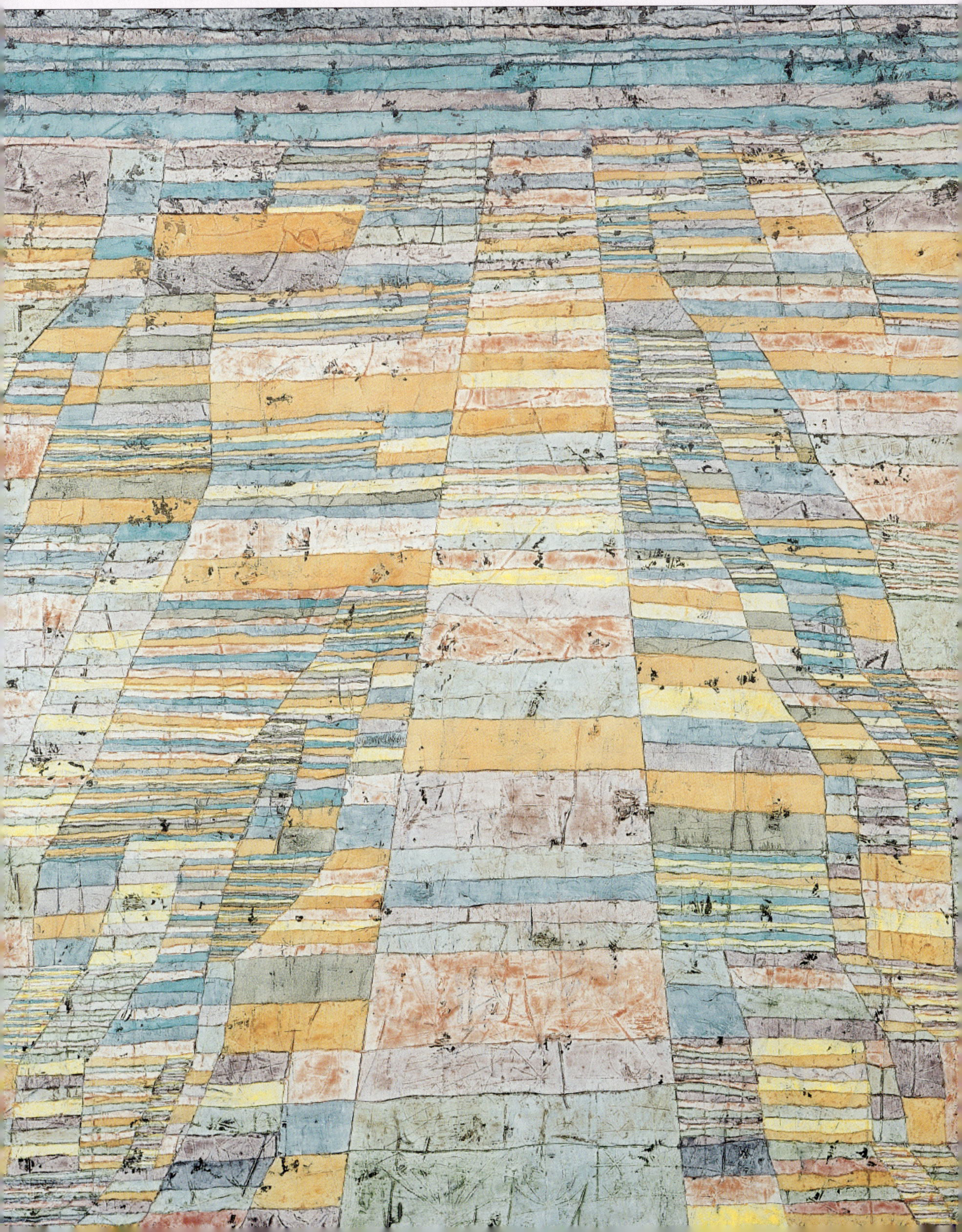

Hinweis: Nicht in allen Fällen war es uns möglich, die Rechteinhaber der Texte und Abbildungen ausfindig zu machen. Berechtigte Ansprüche werden selbstverständlich im Rahmen der üblichen Vereinbarungen abgegolten.

Textquellen

Bibelzitate nach: Die Bibel. Nach der Übersetzung Martin Luthers in der revidierten Fassung von 1984, Deutsche Bibelgesellschaft, Stuttgart.

Bibelzitate aus der Hebräischen Bibel im Kapitel Judentum nach: Die Heilige Schrift. Hebräisch – Deutsch. Übersetzt von Leopold Zunz, Doronia Verlag, Stuttgart 1997.

Alle Koran-Zitate nach: Der Koran. Arabisch-Deutsch, übersetzt von Max Henning. Bearbeitet und herausgegeben von Murad Wilfried Hofmann, Heinrich Hugendubel Verlag, Kreuzlingen/München 2001.

Traditionelle Religionen
15 Léopold Sédar Senghor, Chants d'ombre: Poèmes. Suivis de Hosties Noires: Poèmes. Paris 1956.
20 Leslie Hoggarth, Andenvölker, in: Wulf Metz (Hg.), Handbuch Weltreligionen, R. Brockhaus Verlag, Wuppertal/Zürich 1992, S. 167f.
27 Frankfurter Allgemeine Zeitung vom 18. November 2000.
30 Stuttgarter Zeitung vom 4. Februar 1987.
31 Interview aus: Anton A. Bucher, Gleichnisse verstehen lernen. Strukturgenetische Untersuchungen zur Rezeption synoptischer Parabeln, Fribourg 1990, S. 76.
35 Anneliese Löffler (Hg.), Märchen aus Australien. Traumzeitmythen und -geschichten der australischen Aborigines, Hugendubel Verlag München, 3. Auflage 1990.
36f. Fulbert Steffensky, Rituale als Lebensinszenierungen, in: Michael Wermke (Hg.), Rituale und Inszenierungen in Schule und Unterricht, LIT-Verlag, Münster 1997, S. 102.
37–39 Theo Sundermeier, Nur gemeinsam können wir leben. Das Menschenbild schwarzafrikanischer Religionen, Gütersloher Verlagshaus, Gütersloh 1988, S. 206f.
41–42 Maren Gottschalk, »Die Morgenröte unserer Freiheit«. Die Lebensgeschichte des Nelson Mandela, Beltz Verlag, Weinheim 2002, S. 25–28.
43–45 Rudolf Kaiser, Diese Erde ist uns heilig. Die Rede des Häuptlings Seattle. Legende und Wirklichkeit, LIT-Verlag, Münster, 4. Auflage 1984, S. 9–16.
46 Dorothee Sölle, heiliger franziskus, bitt für uns, in: Dies., Die revolutionäre Geduld, Wolfgang Fietkau Verlag, Berlin 1974.
48 Sonnengesang des Franz von Assisi, zitiert nach Walter Nigg, Der Mann aus Assisi, Herder-Verlag, Freiburg 1975, S. 26.

Hinduismus
52 Horst Georg Pöhlmann, Begegnungen mit dem Hinduismus, Verlag Otto Lembeck, Frankfurt/Main 1995, S. 10f.
53 Mohandas Gandhi, Who is a Sanatani Hindu? In: Collected Works, Ministry of Information and Broadcasting, Government of India (Hg.), Band 19, Ahmedabad 1966, S. 327.
55 Rig-Veda I, 1,1-2.7.9, zitiert nach: Lieder des Rig veda in metrischen Übersetzungen, hg. von Ernst Schwenter, Hagen/Darmstadt/Gotha 1923, S. 12.
61 Brihadaranyaka Upanischade 3.9.1, zitiert nach einer Übersetzung von Patrick Olivelle, Oxford 1996, S. 46.
62 Candogya-Upanischade 6.13, zitiert nach einer Übersetzung von Patrick Olivelle, Oxford 1996, S. 154f.
68 Die Bhagavadgita. Des Erhabenen Gesang. Aus dem Sanskrit übersetzt und herausgegeben v. Klaus Mylius, dtv, München 1997, S. 69f.
70 Erasmus Alber, in: Detlef Plöse/Günter Vogler (Hg.), Buch der Reformation. Eine Auswahl zeitgenössischer Zeugnisse. Union-Verlag, Berlin 1989, S. 53.
75 Mohandas Gandhi, How to serve the Cow, Ahmedabad 1954, S. 3f.
76 Julius T. Fraser, Die Zeit. Auf den Spuren eines vertrauten und doch fremden Phänomens, München, 3. Auflage 1993, S. 34.
82 Horst Georg Pöhlmann, Begegnungen mit dem Hinduismus, Verlag Otto Lembeck, Frankfurt/Main 1995, S. 193f.

Buddhismus
90 Die vier edlen Wahrheiten, in: Die Reden des Buddha. Lehre, Verse, Erzählungen. Übersetzt und eingeleitet von Hermann Oldenberg.

Neuausgabe, hg. von Heinz Bechert, Herder Verlag, Freiburg/Basel/Wien 2000, S. 95.

92 Aus dem Nichtwissen entstehen die Gestaltungen, in: Die Reden des Buddha. Lehre, Verse, Erzählungen. Übersetzt und eingeleitet von Hermann Oldenberg. Neuausgabe hg. von Heinz Bechert, Herder Verlag, Freiburg/Basel/Wien 2000, S. 304f.

100 Kurt Marti, Gottes Sein blüht gesellig, in: Ders., Die gesellige Gottheit. Ein Diskurs, Radius-Verlag, Stuttgart 1989, S. 94f.

110 Dalai Lama, Das Herz aller Religionen ist eins. Die Lehre Jesu aus budhhistischer Sicht, Hamburg, 4. Auflage 1998, S. 98f.

114f. Janwillem van de Wetering, Der leere Spiegel. Erfahrungen in einem japanischen Zen-Kloster, Rowohlt-Verlag, Reinbek, 20. Auflage 2000, S. 18ff.

Judentum

118 Schaubild nach: Anton Bucher, Religionsunterricht zwischen Lernfach und Lebenshilfe. Eine empirische Untersuchung zum katholischen Religionsunterricht in der Bundesrepublik Deutschland. Kohlhammer 2000, S. 59.

119 Harvey Cox, Stadt ohne Gott, Kreuz Verlag, Stuttgart/Berlin 1966, S. 32f.

136 Shira Berg, Das jüdische Jahr. In: Judentum verstehen, hg. vom Studienkreis für Tourismus und Entwicklung, Ammerland 1997, S. 33f.

138 Shira Berg, Religiöse Praxis. In: Judentum verstehen, hg. vom Studienkreis für Tourismus und Entwicklung, Ammerland 1997, S. 18.

141 Erich Fromm, aus: Haben oder Sein. Die seelischen Grundlagen einer neuen Gesellschaft, dtv, München 1979, S. 56f.

144 Michael Wulliger, Tipps und Hilfestellungen im Umgang mit »jüdischen Mitbürgern«, in: Jüdische Allgemeine Wochenzeitung vom 15. Mai 1996.

153 Auszug aus der Unabhängigkeitserklärung des Staates Israel. Zitiert nach: Bundeszentrale für politische Bildung (Hg.), Informationen zur politischen Bildung, Heft 247: Israel. Geschichte – Wirtschaft – Gesellschaft, Bonn 1995, S. 8.

158 Schalom Ben Chorin, Von Antlitz zu Antlitz, Berlin 1989, S. 46f.

160f. Roland Gradwohl, Frag den Rabbi. Streiflichter zum Judentum, Calwer, Stuttgart 1994, S. 45.

Islam

166 Sigrid Hunke, Allahs Sonne über dem Abendland. Unser arabisches Erbe, S. Fischer Verlag, Frankfurt/Main, 8. Auflage 1999, S. 17ff.

167 Friedemann Büttner, Islam verstehen heißt Muslime verstehen. In: Islam verstehen. Sympathie-Magazin Nr. 26, Ammerland/Starnberger See 1997, S. 3f.

170f. Ibn Ishaq, Das Leben des Propheten. Aus dem Arabischen übertragen und bearbeitet von Gernot Rotter, Spohr Verlag, Kandern 5. Auflage 1999, S. 45f.

178ff. Thomas Lemmen / Melanie Miehl, Miteinander leben. Christen und Muslime im Gespräch, Gütersloher Verlagshaus, Gütersloh 2001, S. 50ff.

188f. Annemarie Schimmel, Im Namen Allahs, des Allbarmherzigen. Der Islam, Patmos Verlag, Düsseldorf 1996, S. 85ff.

190 Peter Heine, Kulturknigge für Nichtmuslime. Ein Ratgeber für alle Bereiche des Alltags, Herder Verlag, Freiburg i.Br., 2. Auflage 2002, S. 30f.

196 Ulrike Pfeil, Mekka ist überall, in: Schwäbisches Tagblatt vom 8. Januar 2002.

197f. Heiko Ernst, Reisen, um sich zu verändern, in: Psychologie heute, 7/1999, S. 22ff.

203f. Brief an Dr. Laura, übersetzt von Andreas M. Lang, in: ZeitZeichen 12/2001, S. 73.

205 Atiya, in: Young Miss 2/1996, S. 47.

207f. Khalid Duran, Überall Pflicht. Der Kleine und der Große Dschihad, in: Frankfurter Allgemeine Zeitung vom 10. Oktober 2001.

210f. Aus: Grundsatzerklärung des Zentralrates der Muslime in Deutschland zur Beziehung der Muslime zum Staat und zur Gesellschaft vom 3. Februar 2002.

Christentum

214 Aus: Karl-Wilhelm Dahm, Beruf: Pfarrer. Empirische Aspekte zur Funktion von Kirche und Religion in unserer Gesellschaft, München, 2. Auflage 1972, S. 194.

219 Eike Christian Hirsch, Mein Wort in Gottes Ohr. Ein Glaube, der Vernunft annimmt, Hoffmann und Campe, Hamburg 1995, S. 11.

221 Wilfried Bergau, Der Traditionsabbruch bei Jugendlichen – Ursachen und Folgen, in: Ders. (Hg.), Die neuen Schüler – Jugend ohne Gott?, Hannover 1989, S. 17–46.

224 Uwe Birnstein, Kirchen, Christen, Konfessi-

onen, in: Christentum verstehen. Sympathie-Magazin 37, Ammerland 1998, eingelegte Information S. 2f.

234 Erklärung über das Verhältnis der Kirche zu den nichtchristlichen Religionen »Nostra aetate II«, in: Karl Rahner/Herbert Vorgrimler, Kleines Konzilskompendium, Herder Verlag, Freiburg i.Br. 1968, S. 356f.

236 Gotthold Ephraim Lessing, Eine Duplik, in: Gotthold Ephraim Lessing, Werke Band VIII, hg. von Herbert Göpfert, Carl Hanser Verlag, München 1979, S. 32f.

Bildquellen

Traditionelle Religionen

9 Jean Malaurie, Inuit-Frau. Aus: Jean Malaurie, Der Ruf des Nordens. Auf den Spuren der Inuit, C.J. Bucher Verlag, München 2001, S. 130f.

11 Bilderfolge aus: Hubertus Halbfas, Religionen der Welt. Naturreligionen, Patmos Verlag, Düsseldorf 1996.

12 Höhlenmalerei aus Lascaux. Archiv.

13 Höhlenmalerei aus Rio Pinturas, Patagonien, Argentinien. Aus: Emmanuel Anati, Höhlenmalerei, Patmos Verlag/Albatros Verlag, Düsseldorf 2002, Foto: G. Ligabue.

14 Himmelsscheibe. © dpa.

15 Afrikanische Kunst. Foto: © Markus Matzel/Das Fotoarchiv.

16 Zweiköpfige magische Tierfigur »nkisi nkondi«, Vili, Demokratische Republik Kongo, Staatliches Museum für Völkerkunde München, Inv. Nr. 57-17-1; Foto: S. Autrum-Mulzer.

17 Schiffaltar. Foto: Hun-Man Hwang, Korea. Aus: Altäre. Kunst zum Niederknien, Hatje Cantz Verlag, Ostfildern-Ruit 2001, S. 145.

21 Büroaltar. Foto: Jong-Dae Kim. Aus: Altäre. Kunst zum Niederknien, Hatje Cantz Verlag, Ostfildern-Ruit 2001, S. 135.

23 Caravaggio (1571–1610), Opferung Isaaks (Uffizien, Florenz). Foto: AKG/Rabatti, Domingie.

24 Matthias Grünewald, Der Isenheimer Altar (Ausschnitt), Musée d'Unterlinden, Colmar.

29 Hausaltar der Lidia Rivalta Moré. Foto: Francisco Monteagudo, Havanna, Cuba. Aus: Altäre. Kunst zum Niederknien, Hatje Cantz Verlag, Ostfildern-Ruit 2001, S. 287.

30 St. Blasiussegen. Foto: © kna-bild/Radtke.

31 Aus: GeoWissen, Nr. 29, S. 206.

33 Helicopter Tjungurrayi (Balgo), Kulyarrar, 2000. Acryl auf Baumwolle, © VG-Bild-Kunst, Bonn 2002.

35 Ayers Rock. © Voigtmann/Picturepress.

36 Foto der Kommune 1. Urheber unbekannt.

37 Holzschnitzerei. Foto: Vereinte Evangelische Mission, Wuppertal, Th. Hofmann.

38 Kreisspiel der Efe-Pygmäen, Foto: Jean-Pierre Hallet. Aus: Mary Pat Fisher, Religionen heute, Könemann-Verlag, Köln 1999.

40 Schaumparty. Foto: © David Alan Harvey/Magnum/Agentur Focus.

41 Jugendweihe. Foto: © epd-bild/version/Maro.

42 li. Xhosa. Foto: H. Christoph/Das Fotoarchiv.

42 re. Nelson Mandela. Foto: © dpa.

43 Briefmarke: Karl May. Archiv.

44 Ehem. Anzeigenwerbung der Fa. American Express. © American Express, Frankfurt/M.

47 Antonius predigt den Fischen. Malerei auf Kacheln, Lisboa, Portugal. Archiv.

48 Franz v. Assisi. Archiv.

Hinduismus

49 Ganges bei Varanasi. Foto: agenda/Jörg Böthling.

52 Blumenverkauf vor einem Tempel. Aus: Schnellkurs Hinduismus, DuMont Buchverlag, Köln 2000, S. 144.

53 Mahatma Gandhi. Foto: Ministry of India and Bengalen (Government of India).

53 Shiva-Statue auf dem Armaturenbrett eines Taxis. Foto: Regina Ray, Düsseldorf.

55 Manuskript Rig-Veda: Archiv.

56 Durga-Comic, aus: Kim Knott, Hinduismus, Verlag Philipp Reclam, Stuttgart 1998.

57 Durga tötet den Büffeldämon. Aus: Hochglanzgötter. Plakate hinduistischer Gottheiten im modernen Indien, hg. von Eva-Maria Glasbrenner und Wolfgang Stein, Staatliches Museum für Völkerkunde, München 2000, S. 76.

58 Yoni-Lingam-Skulptur. Foto: Regina Ray, Düsseldorf.

58 Götterfamilie Shiva. Aus: Hinduismus. Folienmappe mit Unterrichtsvorschlägen und Arbeitsblättern für den RU in der Sek. I (Klassen 7-9), Deutscher Katecheten-Verein, München 1995.

59 Tanzender Shiva. Foto: Anatol Dreyer, Lindenmuseum Stuttgart.

60 Bildersturm im Kloster St. Johann am 14. Oktober 1528. Aquarellierte Federzeichnung, in: Heinrich Bullingers »Reformationsgeschichte« (1574), Zentralbibl. Zürich MS B 316, fol. 337r.

65 Mönche. Foto: agenda/Jörg Böthling.

66 Aus: Hans Küng, Spurensuche. Die Weltreligionen auf dem Weg, Piper Verlag, München 1999, S. 63.

67 »Farbdusche«. Foto: Reuters.

68 Krishna spielt auf einer goldenen Flöte. © Deutscher Katecheten Verein, München. Aus: Hinduismus. Folienmappe mit Unterrichtsvorschlägen und Arbeitsblättern, München 1995.

70 Mittelalterliches Ständebild. Koninklijke Bibliotheek van Belgie, Brüssel.

73o. Wanderasket. Foto: © Stephan Schlensog, Tübingen.

73u. Aus: Peter B. Clarke, Atlas der Weltreligionen, 3. Auflage, München 1998. Foto: Robert Harding Picture Library.

74 Aus: Hochglanzgötter. Plakate hinduistischer Gottheiten im modernen Indien, hg. von Eva-Maria Glasbrenner und Wolfgang Stein, Staatl. Museum für Völkerkunde, München 2000, S. 51.

75 Modernes Indien. Fotos © dpa.

77 Indische Malerei. Archiv.

79 Albrecht Dürer: Ritter, Tod und Teufel (1513). Foto: © AKG Berlin.

80 Foto: © Manava Foto/Baumann.

81 Foto: © dpa/Horst Ossinger.

Buddhismus

83 Foto: © Picturepress.

84 Siddhartha Gautama als Asket. Foto: © Bildarchiv Preußischer Kulturbesitz.

85 Buddhistische Mönche. Aus: Peter B. Clarke, Atlas der Weltreligionen, 3. Auflage, München 1998. Foto: Robert Harding Picture Library.

87 Wandmalerei aus Sarnath. Foto: © Stephan Schlensog, Tübingen.

88 Otto Dix, 1 Werk (1948), © VG Bild-Kunst, Bonn 2002.

89 Rad der Lehre mit Gazellen. Foto: Archiv.

90-93 Ochsenhirten-Bilder des Zen. Archiv.

93 u. Japanisches Schriftzeichen. Aus: Hans Küng, Spurensuche. Die Weltreligionen auf dem Weg, Piper Verlag, München 1999, S. 184.

95 Kreis des Entstehens in Abhängigkeit. Foto: Martin Brauen.

98 Buchmalerei. Foto: Archiv.

99 Marienaltar. Foto: Archiv.

101 Buddha-Statue von Bamian (Afghanistan). Foto: AKG, Berlin.

103 Stupa von Sanchi. Foto: Johannes W. Glauche.

104 Foto: © Stephan Schlensog, Tübingen.

105 Foto: © Bildagentur Huber, Garmisch-Partenkirchen.

106 Gebetsmühlen in Tibet (Kloster Kumbum). Foto: © Bruno Baumann.

107 Sandmandala im Lindenmuseum Stuttgart; Foto: G. Raisch.

109 Tausendarmiger Avalokiteshvara, aus: Weisheit und Liebe. 1000 Jahre Kunst des tibetischen Buddhismus, DuMont Buchverlag, Köln 1996. Foto: John Bigelow Taylor.

111 Dalai Lama. Foto: Bert Heinzlmeier.

112 Meditierender Mönch. Foto: Agentur Focus/ © Hans Silvester.

113 Mönche. Foto: © Christoph Peter Baumann.

115 Raum der Stille im Kloster Neresheim.

Judentum

117 Klagemauer. Foto: © Wolfgang Zwickel.

121 Der Bau der Städte Pitom und Ramses. Buchmalerei, 1427/28. Aus: Jüdische Miniaturen aus sechs Jahrhunderten, Fourier Verlag, Wiesbaden 1998, S. 113. Original: Staats- und Universitätsbibliothek, Hamburg.

123 Menora, 13. Jh. Aus: Jüd. Miniaturen aus sechs Jahrhunderten, Fourier Verlag, Wiesbaden 1998.

125 Ischtar-Tor. Foto: © J. Liepe, Stiftung Preußischer Kulturbesitz, Vorderasiatisches Museum, Berlin.

129 li. Bar-Mizwa. Foto: © Sipa Press/Adenis.

129 re. Mesusa. Foto: © Vorndran/SchalomNet.

131 Marc Chagall, Mose vor dem brennenden Dornbusch, © VG Bild-Kunst, Bonn 2004.

133 li. Rabbinerin. Aus: Mary Pat Fisher, Religionen heute, Könemann-Verlag, Köln 1999, S. 261.

133 re. Torafinger. Foto: Laziz Hamani, aus: Symbole des Judentums, Verlag Christian Brandstätter, Wien 1995. © Editions Assouline, Paris.

135 o. Zwei Generationen beim Torastudium. Aus: Cambridge Illustrated History: Religionen der Welt, hg. von John Bowker, Primus Verlag, Darmstadt 2003, S. 203. Foto: Hanan Isachar.

135 u. Kuschel-Tora. Foto: © Jens Ziehe, Berlin.

137 Passamahl. Foto: Richard T. Nowitz.

139 © El Al.

140 Foto: dpa, Manoocher Deghati.

142 Jom Haschoah. Foto: REA/laif.

143 Menashe Kadishman, Shalechet (Gefallenes Laub) 1997–2001, Skulptur, Stahlblech, © Menashe Kadishman, Tel Aviv. Foto: Marion Roßner.

145 Titusbogen. Foto: kna-bild/Oppitz.

151 Jenny Holzer, Projektion am Jüdischen Museum Berlin, © VG Bild-Kunst, Bonn 2002. Foto: Attilio Maranzano.

152 Fotos und Reproduktionen aus: Jüdisches Museum in Göppingen, Veröffentlichungen des Stadtarchivs Göppingen, Bd. 29, Anton H. Konrad Verlag, Weißenhorn 1992, S. 74.78f.

155 Neue Synagoge Berlin. Foto: © dpa.

157 Cover der Jüdischen Illustrierten. © Jüdische Presse gGmbH, Berlin. Abgebildet sind oben Rafael Seligmann, Myriam Halberstam, Michael Evers; in der Mitte Arie Zinger, Sharon Brauner, Elisabeth Degen; unten Zwi Hecker, Vladimir Stoupel, Rivka Rinn.

161 Marc Chagall, Die weiße Kreuzigung, © VG Bild-Kunst, Bonn 2002.

Islam

163 Koran-Monument. Foto: © dpa.

164o.li. Azra Akin, Miss World 2002. Foto: © dpa.

164o.re. Benazir Bhutto. Foto: © dpa.

164 u. Betender Moslem. Foto: Gartung/laif.

165 Muslimische Astronomen. Universitätsbibliothek Istanbul.

166 Burj el Arab. Foto: Sasse/laif.

167 Muslima vor einer Litfasssäule. Foto: © dpa-Fotoreport, Wolfgang Kumm.

169 Buchillustration, 16. Jh. Aus: Mazhar S. Ipsiroglu, Meisterwerke Islamischer Kunst, Kohlhammer Verlag, Stuttgart u.a. 1980.

173 Reiter. Foto: © Stephan Schlensog, Tübingen.

175 Persische Miniatur. Foto: Archiv

177 li. Moschee von Cordoba. Foto: Archiv.

177 re. Alhambra, Granada. Foto: Archiv.

178 Karte: Ernst Klett Verlag (Andrea Kujat), Stuttgart.

180 Tanzende Derwische. Foto: © dpa.

181 li. Islamischer Rosenkranz. Foto: Laziz Hamani. Aus: Symbole des Islam, Verlag Christian Brandstätter, Wien 1997, S. 103. © Editions Assouline, Paris.

181 re. Katholischer Rosenkranz. Foto: kna-bild.

182 Schahada-Kalligraphien. Oben aus: Symbole des Islam, Verlag Christian Brandstätter, Wien 1997, S. 34. Unten aus: Islam – Politische Bildung und interreligiöses Lernen. Hg. von der Bundeszentrale für politische Bildung, Bonn 2002, S. 12 f.

183 Rituelle Fußwaschung. Aus: Harenberg Lexikon der Religionen, Dortmund 2002, S. 543.

184 o. Istiqlal-Moschee. Foto: Elleringmann/laif.

184 u. Das Innere der Istiqlal-Moschee. Foto: laif.

185 Lehrplakat. Archiv.

187 Gebet des zweijährigen Haq in einer Moschee in Dili (Ost-Timor). Foto: kna-bild.

189 Fastenbrechen in Kairo. Aus: Harenberg Lexikon der Religionen, Dortmund 2002, S. 527.

191 o. Kaaba bei Nacht. Foto: © dpa.

191 u. Küssen des Schwarzen Steins. Foto: © dpa.

193 Haareschneiden beim Hadsch. Foto: © dpa.

194 Foto: © dpa.

197 Titelseite der Zeitschrift Psychologie heute. © Psychologie heute.

200f. Indische Koranausgabe, 17./18. Jh. Foto: Giraudon/The Bridgeman Art Library, London.

205 Afghanische Frauen. Foto: © dpa.

206 Schirin Ebadei. Foto: © dpa.

209 Anschlag auf das World Trade Center, 11. September 2001. Foto: AP.

211 Minarett der Yavus Sultan Selim Moschee und Kirchturm der Liebfrauenkirche in Mannheim. Foto: © dpa.

Christentum

213 Arnulf Rainer, Christuskopf 1981/83, Malerei auf Foto auf Holzplatte.

216 Matthäuskirche Frankfurt zwischen Bürotürmen. Foto: Lothar Nahler.

217 Franz. Buchillustration, 19. Jh. Foto: Archiv.

219 o. Grafik: Franz Fendt.

219 r. Ampelmännchen. Archiv.

220 Kathedrale von Amiens. Foto: Archiv.

223 Foto oben links: kna-bild; oben rechts: kna-bild; Mitte links: kna-bild; Mitte rechts: kna-bild; unten links: kna-bild; dritte Reihe rechts: epd-bild; unten rechts: epd-bild/Rüdiger Niemz.

226f. Cartoon von H & B aus: Frankfurter Allgemeine Sonntagszeitung vom 23.11.2003, S. 61.

228 Altersheim. Foto: Werner Krüper.

229 Schilder. Foto: Benita von Behr.

230 Tag der Weltreligionen. Foto: epd-bild/Hilbig.

231 Niki de Saint Phalle: Le temple idéal. © VG Bild-Kunst, Bonn 2003.

233 Zweites Vatikanisches Konzil. Foto: kna-bild.

235 Interkultureller Markt. Rechte: Ilona Klautke.

237 Demonstration in Kalkutta. Foto: ullstein bild berlin – reuters.

239 Paul Klee: Hauptweg und Nebenwege (1929). © VG Bild-Kunst, Bonn 2004.

Stichwortregister

Der Autor des Buches

Professor Dr. theol. Peter Kliemann, geb. 1953,
ist Fachleiter für Evangelische Religionslehre am Staatlichen Seminar
für Didaktik und Lehrerbildung (Gymnasien) in Tübingen.